Das große Buch der
Fälschungen

INHALT

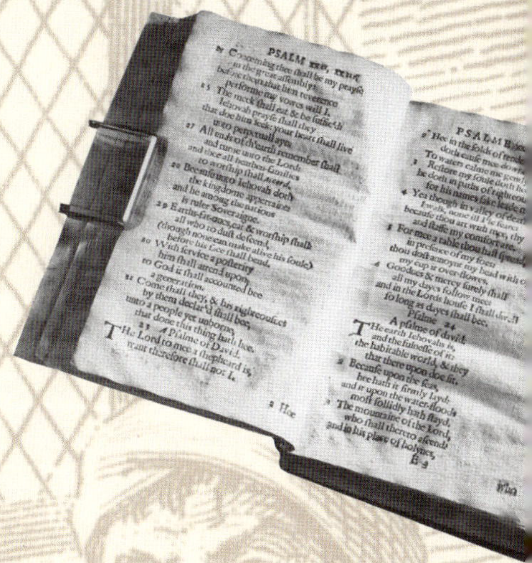

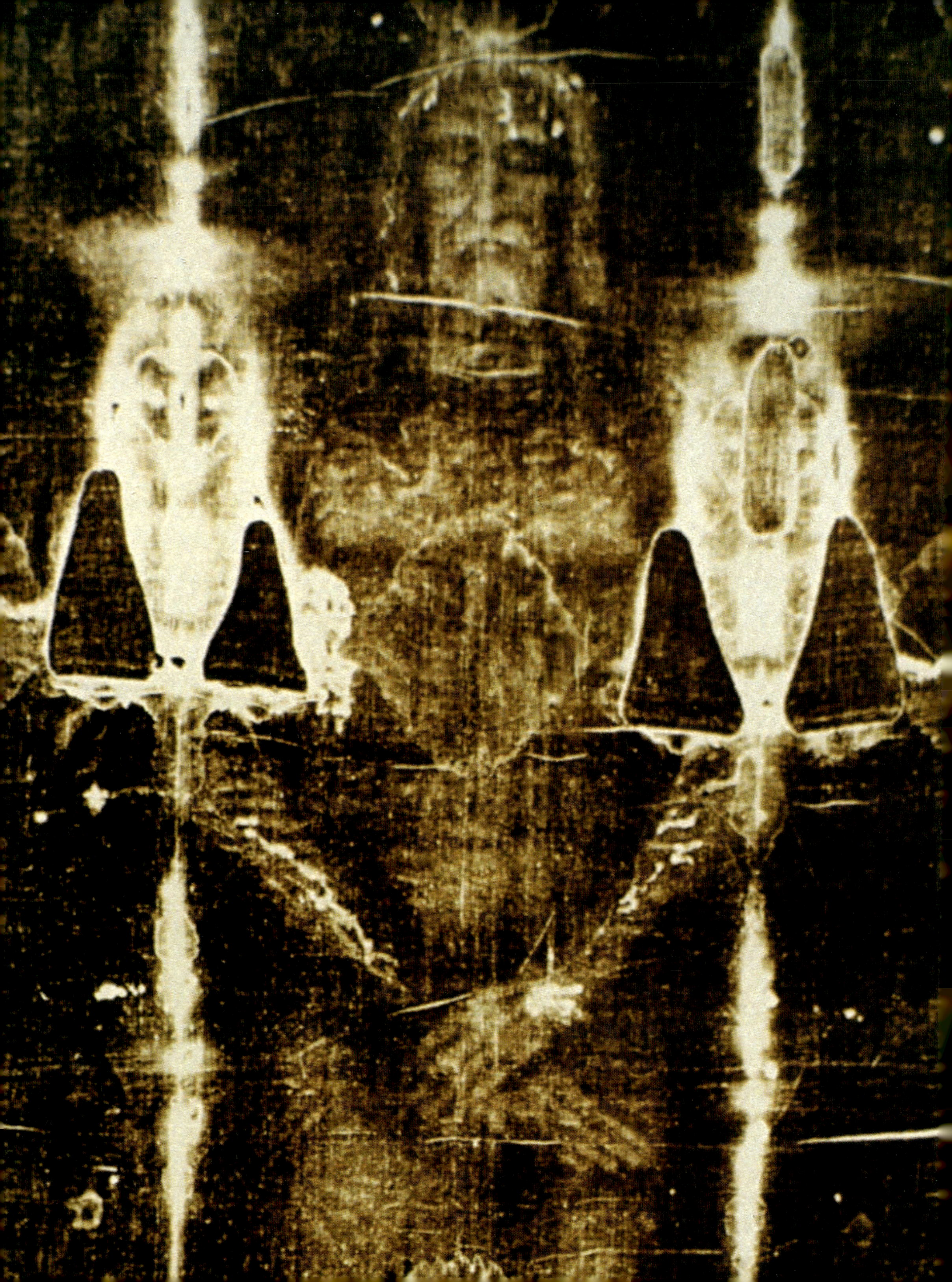

EINLEITUNG

Dieses Buch befasst sich mit dem Netz, das wir weben, wenn wir anfangen zu betrügen. Hier werden Nachahmung, Fälschung und Betrug als drei Stufen auf dem Weg zu einem ernsthaften Verbrechen behandelt.

Eine **Nachahmung** ist eine Kopie eines originalen Gegenstandes, den es bereits gibt oder von dem bekannt ist, dass es ihn gegeben hat. Bei diesem Gegenstand kann es sich um irgendein Dokument handeln – um eine Münze oder einen Geldschein, einen Brief, ein Manuskript oder ein Buch – oder ein Kunstwerk. Auch das Annehmen einer falschen Identität oder das Schlüpfen in die Identität eines anderen – eines Lebenden oder eines Toten – gehört hierher.

Eine **Fälschung** ist die Zuschreibung einer Nachahmung an den Hersteller des Originals, das kopiert wurde. Das kann geschehen, indem man der Kopie die Signatur jener Person hinzufügt. Es kann sich um eine gefälschte Signatur handeln oder um das Bereitstellen von Hinweisen, die den Urheber zu identifizieren helfen könnten. Bis zu diesem Punkt liegt im Allgemeinen noch kein Verbrechen vor. Viele Hobbymaler kopieren Bilder von Van Gogh oder Matisse und manche fügen – nur zum Spaß – auch die Signatur des Malers des Originals hinzu.

Sobald aber der Fälscher versucht, aus seiner Fälschung Profit zu schlagen, sei es, indem er sie zum Verkauf anbietet oder indem er sie auf andere Weise zum Verdienen von Geld benutzt, liegt **Betrug**sabsicht vor, und das ist ein Verbrechen.

Vor dem Gesetz ist jeder, der eine Münze oder einen Geldschein kopiert, auch wenn er nicht vorhat, sie in Umlauf zu bringen, ein Fälscher und macht sich strafbar. Und eine Person, die in verbrecherischer Absicht den Namen eines anderen annimmt oder sich selbst als jemand anderer präsentiert, bewegt sich auf dem Weg von der einfachen Fälschung direkt zum Verbrechen des Betruges.

Irgendwann wurde fast alles einmal gefälscht – Kunstwerke, Banknoten, Schecks und Wechsel, Testamente, Pässe, Möbel, Schmuck oder Geschirr. Im Laufe der Jahre haben skrupellose Fälscher all ihre Fähigkeiten und Sorgfalt auch in das Fälschen von Whiskeyflaschen gesteckt und in alle Arten von Handelswaren von Designer-Jeans bis zu Dosen mit Bohnen.

Ein Negativbild des Turiner Grabtuchs, das lange als das Tuch galt, in das Jesus nach der Kreuzabnahme gehüllt war. Der Radiokarbonmethode zufolge ist der Stoff etwa 700 Jahre alt.

KAPITEL 1

KOMISCHES GELD

Lange Zeit hat die britische Unterwelt Falschgeld als „Funny Money" („Komisches Geld") bezeichnet. Die Geschichte des Fälschens lässt sich 2.500 Jahre zurückverfolgen.

Das Konzept des Gütertausches hat sich in der Geschichte des Menschen sehr früh entwickelt. Man verwendete Ersatzgeld wie Perlen oder Muscheln im Austausch gegen praktisch verwertbare Güter wie Nahrung oder Waffen. Dies wurde schließlich durch Prägen von Münzen formalisiert. Die früheste staatlich geförderte Münzproduktion ist aus dem 7. Jahrhundert v. Chr. aus Kleinasien überliefert. Griechische Händler übernahmen sie im ganzen östlichen Mittelmeerraum und brachten sie im 4. Jahrhundert in den eben entstandenen römischen Staat. In etwa zur gleichen Zeit fingen auch die Chinesen an, Münzen zu prägen, die ihren Weg nach Japan, Korea und Indien fanden. Die meisten im Westen gefundenen Münzen bestanden aus Silber oder Gold und schon bald begannen Kriminelle, sie zu fälschen.

Gegenüber: Die 5-Pfund-Note ist derzeit der kleinste ausgegebene Nennwert der Bank von England und hat trotzdem unzählige Fälscher mobilisiert.

Links: Selbst die 1-Euro-Münze wurde von Kriminellen gefälscht.

Es war jedoch relativ leicht, Fälschungen nachzuweisen, weil sie leichter waren als die echten Münzen. Gold war seinerzeit das schwerste bekannte Metall, selbst schwerer als Blei mit einer dünnen Goldauflage. Eine Hand voll Falschmünzen mochte auf den ersten Blick als echt erschienen sein, die Wägung deckte jedoch Fälschungen rasch auf. Andererseits lieferten dünne Silberauflagen auf Kupfer gute Silberimitationen; man hat gefälschte Silbermünzen bereits aus dem 4. Jahrhundert v. Chr. gefunden.

TÄUSCHUNG DER SAMMLER

Münzen zu sammeln ist ein recht altes Hobby. In Europa begann das Sammeln antiker Münzen schon im 17. Jahrhundert und rasch überstieg der Marktwert der Sammlungen deren Metallwert beträchtlich. Die Fälscher waren natürlich von der Möglichkeit angetan, Geld durch den Verkauf von Fälschungen an Sammler zu verdienen, sodass man bald in vielen Sammlungen eklatante Fälschungen fand.

WIE DIE FÄLSCHUNG ENTSTEHT

Echte Münzen werden gewöhnlich unter Druck aus geschmolzenem Metall zwischen zwei Formplatten „geschlagen". Die frühen Fälscher (und viele spätere) verfügten nicht über die dazu notwendige Technologie. Sie stellten ihre Formen aus Terrakotta oder aus Gips her und gossen die Münzen darin. Deshalb haben Falschmünzen meist kein so scharfes Bild und ihre Kanten sind weniger gut definiert.

DAS FÄLSCHEN ANTIKER MÜNZEN

Carl Wilhelm Becker (1772–1830) wurde als Sohn eines Weinhändlers in Speyer gebo-

Links Fälschungen römischer Münzen aus dem 18. Jahrhundert von Carl Wilhelm Becker. Die echten sind rechts daneben abgebildet.

DOSSIER

DAS HEUREKA-ERLEBNIS

Viele kennen die Geschichte von Archimedes, der nackt durch die Straßen lief und dabei „Heureka!" schrie. Aber wie viele wissen, dass er auch ein früher Fälschungs-Detektiv war? Archimedes (ca. 287–212 v. Chr.) war ein in Syrakus, Sizilien, geborener griechischer Mathematiker und Erfinder. Berühmt ist er wegen der Entdeckung des nach ihm benannten Prinzips.

Hieron II., König von Syrakus, hatte Archimedes gefragt, ob er feststellen könne, ob eine für ihn gefertigte Krone aus reinem Gold – wie behauptet – oder aus einer weniger wertvollen Gold-Silber-Legierung bestand. Sie zu wiegen hätte nichts gebracht, da man das Gewicht der Krone aus reinem Gold nicht kannte. Archimedes grübelte einen Tag lang, während er sich in den öffentlichen Bädern aufhielt – seinerzeit ein beliebter Zeitvertreib in Syrakus. Als er in das Bad stieg, bemerkte er, dass sein Körper ein Überlaufen des Wassers verursachte.

Plötzlich dämmerte ihm, dass er herausfinden konnte, ob die Goldkrone echt sei, indem er sie in einen Wasserbehälter tauchte und das Volumen des verdrängten Wassers maß. Wenn sie mehr verdrängte als das gleiche Gewicht reinen Goldes, musste es sich um eine Fälschung handeln, da Gold eine höhere Dichte besitzt als Silber.

Archimedes soll wegen der Lösung so aufgeregt gewesen sein, dass er auf das Ankleiden vergaß, nackt durch die Straßen nach Hause lief und immer wieder rief: „Heureka!" („Ich hab's!").

Nach der Einnahme von Syrakus durch die Römer im Jahre 212 v. Chr. wurde Archimedes von einem Soldaten getötet.

ren. Nachdem er als Geschäftsmann glücklos geblieben war, ging er an die Münze nach München, wo er lernte, wie man Prägestempel gravierte. So produzierte er perfekte Kopien von griechischen, römischen und mittelalterlichen Münzen in Gold und Silber. Becker verkaufte diese an Händler, u. a. an T. E. Mionnet, den Autor eines umfassenden Werkes über alte Münzen, der sie an private Sammler weitergab.

Um die Täuschung perfekt zu machen, behandelte Becker viele Münzen nach, um sie entsprechend alt erscheinen zu lassen. Man berichtete, er habe sie in seiner sog. Kutscherbüchse gealtert, einer Metalldose voller Eisenfeilspäne, die an der Achse seines Wagens hing.

Wie viele Fälscher erzielte Becker nur geringen Gewinn. Ein Satz aus 269 Münzen, die er an Mionnet für 1.350 Gulden verkaufte, kostete ihn selbst 550 Gulden in der Herstellung (niemand weiß, ob Mionnet sie als echt weiterverkaufte). Der echte Satz wäre etwa 67.000 Gulden wert gewesen.

1826 ließen Beckers Augen nach, sodass er nicht länger gravieren konnte. Als er zwei Jahre später starb, verwendete seine Witwe die Prägestempel zur Herstellung billiger Münzkopien aus Blei. Die Stempel kamen später ins Reichsmuseum nach Berlin.

Selten, aber doch werden auch heute noch Münzen gefälscht. In Umlauf gefunden wurden sogar Kopien der neuen Euro-Münzen, obgleich deren Wert den Aufwand kaum lohnt.

SIND SIE DAS METALL WERT?

Eine Zeit lang verwendete man im 19. Jahrhundert in manchen Ländern inklusive Russland Platin als Münzmetall, welches etwas schwerer ist als Gold. Als die Produktion den Bedarf überstieg, fiel der Platinpreis sogar unter den von Silber. Nun konnten die Fälscher Platinmünzen mit Goldbeschichtung ausgeben, die in der Hand das richtige Gewicht hatten und somit viele Leute täuschten.

Findigere Fälscher stellten fest, dass Barrengold oft billiger war als der Nennwert der vom Staat geprägten Münzen. Deshalb stellten einige von ihnen Münzkopien aus reinem Gold her. Wenn reines Gold verwendet wird, bezeichnet man dieses Prägen nicht als Fälschen, sondern als „illegales Prägen“. Es gilt trotzdem als

DOSSIER
ABGEZWACKT!

In den letzten 2.000 Jahren wurden alle Arten von genialen Methoden ersonnen, um Geld zu fälschen. Doch Geldfälscherei bedroht die Wirtschaft eines Staates, daher wird sie in vielen Ländern als Kapitalverbrechen mit der Todesstrafe geahndet. Kleinbetrüger versuchten, diese Strafe zu vermeiden, indem sie Stückchen von echten Münzen abschnitten und die Fragmente zu neuen Münzen verschmolzen, die sie „clippers“ (in etwa „Abgeschnittene“) nannten. Wenn man sie erwischte, schnitt man ihnen Ohren oder Nase in ähnlicher Weise ab, wodurch die Betrüger dann leicht zu erkennen waren.

Verbrechen, weil offizielle Staatssymbole illegal verwendet werden.

Im 20. Jahrhundert verschwanden in den entwickelten Ländern die Gold- und Silbermünzen aus dem Verkehr. Jetzt werden nur noch Münzen mit kleinen Nominalwerten aus unedlen Metallen wie Kupfer oder Nickel für den Umlauf geprägt. Der Preis für diese Metalle kann gleich oder höher sein als der Nominalwert der Münze. Deshalb wurde die Münzfälschung meist unwirtschaftlich, besonders, wenn man den Herstellungsaufwand berücksichtigt.

Selten, aber doch werden auch heute noch Münzen gefälscht. In Umlauf wurden falsche Euro-Münzen gefunden, gerade mal 1 oder 2 US-Dollar wert.

GROSSER GEWINN MIT KLEINGELD

In den 70er-Jahren verschwanden plötzlich Kleinwertmünzen in Italien aus dem Umlauf. Zum Ausgleich wurden maschingeschriebene Scheine, U-Bahn-Fahrscheine, Telefonmarken und sogar Bonbons als Währung verwendet. Findige Japaner hatten herausgefunden, dass der Metallwert der Münzen höher war als ihr Nennwert, und deshalb alle Münzen aufgekauft.

DIE PROBLEME DER FÄLSCHER

Geldfälscher standen und stehen immer noch vor zwei Problemen: zum einen das technische Problem der Herstellung der Fälschungen, ohne ertappt zu werden, zum anderen, das Falschgeld in Umlauf zu bringen, um damit etwas zu verdienen. Ein Fälscher, der in kleinem Stil arbeitet, kann mit Falschgeld täglichen Bedarf kaufen, wobei er mit hohem Nennwert bezahlt und echtes Wechselgeld kassiert. Dabei besteht immer das Risiko, ertappt zu werden.

Für die Großproduktion von Falschgeld ist eine Zwischenorganisation erforderlich, die Blüten unbemerkt in den Umlauf einschleusen kann. Dies ist meist eine internationale Verbrecherbande, jedoch gibt es neuerdings Anzeichen, dass auch Terrororganisationen beteiligt sind. Da diese auch auf Profit aus sind, bezahlen sie

Während der Kreuzzüge (1096–1303) prägten christliche Truppen, die im Heiligen Land gegen islamische Soldaten kämpften, Kopien der lokalen Währung. Sie waren zwar schlecht gefertigt, bestanden aber aus Gold oder Silber und wurden vom Handel akzeptiert.

Ein Schatz aus gefälschten Banknoten, der am 27. August 1956 von Bundesagenten in Los Angeles, Kalifornien, erbeutet wurde.

DOSSIER
SCHAU GENAU!

Wenige Leute schauen sich die Banknoten in ihrer Hand genauer an, wovon die Fälscher profitieren, weil dadurch die Gefahr, entdeckt zu werden, geringer wird. Als z. B. die Farbkopierer auf den Markt kamen, konnten kurzfristig etliche Fälscher kopierte Banknoten erfolgreich lancieren. Bei genauerem Hinsehen erkannte man sie natürlich, aber dann waren die Fälscher schon über alle Berge.

Vergrößertes Detail aus einer 5-Pfund-Note der Bank von England (links) und einer Kopie (rechts). Der Unterschied zwischen den gestochen scharfen Linien im Original und denen in der Kopie ist offensichtlich.

den Fälschern nur einen Prozentsatz des Nominalwertes der Fälschungen.

Als Alternative bieten sich für mittelgroße Unternehmungen kleinere Gangsterorganisationen an, die folgendermaßen arbeiten: Zunächst kaufen Mitglieder der Organisation mit echtem Geld Juwelen, Pelze oder andere Wertgegenstände ein, die sich anderswo leicht verkaufen lassen. Kurze Zeit danach tauchen sie wieder bei dem Händler auf und kaufen größere Posten der Ware, diesmal mit Falschgeld. Bis der Händler merkt, was er in den Händen hält, sind die Einkäufer längst verschwunden.

PAPIERGELD

Der schottische Financier und Spekulant John Law (1671–1729) führte 1716 die Banknote in Frankreich ein. Dabei handelte es sich eigentlich um Schuldscheine, die Laws Banque Générale für deponierte Münzen ausgab mit der Verpflichtung, diese auf Verlangen wieder auszuzahlen. Leider brach dieses System schon nach vier Jahren bei der „Mississippi-Affäre" zusammen.

Damals war Louisiana französisch und Law vereinte seine Bank mit einer Gesellschaft, die die großen Schätze des Mississippi-Tals ausbeuten wollte. Als dies fehlschlug, musste Law aus Frankreich fliehen.

Trotz dieses Fehlstarts führte man später fast überall Papiergeld ein. Die Entstehung vieler kleiner Banken im 19. Jahrhundert begünstigte natürlich das Fälschen von Banknoten, bis heute das Hauptbetätigungsfeld von Fälschern. Allerdings lohnt es sich nicht nur, Papiergeld zu fälschen. Schecks, Aktien, Staatanleihen und sogar

Briefmarken haben das Interesse von Fälschern geweckt.

Größere Mengen gefälschter Banknoten wandern ins organisierte Verbrechen, speziell in Organisationen, die mit Drogen und Waffen handeln. Wenn ein Bündel oder sogar ein Handkoffer voll Banknoten heimlich im Dunklen übergeben wird, findet sich wohl kaum jemand, der sie sich an Ort und Stelle genauer anschaut. Häufig liegt in jedem Bündel zuoberst und zuunterst eine echte Banknote, wodurch die dazwischen liegenden Blüten leicht in den Umlauf kommen und erst bei der Prüfung durch eine Bank entdeckt werden.

Als der US-Geheimdienst eine Druckerei in Milwaukee, Wisconsin, aushob, fand man ungeschnittene Bahnen von 10- und 20-Dollar-Noten im Nennwert von einer halben Million US-Dollar.

DER US-GEHEIMDIENST

Vor 1862 kam das amerikanische Papiergeld aus lokalen Banken, die unter Vertrag arbeiteten. Es gab kein Bundesgeld und der Kongress überließ das Aufdecken und die Verfolgung von Fälschern den Ländern und Bankkonsortien. Das US-Schatzamt ließ dann etliche Gesetze durch den Kongress beschließen, von denen das wichtigste das Nationalbankgesetz von 1863 war, demzufolge nun Bundesbanknoten („Greenbacks") gedruckt wurden.

Trotzdem blieb die erfolgreiche Abwehr von Fälschungen, um das Vertrauen in das neue Bundesgeld herzustellen, ein ungelöstes Problem. Finanzminister Hugh McCulloch entwarf einen Plan, welcher im Juli 1865 die Schaffung des US-Geheimdienstes in Washington D.C. vorsah. William P. Wood, ein Mann mit einschlägigen Erfahrungen im Auffinden von Fälschungen, wurde zum Leiter ernannt,

Es lohnt sich nicht nur, Papiergeld zu fälschen. Schecks, Aktien, Staatsanleihen und sogar Briefmarken haben das Interesse von Fälschern geweckt.

Trotz intensiver Bemühungen des Geheimdienstes ging das Geldfälschen weiter. So errechnete man z. B. 70 Jahre später, dass die Opfer gefälschter Banknoten jährlich um über 770.000 Dollar geschädigt würden. Als Frank S. Wilson 1937 den Geheimdienst übernahm, beschloss er, die Öffentlichkeit aufzuklären, woran man Blüten erkennt. An Banken und Geschäfte ergingen tausende Rundschreiben, in welchen die gefälschten Banknoten beschrieben wurden, die gerade im Umlauf waren, und Mitarbeiter des Geheimdienstes führten Fälschungen vor. Der Film *Lerne Dein Geld*

kennen erklärte, woran man Fälschungen erkennt, ebenso Millionen Flugblätter.

Dieses Programm war anfangs sehr erfolgreich und senkte den jährlichen Verlust durch Fälschungen auf 48.000 Dollar, d. h. um 93 %. Später stieg der Anteil der Fälschungen wieder dramatisch an, und obwohl der Geheimdienst enorme Mengen an Falschgeld aufgriff, bevor es in Umlauf kam, wurde der durchschnittliche Anteil des Falschgeldes im Umlauf auf 12 % der hergestellten Blüten geschätzt. 1971 wurden z. B. 23 Millionen an Falschgeld sichergestellt; 3,4 Millionen fand man im Umlauf.

DIE BEDEUTUNG DES US-GEHEIMDIENSTES

Im Allgemeinen glaubt man, die Rolle des US-Geheimdienstes beschränke sich auf den Schutz des Präsidenten, dessen Familie, der Regierungsmitglieder, fremder Würdenträger und manchmal auf die Aufdeckung von Spionage. Die Verfolgung von Fälschern bleibt jedoch eine seiner Hauptaufgaben. Kürzlich wurde sein Aktionsbereich auf Kreditkarten- und Computerbetrug, falsche Identitäten und terroristische Bedrohung der Finanzstruktur ausgeweitet. Im März 2003 wurden Teile des Geheimdienstes aus dem

Echte 1-US-Dollar-Scheine kommen aus der Presse.

SMA

DOSSIER
DUBIOSE DOPPELGESCHÄFTE

Unter den zahlreichen Fälschungen von William Smith befand sich eine verzinsliche Staatsobligation über 1.000 $. William P. Wood, der erste Leiter des Geheimdienstes des US-Finanzministeriums, entdeckte diese falsche Obligation 1865. Die Finanzbeamten waren überzeugt, dass eine Fälschung dieser Qualität nur mit Duplikaten von herausgeschmuggelten Druckplatten hergestellt worden sein konnte, und setzten eine hohe Belohnung für Informationen aus. Als Wood William Brockway im Besitz zahlreicher Falschdokumente festnahm, schlug er ein Geschäft vor. Im Austausch für die Platten sollte Brockway straffrei bleiben und Wood die Belohnung einstreichen. Brockway ging jedoch nicht darauf ein – zum Glück. Wood war bereits in Verruf geraten, wurde seines Postens enthoben und der Fall geschlossen.

US-Finanzministerium in das neu gegründete Ministerium für Innere Sicherheit eingegliedert.

WILLIAM BROCKWAY, EIN FÄLSCHER OHNE REUE

Der berüchtigte amerikanische Fälscher William Brockway wurde 1822 als William Spencer geboren und nahm den Nachnamen seiner Adoptiveltern an. Obwohl er sich weitgehend selbst gebildet hatte, konnte er in Yale Vorlesungen über Recht und Elektrochemie belegen. Vor dem Bürgerkrieg druckten gewerbliche Drucker lokale Banknoten unter der Aufsicht eines Bankbeamten, der Papier und Druckplatten bewachte. Eines Tages gelang es Brockway, in New Haven, Connecticut, den Bankbeamten abzulenken und eine dünne Bleifolie durch die Presse zu schicken. Diese machte ein Positiv der im Druck befindlichen 5-Dollar-Note; mit Hilfe dieses Abdrucks und dessen, was er an der Yale gelernt hatte, druckte er tausend Banknoten für sich selbst.

Nun wohlhabend ging Brockway nach Philadelphia, wo er sich als Börsenmakler verheiratete. 1860 lernte er einen in England geborenen Kupferstecher kennen. William Smith gravierte tagsüber Druckplatten für Banknoten in New York. Sein Können und sein phänomenales Gedächtnis versetzten ihn in die Lage, perfekte Reproduktionen der Platten herzustellen. Zur gleichen Zeit fand Brockway in James B. Doyle einen Geschäftspartner mit Interesse an Viehhaltung und Bodenspekulation. Doyle hatte zahlreiche Bankkonten, über die Blüten in den Verkehr geschleust werden konnten.

15 Jahre lang betrieben Brockway, Doyle und Smith ihr einträgliches Geschäft. 1880 gravierte Smith eine 1.000-Dollar-Schuldverschreibung, die im folgenden Jahr zur Auslosung kommen sollte. Das spezielle Druckpapier war in der Papiermühle gestohlen worden, wo es hergestellt wurde. Damals konsultierte Brockways Frau wegen der Scheidung einen Anwalt, der zu einem befreundeten Geheimagenten namens Drummond bemerkte, dass es sich lohnen könnte, Brockways Geschäfte zu überprüfen.

Brockway wurde von da an überwacht und seine Verbindung zu Doyle registriert. Doyle wurde auf dem Wege zu Smiths Haus beschattet, das er mit einem kleinen Paket

Im 20. Jahrhundert verwendete der italienische Künstler „Mariolino da Caravaggio“ (echter Name Feraboli) Reproduktionen von Briefmarken in seinen Gemälden, was ihm den Titel „Fälscher“ eintrug.

verließ. Während der Untersuchungshaft stellte sich heraus, dass Doyle 204 gefälschte Obligationen besaß. Auch Brockway wurde verhaftet, arrangierte sich aber: Er tauschte 23 Druckplatten, ein Lager mit Spezialpapier und Fälschungen im Nominalwert von 50.000 Dollar gegen volle Straffreiheit ein. Beim Verfahren gegen Doyle sagte er aus, dass Doyle nicht wusste, dass die Obligationen gefälscht waren. Trotzdem wurde Doyle zu zwölf Jahren Gefängnis verurteilt.

DAS GESETZ HOLT BROCKWAY EIN

1883 ertappte Drummond Brockway im Besitz von gefälschten Eisenbahnobligationen. Er wurde zu fünf Jahren in Sing Sing

DOSSIER
DIE WICHTIGSTEN DRUCKPROZESSE ZUR HERSTELLUNG VON BANKNOTEN

INTAGLIO

Dies war die ursprüngliche Methode zum Druck von Banknoten. Eine Metallplatte wurde entweder von Hand oder maschinell graviert oder über eine aufgebrachte Fotografie geätzt. Die Platte wurde mit Druckertinte voll eingefärbt und dann so weit abgewischt, dass die Tinte in den Vertiefungen blieb. Beim Druck wird die Farbe auf dem Papier erhaben, das Bild somit fühlbar. Durch Überstreichen des Papiers mit den Fingern kann man häufig diese Druckart erfühlen.

OFFSET-LITHOGRAFIE

Eine Metallplatte wird mit Chemikalien überzogen und mit dem Negativ des zu druckenden Bildes abgedeckt. So wird das Bild auf der Platte fixiert; nicht Fixiertes wird abgewaschen. Dann wird die Platte angefeuchtet und eingefärbt. Die Tinte haftet nur auf den fixierten Bereichen und wird mittels einer Gummirolle auf das Papier übertragen. Unter dem Mikroskop erscheint der Druck flach.

BUCHDRUCKVERFAHREN

Man stellt entweder aus Einzelelementen oder im Ganzen ähnlich wie bei der Lithografie eine Druckplatte her, die dann so geätzt wird, dass das Bild auf der Platte erhaben ist. Dieses umgekehrte Relief kann dann eingefärbt zum Druck dienen. Wenn zähe Farbe im Überschuss verwendet wird, sieht man im Mikroskop meist ein leichtes Überstehen der Farbe über die Druckkante. Die Banknoten erhalten mit diesem Verfahren ihre Seriennummern, wobei ein Zählwerk mitläuft, welches mit jedem Druck eine Stelle weiterrückt.

TROCKENOFFSETDRUCK

Ähnlich wie beim Buchdruck verwendet der Trockenoffsetdruck geätzte Platten mit erhabenem Relief, die dann wie in der Lithografie mit wasserfreien Farben übertragen werden.

SIEBDRUCK

Diese auch Serigrafie genannte Technik verwendet feine Gewebe aus Seide, Nylon oder Metall, welche mittels eines fotografischen Prozesses mehr oder weniger farbdurchlässig gemacht werden. Eine Farbrolle, die über das Gewebe läuft, produziert das Bild auf dem darunter liegenden Papier.

verurteilt, von denen er drei absaß. Danach nahm er das Fälschen wieder auf, fiel aber wieder auf und saß ein weiteres Mal, diesmal über zehn Jahre. 1905 wurde Brockway im Alter von 83 Jahren dabei beobachtet, wie er Pauspapier kaufte, worauf er sofort vorgeladen wurde. Am nächsten Tage ließ man ihn jedoch wieder frei, weil der Richter meinte, er sei zu alt, um verdächtigt zu werden. Brockway lebte noch weitere 15 Jahre und starb 1920 im stattlichen Alter von 98 Jahren.

HERSTELLEN VON DRUCKPLATTEN

Echte Banknoten und andere Wertdokumente werden zur Gänze oder in Teilen mit gravierten Platten gedruckt. Dieser Prozess heißt Intaglio-Druck (siehe Seite 20). Im 19. und bis Mitte des 20. Jahrhunderts stellten begabte Graveure und Radierer diese Platten per Hand her; Fälscher mussten wohl oder übel die gleiche Technik anwenden. Daher rührt die bekannte Karikatur des Fälschers, der in einem geheimen Keller mit einer Klemmlupe seine gefälschten Banknoten inspiziert, die alle einzeln auf einer Handpresse gedruckt werden und auf der Wäscheleine zum Trocknen hängen.

Ab Mitte des 20. Jahrhunderts wurde offiziell ein recht komplizierter Prozess zur Vervielfältigung von gravierten Druckplatten eingeführt. Die Originalstahlstiche

Eine Intaglio-Druckplatte für eine 5-Pfund-Note der Bank von England. Kleinere Fehler werden mit der Hand korrigiert, um einen perfekten Druck zu gewährleisten.

wurden gehärtet und mehrmals auf einen Weichstahl-Zylinder übertragen, wobei ein erhabenes Bild des Originals entstand. Die so entstandene Druckwalze wurde gehärtet und exakt auf eine Stahl- oder Kupferplatte übertragen. Dieser Abdruck wurde elektrolytisch verchromt, um der Beanspruchung während des Aufziehens auf den Zylinder der Druckmaschine standzuhalten.

GELD ZUM VERBRENNEN?

Nach Ende des Zweiten Weltkrieges hatten die vier Alliierten Deutschland und Österreich besetzt. Jeder hatte seinen Sektor. Es herrschte extremer Mangel an Nahrungsmitteln, bei der Grundversorgung und an Zigaretten aus dem Westen. Diese entwickelten sich bald zu einer Ersatzwährung. Sie konnten gegen alles Mögliche eingetauscht werden oder zur Bestechung von örtlichen Ämtern für bevorzugte Behandlung eingesetzt werden. Im Hinblick auf diesen Wirtschaftswert kam natürlich kaum einer auf den Gedanken, Zigaretten zu rauchen; wer würde schon eine 10-Dollar-Note verbrennen? Gelegenheitsganoven konnte man auf dem Schwarzmarkt mit kleinen Aktenkoffern beobachten, in denen sie hunderte lose Zigaretten hatten. Dieses „Geld" ging von Hand zu Hand, wobei der Tabak austrocknete und schließlich herausrieselte. Die verbleibenden leeren Hüllen behielten

Ein Mitarbeiter des US-Geheimdienstes verwendet ein Vergleichsmikroskop, um eine verdächtige Banknote auf Echtheit zu prüfen. Das Mikroskop stellt Bilder eines echten und eines verdächtigen Scheines in Ausschnitten nebeneinander, sodass kleinste Details verglichen werden können.

aber ihren Tauschwert. Es ist nicht bekannt, ob jemand mit gefälschten Zigarettenhüllen, die nie eine Tabakfabrik gesehen hatten, auf dem Markt erschien; die Möglichkeit dazu hätte sich jedenfalls geboten.

DEN FÄLSCHERN VORAUS SEIN

In ihrem ständigen Bemühen, die Fälscher auszutricksen, haben sich die Leute vom US-Schatzamt und ihre Kollegen in aller Welt raffinierte Dinge einfallen lassen, die das Kopieren ihrer Banknoten unmöglich machen sollten. Die Designer fügten mittels fotografischer Methoden Details in gravierte Platten ein – eine Technik, welche die Fälscher nicht nachvollziehen konnten.

Eine Zeit lang waren die Fälscher gezwungen, manuell zu gravieren oder zu versuchen, schlecht kolorierte Fotografien als echte Noten loszuwerden. Die Situation änderte sich jedoch drastisch in den 50er-Jahren, als die Fotolithografie und der Rotationsoffsetlithografiedrucker entwickelt wurden (siehe S. 20).

Die selektive Farbfotografie und der so genannte „kleine" Offsetdrucker (der gar nicht so klein und deshalb entsprechend teuer ist) wurden die modernen Fälscher-Werkzeuge der 50er-Jahre. Die notwendige Ausrüstung dazu ist in vielen gewöhnlichen Geschäften erhältlich, die mit Druck gar nichts zu tun haben müssen und dem potenziellen Käufer wahrscheinlich kaum Fragen stellen.

Seit den 80er-Jahren konzentrierten sich Fälscher zunehmend auf hochauflösende Farbscanner, die an Computer angeschlossen sind. Der Scanner liefert einen Satz von

Heute, wo Computerausrüstung frei verfügbar ist, wird Desktopfälschung zur größten Gefahr. Echte Banknoten können elektronisch gescannt werden, wobei alle bis auf die winzigsten mikroskopischen Details reproduziert werden – und dann mit einem passenden Farblaserdrucker ausgedruckt werden.

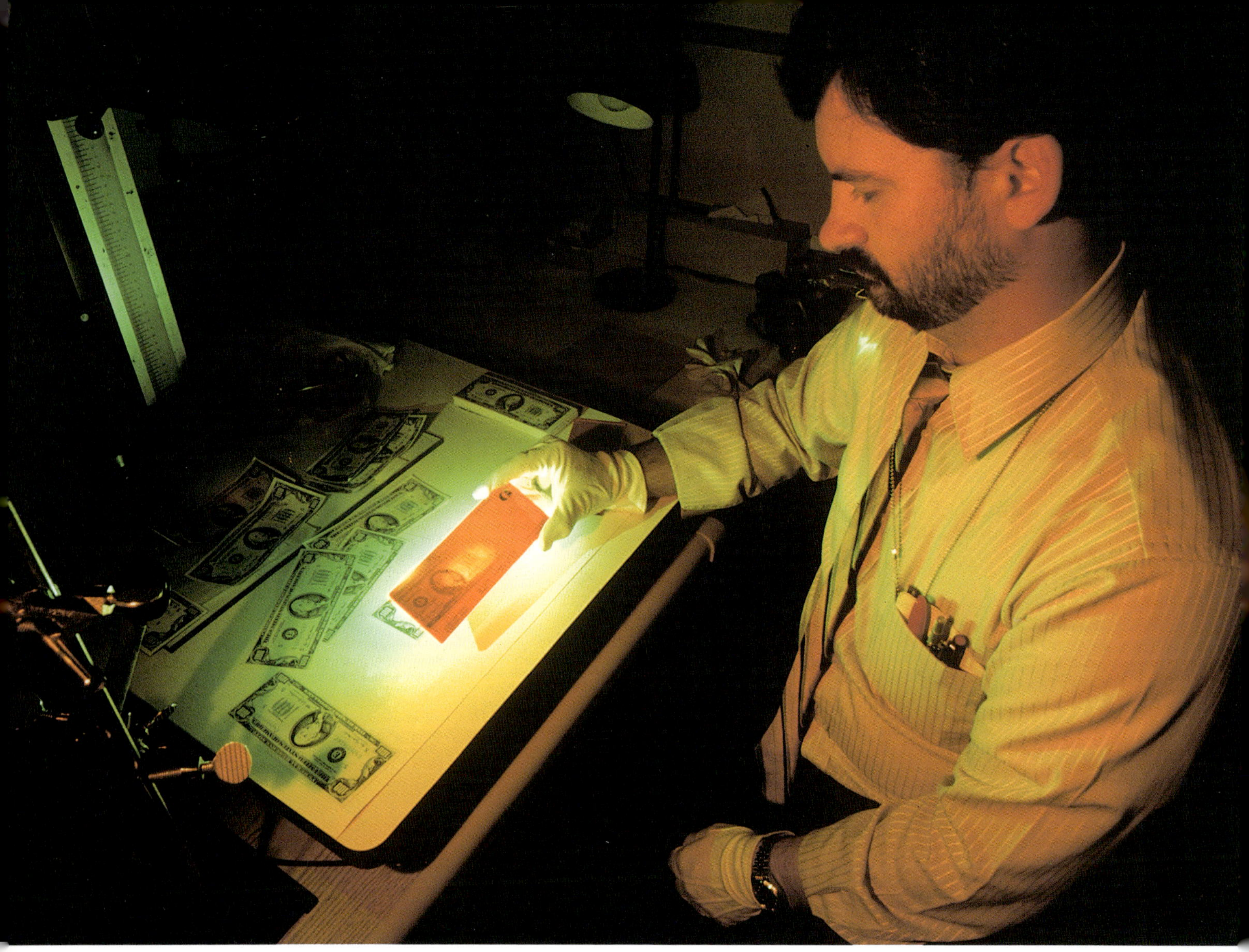

US-Geheimdienstbeamte müssen Geldscheine bei Verdacht auf Fälschung eingehend prüfen. Hier wird ein Schein unter verschiedenfarbigem Licht geprüft.

vier getrennten Farbnegativen, nach denen sofort Druckvorlagen gefertigt und in einem herkömmlichen Offsetdrucker ausgedruckt werden können. Mit dieser Methode überschwemmte der englische Fälscher Stephen Jory in den 90er-Jahren den Markt mit falschen 10- und 20-Dollar-Noten. Er war kein Drucker, sondern hatte Kontakt zu einem Deutschen, den er „Hermann, den Scan-Man" nannte und der die Farbnegative lieferte. Dieser „signierte" seine Blüten, indem er die Farbe eines kleinen Gefäßes auf der Rückseite der 20-Dollar-Note veränderte.

Die neue Version der Noten, die Jorys Drucker fälschte, hatte nicht mehr den ununterbrochenen Metallfaden im Papier, das Metall erschien vielmehr als unterbrochene Linie beiderseitig auf der Oberfläche. Jory

„Alle Banküberfälle, die 1992 in den USA verübt wurden, verursachten einen Verlust von 63 Millionen US-Dollar. Im gleichen Jahr verloren die Finanzinstitute 4,2 Milliarden US-Dollar durch Fälschungen. Wer mit der Feder Geld stiehlt, erbeutet viel mehr als der, der mit der Pistole arbeitet."

—FRANK ABAGNALE

konnte auch dies reproduzieren, indem er unterbrochene Metallfolienstreifen auf die Noten aufbrachte. Er wurde schließlich 1998 gefasst, als einer seiner Mitarbeiter aufflog, weil er die Probeabzüge gelagert hatte, die er vernichten sollte.

FÄLSCHUNGEN AM COMPUTER

Die neueste Entwicklung in der Fälscherei resultiert aus der Verbreitung von Desktop-Publishing-Programmen und der Verfügbarkeit von Laser-Druckern. Das Produkt kann der Experte zwar leicht als Fälschung erkennen, in der Öffentlichkeit geht es jedoch meist als echt durch. Fälscher sind bemerkenswert findig: Das gescannte Bild lässt sich auf dem Computer modifizieren, sodass Echtheitsmerkmale wie Wasserzeichen und Metallaufdrucke gelöscht und danach richtig eingesetzt werden können. Besonders leicht lassen sich Beträge und Unterschriften auf Schecks ändern.

1989 ergaunerte eine internationale Verbrecherorganisation von der „First Interstate Bancorp in Los Angeles" stolze 750.000 Dollar. Man stahl einen echten Dividenden-Scheck, änderte am Computer den Betrag und den Namen des Begünstigten und machte einen Laserausdruck. Die Fälschung war so gut, dass die Verrechnungsstelle der Bank sie akzeptierte.

Beim Druck von Banknoten und Schecks wurden seitdem viele Änderungen eingeführt, um dieser Entwicklung zu begegnen. Man fügt z. B. so kleine Details ein, dass sie von den meisten Scannern und Kopierern nicht mehr erfasst werden. So gab die Bank von Los Angeles 1993 so genannte „sichere Schecks" aus. Diese enthielten Muster aus so kleinen Punkten, dass sie von Scannern nicht erfasst werden konnten, aber auf der Kopie das Wort „Void" („ungültig") ergaben. (Das Verfahren ist vergleichbar mit Farbsehtests, bei denen nur Personen mit vollem Farbempfinden in einem Feld mit bunten Punkten Ziffern sehen können.) Die Bank gab später an, dass die Verluste durch Scheckbetrug nach Einführung der „sicheren Schecks" um 90 % zurückgingen.

Andere Sicherungsverfahren verwenden fluoreszierende Tinte und chemische Imprägnierungen auf dem Papier. Die Imprägnierung reagiert auf jeden Tintenlöscher. Doch die Technologie der Farbscanner wird ständig verbessert. Seit 1991 enthielt die ovale Umrandung des Porträts von Benjamin Franklin auf der 100-Dollar-Note einen mehrmals wiederholten Mikrodruck mit den Worten: „The United States of America". In der Werbung für einen

Manche dieser fast unsichtbaren Details auf einer 5-Pfund-Note der Bank von England wurden zur Erschwerung des Fälschens eingefügt. In den Hintergrund wird Text im Mikrodruck eingefügt (oben), während die eingefügte Wertangabe (unten) nur mit ultraviolettem Licht sichtbar wird.

DOSSIER
DER (GEFÄLSCHTE) ALLMÄCHTIGE DOLLAR

Eine gefälschte 20-Dollar-Note des Schatzamtes der Vereinigten Staaten.

Die am häufigsten gefälschte Währung ist der US-Dollar. 1993 wurde berichtet, dass man 20 Millionen Dollar in gefälschten Noten in den USA und weitere 121 Millionen in anderen Ländern eingezogen habe. Darüber hinaus zirkulieren große Mengen gefälschter Dollar in Asien, im Nahen Osten und in Osteuropa, von wo sie nie in Länder kommen, wo man sie als Fälschungen erkennen könnte. So berichteten libanesische Behörden, dass schiitische Fundamentalisten angeblich mit Unterstützung des Irans und Syriens seit 1992 qualitativ hochwertige Fälschungen im Wert von mehr als 2 Milliarden Dollar – meist Dollarscheine – produziert hätten. In Russland schätzt man den Falschgeldanteil – Dollar und Rubel – auf 20 %. Auch Indien gilt als wichtige Falschgeldquelle.

neuen Scanner um nur 1.799 Dollar warb die Firma Envisions damit, dass dieses Detail kopiert wird. Die Firma erhielt bald Besuch vom Geheimdienst und stoppte die Werbung – die hohe Auflösung des Scanners aber blieb bestehen.

Daraufhin bauten etliche Scanner-Hersteller Antifälschungsvorrichtungen in ihre Geräte ein. Ein speziell programmierter Mikrochip erkennt die wichtigsten Währungen, wodurch der Kopierer nur ein weißes Blatt beim Ausdruck liefert. Eine andere Version druckt die Seriennummer des Kopierers in unsichtbarem Mikrodruck, die nur mit einem speziellen Gerät gelesen werden kann. Im Januar 2004 teilte Adobe Systems mit, dass ihre verbreitete Photoshop-Software so programmiert sei, dass Geldfälschungen erschwert würden.

Der US-Geheimdienst ist der Meinung, dass die meisten Geldfälschungen immer noch im Offsetdruck erstellt würden und dass man die verwendeten Geräte relativ leicht aufspüren könne. Dagegen verwenden die Fälscher am Computer ähnliche Ausrüstungen, wie sie in Millionen Haushalten und

Büros verwendet werden. Diese Fälschungsmethode verbreitet sich rasch und die Bedrohung nimmt jährlich zu. Laut Schätzung des US-Schatzamtes vom Juni 2004 werden mittlerweile 40 % aller Fälschungen digital hergestellt.

FÄLSCHUNGEN VORBEUGEN

Im Rahmen der ständigen Bemühungen, die Fälscher auszuschalten, gab das US-Münzamt ab 1996 eine neue Serie von Banknoten heraus, die erste Neugestaltung seit 1929. Kleine Änderungen sind im Laufe der Jahre immer wieder vorgenommen worden, jedoch ohne Abwandlung des generellen Erscheinungsbildes. Insbesondere hat man den Mikrodruck und den Sicherheitsfaden eingeführt. Jetzt wird alle zwei Jahre eine neue Serie herausgegeben oder sogar bei jedem Wechsel des Finanzministers.

Bei den neuen Scheinen gab es eine Reihe von Neuerungen. Papier mit Wasserzeichen wurde wieder eingeführt, welches für die original „Greenbacks" schon verwendet, 1879 aber zugunsten eines Spezialpapiers mit kleinen bunten Fäden aufgegeben worden war. Die auffälligste Änderung bestand in einem größeren, etwas dezentriert positionierten Porträt mit mehr Details. Der Hintergrund enthält feinsten Liniendruck, der für Fälscher schwer zu reproduzieren ist.

Die Zahl in der rechten unteren Ecke jeder Banknote ist in changierender Tinte gedruckt, die je nach Betrachtungswinkel in einer anderen Farbe erscheint. Die Position des Sicherheitsfadens ändert sich mit jedem Nennwert und leuchtet unter UV-Licht in jeweils anderer Farbe. Der Nennwert wird auch entlang des Fadens gedruckt. So wird „USA TWENTY" mit einer amerikanischen Fahne entlang des ganzen Fadens einer 20-Dollar-Note wiederholt, wobei die Zahl 20 stets im Sternenfeld der Fahne auftritt.

Bei manchen Porträts wurde Mikrodruck eingefügt; bei der 50-Dollar-Note findet man ihn auf dem Kragen von Präsident Grant und auf der 100-Dollar-Note erscheint er auf dem Rockaufschlag von Benjamin Franklins Mantel. Im September 2004 wurde die 50-Dollar-Note neu gestaltet, nachdem die 20-Dollar-Note bereits im Oktober 2003 erneuert worden war. Zu den neuen Merkmalen zählten raffinierte Hintergründe in Rot und Blau, Bilder wehender Fahnen und ein kleiner silber-blauer Metallstern.

GEFÄLSCHTE BRIEFMARKEN

Die allererste Briefmarke, die britische „Penny Black", die Sir Rowland Hill 1840 herausgab, wurde schon innerhalb eines

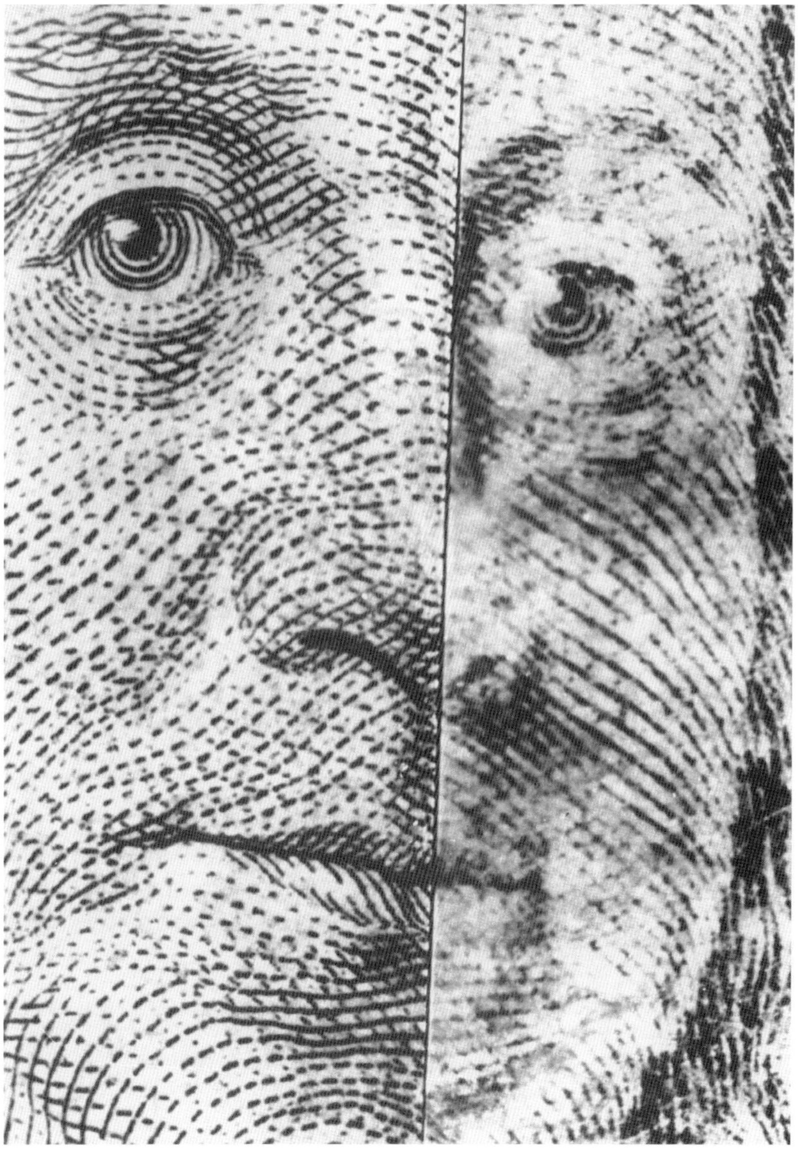

Die Inspektion unter dem Vergleichsmikroskop zeigt sofort den Unterschied zwischen einer echten Banknote und einer Fälschung auf, wie dieses Detail aus dem Gesicht von Benjamin Franklin auf einer 100-Dollar-Note aus 1959 zeigt. Die echte Note ist die linke.

Die erste Briefmarke der Welt war die „Penny Black", die Sir Rowland Hill von der britischen Post 1840 herausgab. Trotz ihres geringen Nennwertes wurde sie bald gefälscht; die ersten Fälschungen erschienen schon im gleichen Jahr wie die echte Marke.

Jahres gefälscht. Heutzutage ist das Fälschen von im Umlauf befindlichen Briefmarken selten einträglich, weil ihr Nennwert relativ klein ist. Doch Sammler sind gern bereit, hohe Summen für Raritäten zu zahlen; manche sind sogar über erwiesene Fälschungen glücklich. Die älteste noch existierende Fälschung der „Penny Black" wurde 1991 für 1,35 Mio Pfund verkauft.

Die ersten Marken vieler Länder wurden bald selten, sodass schon Mitte des 19. Jahrhunderts etliche Fälscher am Werk waren. Unter den Pionieren gab es einen Samuel Allan Taylor (1838–1913), der der so genannten „Boston Gang" vorstand. In Schottland geboren, kam er als Kind in die USA, begann, mit Briefmarken zu handeln, und vollbrachte 1863 seine erste Fälschung. Jahre bevor Staaten wie Panama oder Guatemala ihre eigenen Marken herstellten, druckte die „Boston Gang" lustig Fälschungen zum Verkauf. Zur gleichen Zeit brachten auch einige US-Postämter und Postdienste ihre eigenen Marken heraus. Taylor fälschte auch davon hunderte und fügte manchmal sogar sein eigenes Porträt ein. 1893 kam er für einige Zeit hinter Gitter, produzierte seine Fälschungen aber offenbar bis 1905 weiter.

In den ersten Jahren des Briefmarkenvertriebs kauften viele Händler die Platten alter Ausgaben auf und verkauften Marken, die sie damit druckten, als echt. Zu diesen gehörten George Hussey und J. Walter Scott in den USA, Stanley Gibbons in England und J. B. Moens in Belgien. Vor dem Gesetz waren dies Fälschungen, obwohl die Händler sie als „Reproduktionen" oder „Faksimiles" bezeichneten. In Hamburg produzierte die Firma Spiro von 1860

DOSSIER
PRÄMIERTE FÄLSCHUNGEN

François Fournier (1846–1927) war zwar in der Schweiz geboren, wurde aber Franzose und diente im Preußisch-Französischen Krieg (1870–1871). Danach kehrte er in die Schweiz zurück und ließ sich in Genf nieder, wo er unzählige Briefmarken-Faksimiles produzierte, was zu jener Zeit legal war. Auf internationalen Philatelie-Ausstellungen wurden einige Kopien sogar mit Goldmedaillen ausgezeichnet. Einer der Goldmedaillen-Gewinner war Louis-Henri Mercier, ebenfalls in Genf ansässig. 1904 kaufte Fournier Merciers Bestand und bot die Faksimiles weiter an. Als Fournier starb, verkaufte seine Witwe alles, inklusive Druck- und Perforationswerkzeug, an die Schweizer „Union Philatélique de Genève". Die Gesellschaft überdruckte die Marken mit FAUX („Fälschung") und stellte Fourniers Werk in einem Album zusammen. Danach wurde der Rest seines Bestandes verbrannt.

bis 1880 hunderte Fälschungen, das Gleiche taten die Gebrüder Senf von 1870 bis 1890.

Das Problem der Faksimiles wurde so groß, dass die königliche Philatelie-Gesellschaft Englands eine Expertenkommission einsetzte, die gegen Honorar alle fragwürdigen Produkte untersuchen sollte. Andere Länder folgten dem Beispiel, die Faksimile-Produktion ging jedoch weiter.

FÄLSCHEN AUS SPASS

Der „König der Briefmarkenfälscher" war Jean de Sperati (1884–1957). Er fing schon in jungen Jahren in seiner Heimatstadt Pisa mit dem Fälschen von Briefmarken an. Wie viele moderne Kunstfälscher verließ sich Sperati darauf, dass seine Produkte von Experten für echt gehalten würden. Die Experten wurden getäuscht, stellten ein Echtheitszertifikat aus

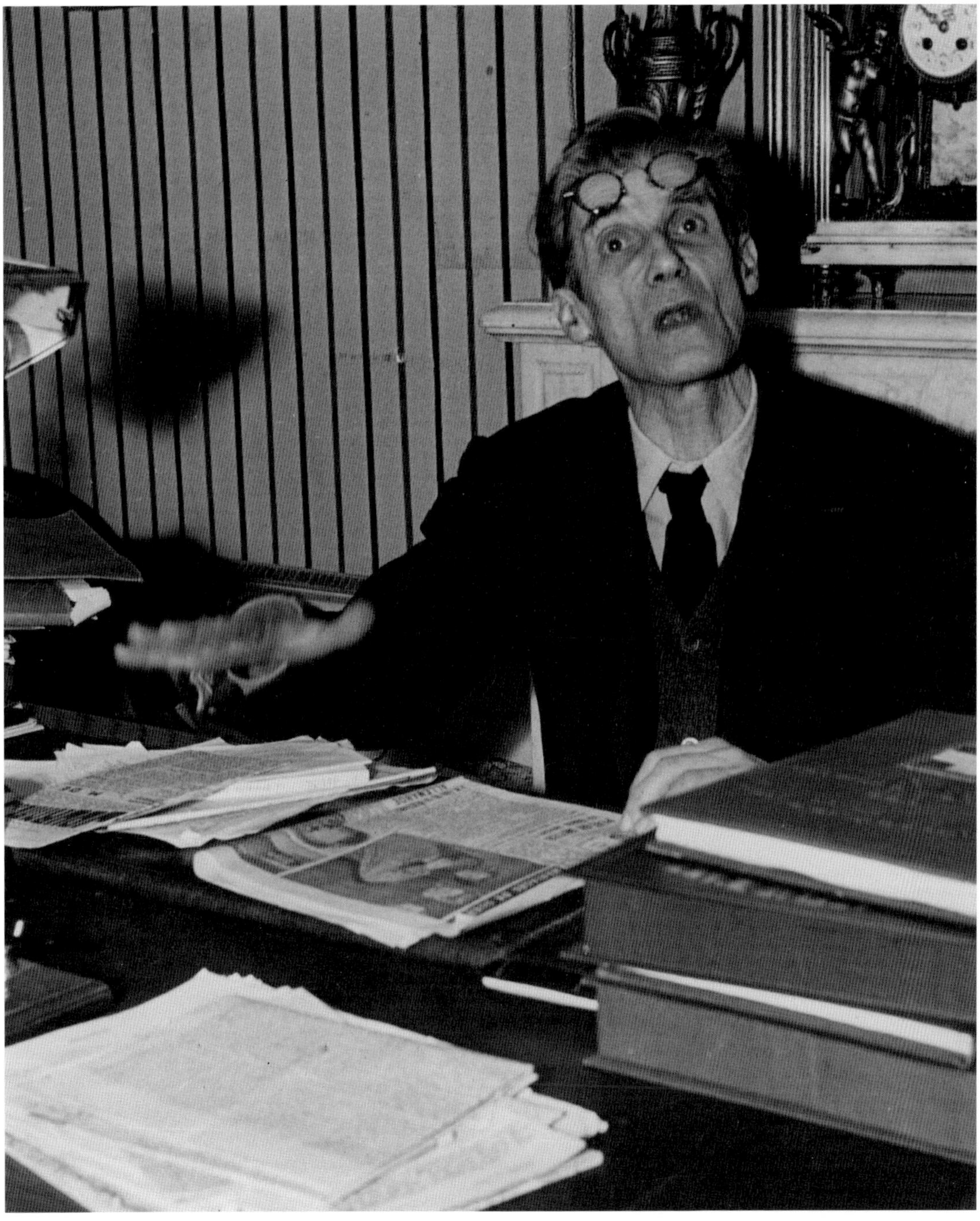

Der geborene Italiener Jean de Sperati wurde „König der Briefmarkenfälscher" genannt. Er bestand stets darauf, dass seine Werke „Imitationen" seien und gewann sogar einen Diffamierungsprozess, weil man ihn als Fälscher bezeichnet hatte.

und Sperati ließ die Marken versteigern. Um 1920 ließ Sperati seine Werke noch echter aussehen, indem er ihnen einen gefälschten Poststempel aufdrückte.

Im Zweiten Weltkrieg waren seltene Marken noch gefragter. Sie ließen sich leicht verstecken und damit der Beschlagnahmung entziehen. Sperati wurde beim Schmuggeln von Marken aus Frankreich gefasst und musste gestehen, dass es sich um Fälschungen handelte, um der Haft zu entgehen. Er wies darauf hin, dass seine Marken Vermerke auf der Rückseite trügen – allerdings mit Bleistift, was seine Absichten klar machte.

Sein Leben lang bestand Sperati darauf, er habe nur „Imitationen" hergestellt, und wurde sogar einmal dafür entschädigt, dass ihn jemand als Fälscher bezeichnet hatte. Mit 70 Jahren, als er schon schlecht sah, kaufte die britische Philatelievereinigung seinen Bestand für angeblich 20.000 Pfund auf, um damit seinem illegalen Spiel ein Ende zu setzen. Als er drei Jahre später starb, fand man heraus, dass er seine Fälscherei weiter betrieben hatte. „Nur so zum Spaß", wie er auf dem Totenbett gestand.

Qualitätskontrolle bei britischen Briefmarken, wie sie Bogen für Bogen aus der Druckerpresse kommen.

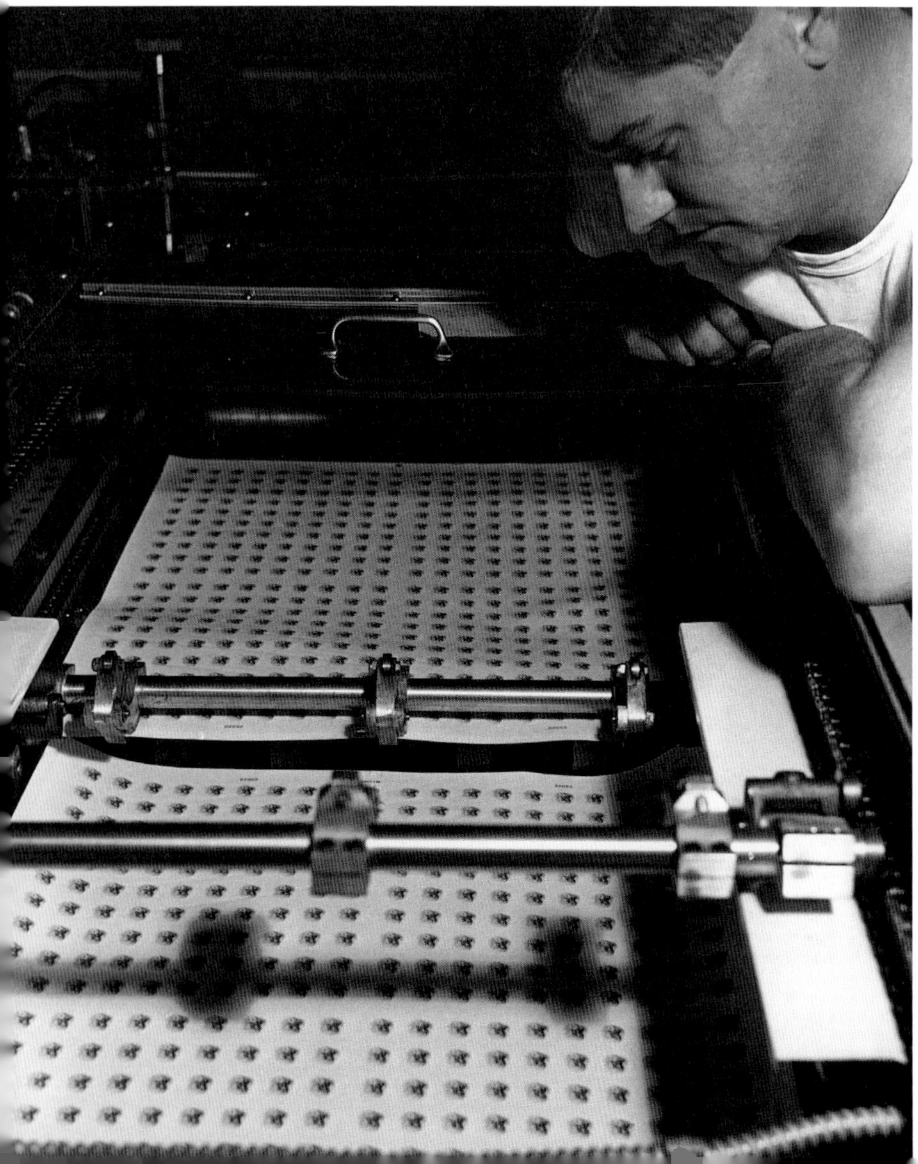

FÄLLE, DENEN MAN NICHT BEIKAM

Das Aufkaufen von gefälschten Beständen scheint der einzige Weg, um Fälschungen aus dem Verkehr zu ziehen. 1967 schloss die amerikanische Philateliegesellschaft (APS) mit dem aus Belgien stammenden Raul de Thuin (1889–1975), der in Mexiko tausende Briefmarken und Poststempel gefälscht hatte, einen Handel ab.

Oberst James DeVoss, Leiter der APS, erklärte: „Wir wissen seit über 20 Jahren von seinen Aktivitäten, konnten ihn aber nicht daran hindern. Wenn de Thuin in den USA wäre, wäre er längst im Gefängnis. Aber er verletzt kein mexikanisches Gesetz, da er nur mit alten Briefmarken arbeitet, auf die er Poststempel und Aufdrucke aufbringt, die den Seltenheitswert der Marke erhöhen. Die US-Postbehörde hat ihm Betrug vorgeworfen, was ihm das Senden von Post in die USA verbietet, aber seine Marken kommen auf anderem Wege ins Land."

Die APS kaufte für eine angeblich kleine Summe 1.636 Druckplatten und anderes Material im Glauben, es sei de Thuins gesamte Ausstattung inklusive seiner Adressenkartei. Vom Gesetz her durften sie das Material nicht besitzen, also verwendete man es, um ein Buch damit zu illustrieren; danach sei alles dem Geheimdienst zu übergeben. De Thuin zog dann nach Guayaquil in Ecuador, wo er starb. Nach seinem Tod stellte sich heraus, dass er einiges von seinen Materialien behalten und das Fälschen von Briefmarken fortgesetzt hatte.

Im Jahre 2004 stellte sich heraus, dass ein eBay-Website-Verkäufer, Juan Canoura Sr., einen Teil von de Thuins Ausrüstung gekauft hatte. Canoura war seit 16 Jahren im Geschäft und erklärte, dass er nun alles verkaufen und sich zur Ruhe setzen wolle. „Ich höre jetzt als Fälscher auf [*sic*] und möchte mich der restlichen Jahre meines Lebens erfreuen, die mir noch bleiben!"

DER SCHWINDEL MIT DEN PORTUGIESISCHEN BANKNOTEN

Ein berühmter Fälscher, der keine Blüten produzierte, sondern eine der führenden zertifizierten Druckereien dazu überredete, diese Arbeit für ihn zu übernehmen, war der junge Portugiese Artur Alves Reis. 1916 kam Reis, 1896 geboren, mit seiner jungen Frau in der portugiesischen Kolonie Angola an. Er führte ein von ihm gefälschtes Universitätsdiplom mit sich, was ihm rasch zu einer Anstellung als Ingenieur verhalf.

Die angolanische Wirtschaft befand sich in einer ernsten Notlage und die portugiesische Regierung unternahm nichts, um die Not zu lindern. Reis konnte als 24-Jähriger die marode Eisenbahngesellschaft übernehmen, für die er arbeitete, und startete betrügerische Geschäfte mit deren Aktien. Seine Machenschaften flogen jedoch auf; als er 1924 nach Lissabon zurückkehrte, musste er für zwei Monate ins Gefängnis.

In dieser Zeit brütete er ein geniales Konzept zur Geldbeschaffung aus. Sofort nach seiner Entlassung fälschte er eine Übereinkunft zwischen der portugiesischen Regierung und ihm, laut welcher er in Angola portugiesische Banknoten im Wert von 100 Millionen Escudos gegen eine fiktive Sicherheit von 1 Million Pfund ausgeben dürfe. Dann heuerte er ein kleines Team von Komplizen an; jeder durfte nur das Notwendigste vom Projekt wissen.

Von einer Sicherheitsdruckerei in Holland erhielt einer dieser Leute, Karel Marang, ein Empfehlungsschreiben für den Drucker der portugiesischen Banknoten, Waterlow & Sons in London. Marang traf Sir William Waterlow, den Leiter der

Ein berühmter Fälscher druckte nicht selbst, sondern überredete eine der führenden zertifizierten Druckereien, das für ihn zu übernehmen.

Firma, und erzählte ihm, dass die Ausgabe der Noten streng geheim sei und sich sehr ernste politische Konsequenzen ergäben, wenn sie publik würde. Er gab an, er stünde in direktem Kontakt mit dem Direktor der Bank von Portugal. Die Noten sollten Duplikate von schon gedruckten Noten sein, die mit dem Wort „Angola" bedruckt würden, sobald sie in der Kolonie einträfen. Als Sir William einwilligte (er informierte nicht einmal seine Mitdirektoren), fälschte Reis zwei weitere Briefe, vorgeblich von der Bank von Portugal, laut welchen die Aktion genehmigt wurde.

Anfang 1925 wurden zweihunderttausend 500-Escudo-Noten gedruckt, so gemischt, dass ihre Seriennummern nicht mehr geordnet waren, und nach Lissabon gebracht. Inzwischen hatte Reis eine Bank gegründet, die „Banco Angola & Metropole", mit Filialen in Lissabon und Oporto, die er mit den Zweitnoten finanzierte. Durch niedrige Kreditzinsen und günstige Umtauschkurse entwickelte sich die Bank so gut, dass im Juli des Jahres noch 380.000 Noten bei Waterlow & Sons geordert wurden.

Zur Tarnung begann Reis, Aktien der Bank von Portugal zu kaufen. Wenn er und seine Komplizen bedeutende Aktionäre wären, so dachte er, wäre es für jede Bankaufsicht unmöglich, eine Untersuchung über die Existenz von doppelten Banknoten anzustrengen. Doch als er auf einer Reise in Angola war, bemerkte ein Schalterbeamter in Oporto, dass Devisengeschäfte nicht sauber im Hauptbuch registriert worden waren, und meldete dies.

Sir William Waterlow mit seiner Frau. 1924 genehmigte er den Druck von 580.000 echten 500-Escudo-Noten der Bank von Portugal auf der Basis von zwei von Reis gefälschten Briefen – ohne sein Direktorenteam ins Vertrauen zu ziehen.

Eine der 200.000 scheinbar echten 500-Escudo-Noten der Bank von Portugal, zu deren Druck Reis die Londoner Notendruckerei Waterlow & Sons überredet hatte.

Eine gründliche Durchsuchung der Notenbestände der Banco Angola förderte schließlich zwei Banknoten mit der gleichen Nummer zu Tage. Natürlich konnte niemand sagen, welche echt und welche das Double war. Als dies durchsickerte, gab es eine Panik. Jeder, der eine 500-Escudo-Note besaß, versuchte verzweifelt, sie zu tauschen. Als Reis von seiner Reise aus Angola zurückkehrte, wurde er verhaftet.

Die Bank von Portugal war gezwungen, alle 500-Escudo-Noten aufzukaufen, und zeitweilig sah es danach aus, als würde die portugiesische Wirtschaft zusammenbrechen. In einem komplizierten Prozess wurde Reis 1929 zu 20 Jahren Haft verurteilt. Aber die Geschichte war noch nicht zu Ende.

Im Jahr darauf verklagte die Bank von Portugal Waterlow & Sons in London. Waterlow argumentierte, dass es hier nur um Papier ginge; die Bank von Portugal habe die fraglichen Noten zurückgenommen und neue zum Druckkostenpreis ausgegeben. Die Anklage suchte jedoch massiven Schaden nachzuweisen. Letztendlich ging der Fall bis in das Oberhaus und der Bank von Portugal wurde eine Entschädigung von 60 Millionen Escudos zugesprochen.

DOSSIER

BESSER ALS DAS ORIGINAL?

Bis tief ins 20. Jahrhundert bildeten die Goldreserven eines Landes die Basis seiner Staatswährung. Großbritannien ging 1931 von der Goldbasis ab und der „Sovereign" (eine Goldmünze im Wert von 1 Pfund) war kein gesetzliches Zahlungsmittel mehr. Aber die königliche Münze produzierte den Sovereign weiterhin, weil er sich als Zahlungsmittel im Handel mit Entwicklungsländern bewährte. Er wurde während des Zweiten Weltkriegs sehr wichtig, als er z. B. zur Finanzierung von Widerstandsgruppen eingesetzt wurde. Nach dem Krieg blieb er ein wertvolles Zahlungsmittel in der internationalen Finanzwelt.

Jose Beraha, Mitglied einer wohlhabenden Familie sephardischer Juden, kam 1907 in Skopje in Mazedonien zur Welt. Als die Deutschen im April 1941 Jugoslawien besetzten, wurde der größte Teil seiner Familie abtransportiert und kam in Konzentrationslagern um. Beraha und zwei jungen Neffen gelang die Flucht nach Albanien, von wo aus sie mit Hilfe ihrer Sovereigns mit dem Boot nach Italien kamen.

In Italien erlernte Beraha zunächst die Sprache und etablierte sich bald im Handel. Nach Kriegsende ging er in den Exporthandel, wo ihn jedoch die komplizierten Währungsbestimmungen nervten. Der britische Sovereign dagegen war der Schlüssel, der alle Türen öffnete. Beraha fand bald heraus, dass sein Handelswert um die 20 Dollar betrug, während sein Metallwert nur 9 Dollar erreichte.

Beraha eröffnete eine kleine Münze in der Via Andrea Doria in Mailand, wo er mit der Herstellung der Sovereigns begann. Seine waren sogar besser als die der königlichen Münze, weil sie etwa 1 % mehr Gold enthielten. 1951 war Beraha Millionär, verkaufte sein Geschäft an seinen Produktionsleiter und setzte sich in der Schweiz zur Ruhe.

Die britischen Behörden bekamen bald Wind von Berahas Aktivitäten und beantragten 1952 bei der Schweizer Regierung seine Auslieferung wegen Währungsfälschung. Er argumentierte zu seiner Verteidigung, dass der Sovereign keine legale Münze mehr in Großbritannien war und man ihn dort nicht zum Erwerb von Gütern oder Dienstleistungen verwenden konnte; er sei nur für Sammler oder Edelmetallhändler von Bedeutung. Beraha schickte seine Verteidiger aus, dies zu beweisen, mit dem Ergebnis, dass kein Geschäft, ja nicht einmal das Schatzamt bereit war, seine Münzen anzunehmen. „Versuchen Sie es bei einem Münzhändler!", war die häufigste Antwort. Die Schweizer Richter wiesen den Auslieferungsantrag ab und sprachen ihn so vom Vorwurf der Falschmünzerei frei.

Ein gefälschter Sovereign mit dem Bild von König Georg V. aus dem Jahr 1918. Dies war interessanterweise genau das Jahr, in dem die Londoner Münze keine Sovereigns prägte. Der Fälscher mag einen Fehler begangen oder das Jahr absichtlich gewählt haben, um eine Münze zu prägen, die es zuvor nie gegeben hatte, da nur das Fälschen von legalen Zahlungsmitteln strafbar ist.

CHARLES BLACK, EIN MANN MIT EINEM BLICK FÜRS DETAIL

Charles Black, geboren 1928, erlernte den Beruf des Instrumentenbauers. Drei Jahre lang stellte er sein Talent in den Dienst des Guten und erfand u. a. einen neuen Heizungsthermostaten für Aquarien. Als Techniker wandte er sich jedoch dem Gebrauchtwagenhandel zu; schließlich wurde er wegen Handels mit gestohlenen Autos verurteilt. In der Haft unterhielt er sich oft mit verurteilten Fälschern. Bald nach seiner Freilassung 1969 beschloss er, sich seine Fähigkeiten als Amateurfotograf zunutze zu machen und Fälschungen herzustellen.

Gerade zu dieser Zeit fand in London eine internationale Druckmesse (IPEX) statt. Black sprach viel mit den Ausstellern, die sich geschmeichelt fühlten, ihm ihre Maschinen vorführen zu dürfen. Bald hatte er seine „Einkaufsliste" fertig und ein Casinobesitzer (nur als „Fred" bekannt) stellte das Geld bereit. Den Lieferanten erklärte Black, er wolle Kataloge drucken, und seiner Frau erzählte er, er würde pornografische Zeitschriften drucken. In seinem Garten baute er einen großen Schuppen, um die Druckerpresse und die Geräte zur Herstellung der Druckplatten unterzubringen; sein Arbeitszimmer baute er zur Dunkelkammer um. In wenigen Tagen hatte er sich selbst den komplizierten Farbdruck beigebracht.

Seit dem Gefängnis hatte Black für andere Fälscher nur ausgesprochene Verachtung übrig. Sie wären mit einem Produkt zufrieden, welches oberflächlich gerade akzeptabel wäre, während er akribisch darauf hinarbeitete, seine Fälschungen so perfekt wie möglich an das Original anzugleichen. Black verbrachte Stunden in seiner Dunkelkammer damit, fotografische Negative herzustellen, von denen er in Magenta, Blau, Gelb und Schwarz drucken konnte. Es genügte ihm nicht, ein einziges Negativ für jeden Farbton herzustellen, sondern er produzierte Vergrößerungen und setzte sorgfältig verschiedene Stücke zusammen, um in verschiedenen Zonen exakt die richtigen Farbtöne zu treffen.

Oben: Der britische Fälscher Charles Black mit einer Hand voll 20-, 10- und 5-Pfund-Noten.

Gegenüber: Jean de Sperati bei der Arbeit an einer seiner „Imitationen".

Black und ein Gefährte namens Stanley Le Baigue begannen mit der Produktion von Traveler-Schecks im Werte von 250.000 Pfund in Form von 50-Pfund-Schecks. Fred setzte diese dann in der Unterwelt zu einem Drittel des Nennwertes ab.

Schecks und Banknoten werden fortlaufend nummeriert, wozu man eine kleine „Nummerierungsbox" und magnetische Tinte verwendet. Black hatte einen Bekannten, der selbst zuvor echte Schecks gestohlen hatte. Diesen überredete er, ihm drei Nummerierungsboxen mitsamt Tinte zu besorgen. Black stellte im Namen einiger Banken überdruckte Stempel her, perforierte die Schecks und band immer zehn Stück in einem bedruckten Einband zusammen. Erst als die Schecks in die Ausgabebanken zurückkamen, konnte man feststellen, dass es sich um Fälschungen handelte, und die gesamte echte Ausgabe wurde eingezogen.

ELEKTROKABEL UND GLYZERIN

Danach beschloss Black, 50- und 20-Dollar-Scheine zu produzieren. Das Papier, auf dem das US-Schatzamt drucken ließ, enthielt eine Mischung aus roten und blauen Fäden, um Fälschungen vorzubeugen. Black fand eine für ihn typische Lösung. Er faserte kurze Abschnitte der Stoffummantelung alter Elektrokabel auf, verteilte die Fasern auf einem hellgrünen Papierbogen und fotografierte ihn. Verkleinert sah der Bogen schließlich echt aus. Es dauerte einige Zeit, bis er den richtigen Grünton traf, und noch länger, den Stahlstich korrekt auszuführen. Black fand sogar (in der örtlichen Bücherei) den richtigen Zusammenhang zwischen dem Buchstaben vor der laufenden Nummer eines Scheines und der ausgebenden Bank heraus. Um dem Papier das seidige Gefühl eines neuen Scheins zu geben, tauchte er ihn in Glycerin und trocknete ihn über einem Heizgerät.

Aber dann wurde einer seiner Komplizen verhaftet, weil er zwar echte, aber gestohlene Schecks in Umlauf brachte, worin auch Black involviert war. 1971 durchsuchte die Polizei zwar sein Haus, aber da er nicht als Fälscher verdächtigt wurde, nicht auch seinen Schuppen. Während Blacks siebenwöchiger Untersuchungshaft gab Le Baigue fröhlich weiter gefälschte Dollar aus. Gegen Kaution auf freiem Fuß machte sich Black sofort daran, eine neue Serie von 5-Pfund-Noten zu fälschen, die die Bank von England eben herausgebracht hatte.

Diese Noten waren öffentlich als fälschungssicher vorgestellt worden, wodurch sich Black herausgefordert fühlte. Das Papier trug ein Wasserzeichen an einer bestimmten Stelle und zeigte den Kopf des Herzogs von Wellington; ferner war ein feiner Metallfaden ins Papier eingebettet. Nur wenn man die beiden Papierschichten voneinander trennte, konnte man an den Faden heran, was weder geschäftige Bankbeamte noch Ladenkassiere tun würden. Sie gaben sich damit zufrieden, wenn sie den Faden und das Wasserzeichen im durchscheinenden Licht sahen.

Blacks Lösung war einfach und typisch für seine Sorgfalt. Er druckte eine schwarze Linie an der Position des Metallfadens und überdruckte dann das Papier mit deckender weißer Tinte, wobei er das Wasserzeichen aussparte. Danach konnte man Farbzeichnung und Seriennummern mühelos in der üblichen Weise drucken.

Im Februar 1972 stand Black vor Gericht, weil er „gefälschte Gegenstände zu seinem Nutzen verwendet“ hätte. Man ver-

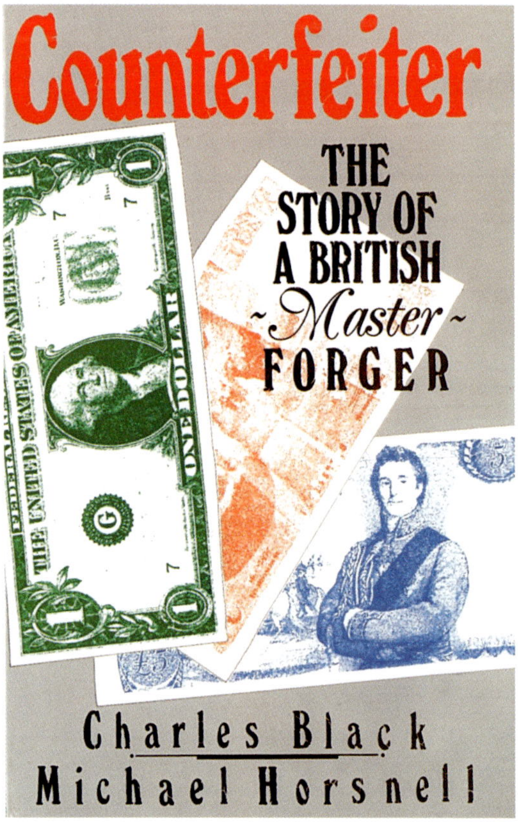

Charles Black beschrieb mit Hilfe eines Journalisten seinen Werdegang in einem Bestseller, der 1989 herauskam, nachdem er gelobt hatte, auf dem rechten Weg zu bleiben.

Die Kopie einer byzantinischen Münze, geschlagen von Carl Wilhelm Becker, zusammen mit dem Prägestempel, bestehend aus Unterstempel und Festhaltemeißel, mit dem sie geschlagen wurde.

urteilte ihn zu fünf Jahren Gefängnis, wo er ironischerweise in der Druckerei arbeitete. Ungefähr ein Jahr später wurde sein Haus wieder von der Polizei durchsucht, wobei man durch die Mithilfe zweier seiner Komplizen (einer davon Le Baigue) seine ganze Ausrüstung beschlagnahmen konnte. Le Baigue und der andere Mann wurden zu je fünf Jahren verurteilt; Black berief sich auf seinen Status als Gefangener und lehnte eine Vernehmung ab. Doch weil er unter Verdacht stand, wurde er erst Ende 1973 auf Bewährung entlassen.

Zu Hause stellte er erfreut fest, dass ein Reservesatz von 50-Dollar-Negativen, die er in einem Hohlraum in der Küchentür versteckt hatte, noch da war. Eine Zeit lang versuchte er, ein ehrbares Leben als Instrumentenmacher zu führen, aber eine weitere Druckermesse in London 1975 war eine zu große Versuchung. Dort traf er einen alten Bekannten, Brian Katin. Die Druckerei, bei der dieser gearbeitet hatte, hatte zugesperrt und Katin hatte eine Offsetdruckmaschine hinter einer falschen Wand in seinem Haus in Pagham, Sussex, versteckt.

„Ich wollte zurück in meinen Beruf und brauchte diese Partnerschaft", erklärte Black später, „aber angesichts seiner Fälschungen wurde mir klar, dass er mich viel dringender brauchte. Ich habe bessere Geld-Imitationen im Monopolyspiel gesehen!"

Black führte eine weitere Verbesserung in seine Technik ein. Wie auf Seite 20 beschrieben, werden echte Banknoten Intaglio gedruckt, sodass ein reliefartiges Bild entsteht, während Blacks Offsetdrucke flach waren. Er versuchte, thermografisches Pulver wie für Briefköpfe zu verwenden, um seine Drucke wie geprägt aussehen zu lassen. Doch wie er selbst sagte, „sahen sie aus wie diese kurzlebige Kinoepisode der 50er-Jahre, der 3D-Film: Das Bild sprang aus dem Papier wie ein psychedelisches Erlebnis." Schließlich stach Black das Bild als Muster aus kleinsten Punkten in eine Messingplatte und prägte damit die Noten nach dem Druck, sodass sie sich anfühlten (und auf den ersten Blick auch aussahen), als wären sie graviert.

Bei einem Prozess 1979 musste ein US-Finanzbeamter zugeben, dass Blacks Fälschungen die besten waren, die er je gesehen hatte.

Es gab jedoch einen Punkt, den der gerissene Black nicht berücksichtigt hatte. Banknoten und andere Rechtsdokumente werden auf speziellem Papier gedruckt. Dieses enthält keinen optischen Aufheller, der in jedem gewöhnlichen Papier enthalten ist. Bei normalem Licht erscheint das Papier dadurch heller, im UV-Licht fluoresziert es stark hellblau. 1976 führten die Banken überall UV-Lampen zur Kontrolle von eingehenden Banknoten ein; inzwischen sind sie recht verbreitet, nicht nur in Banken, sondern auch in Kaufhäusern.

Black erfuhr davon, als einer seiner Kunden in der Schweiz verhaftet wurde. Er hatte aber Glück, denn er fand einen größeren Posten alten Dokumentenpapiers, das lange in einem Lager gelegen hatte. Im Februar 1977 bekamen Black und Katin einen Auftrag über Banknoten im Wert von 2 Mio Dollar, die nach Beirut geliefert werden sollten. Auch wenn sie dafür nur 14 % des Nennwertes erhielten, so waren dies doch 140.000 Dollar für jeden.

ZUFÄLLIGE VERHAFTUNG FÜHRT ZU BLACKS UNTERGANG

Black und Katin glaubten nun endlich reich zu werden, aber ein Fahrer, der eine größere Menge von Blacks Blüten bei sich hatte (wahrscheinlich, um Drogen zu kaufen), wurde in der Türkei festgenommen und gefragt, wieso er so viel Geld bei sich habe. Ein Beamter des US-Schatzamts wurde von Paris nach Ankara geschickt, musste aber zugeben, dass er nicht beurteilen konnte, ob die Noten echt oder falsch waren. Leider aber hatte der Fahrer Blacks Telefonnummer in seinen Pass gekritzelt.

Wieder durchsuchte die Polizei Blacks Haus. Man fand zwar kein Fälscherwerkzeug, aber 85.000 Dollar Falschgeld unter einer Kartoffelkiste. Wichtiger noch war, dass man eine Bleistiftnotiz mit der Rahmennummer von Katins Druckerpresse fand. Über den Hersteller kam man bald zu Katins Garage, in der Banknoten im Nennwert von 3,6 Mio Dollar gefunden wurden.

Im darauf folgenden Prozess musste ein US-Finanzbeamter 1979 zugeben, dass die Fälschungen die besten waren, die er je gesehen hatte. Sie wären so gut, dass all die Untersuchungsgeräte, die man über Jahre für Millionen Dollar entwickelt hätte, über Nacht wertlos geworden seien. Katin wurde zu drei Jahren Haft verurteilt; Black musste für 21 Jahre hinter Gitter.

MESSERWERFER WIRD EHRLICH

1982 auf Bewährung entlassen, beschloss Black, nun ehrlich zu werden. Seine Frau ließ sich scheiden; er heiratete eine Thailänderin, mit der er eine Agentur zur Vermittlung von Thai-Bräuten an britische Männer betreibt. „Du kannst im Zirkus der beste Messerwerfer sein", sagte Black, „aber du schläfst besser, wenn du einer von den Clowns bist!"

Die Noten der Bank von England werden unter strengsten Sicherheitsvorkehrungen in der Druckerei der Bank in Loughton, Essex, gedruckt. Jeder Druckbogen muss visuell überprüft werden, um den höchsten Qualitätsstandard zu gewährleisten.

BANK of ENGLAND

KAPITEL 2

KUNSTFÄLSCHUNGEN

Arbeiten von führenden Künstlern gewinnen im Laufe der Zeit an Wert. Durch das Ausbleiben des künstlerischen Erfolges war für viele das Fälschen ein weitaus profitableres Geschäft.

Seit hunderten von Jahren werden Kunstwerke nachgeahmt und gefälscht, doch erst im Laufe des letzten Jahrhunderts wurden ernsthafte Versuche unternommen, Fälschungen aufzudecken. Dafür gibt es viele Gründe: Ateliers, besonders im 15. und 16. Jahrhundert, unterstützten die Produktion von Imitaten zu Übungszwecken oder um die Nachfrage zu decken. Folglich war es schwierig, eine klare Trennlinie zwischen „echten“ Kunstwerken und deren Kopien zu ziehen, vor allem wenn sowohl die einen als auch die anderen von den Meistern signiert wurden. Als im Laufe des 18. Jahrhunderts die Kunstsammlerei in Mode kam, wechselten viele dieser Kopien ihre Besitzer, und da dies meist ohne Herkunftsnachweis geschah, wurden viele von ihnen 200 Jahre lang für Originale gehalten.

Gegenüber: Tom Keating, ein britischer Kunstfälscher, mit einem seiner Werke.
Links: Einer der vielen Köpfe, angeblich aus dem 15. Jahrhundert, geschaffen von dem italienischen Fälscher Giovanni Bastianini Mitte des 19. Jahrhunderts.

Gegenüber: Römische Bildhauer fertigten viele Kopien von altgriechischen Statuen an. Sie entstanden als ehrlicher Ausdruck ihrer Bewunderung und können nicht als Fälschungen gelten. Sie täuschten allerdings schon viele Experten.

Zudem galt das Imitieren des Stils eines berühmten Künstlers als eine Art Hommage. Der große britische Maler J.M.W. Turner (1775–1851) zum Beispiel produzierte gerne Bilder im Stil des niederländischen Malers Willem van de Velde (1611–1693) und des Franzosen Claude Lorrain (1600–1682).

Kommunikationsmangel zwischen Kunstexperten, von denen sicherlich einige ihre eigenen Interessen im Sinn hatten, erschwerte zusätzlich das Aufdecken von Fälschungen. Experten neigten dazu (und tun es immer noch), sich auf die Arbeit eines einzigen Künstlers oder einer eng verwandten Gruppe zu konzentrieren, dessen Werke sie selbst oft genug sammeln, und tauschten sich nur selten aus.

In den letzten hundert Jahren stiegen die Auktionspreise für bekannte Kunstwerke astronomisch an und machten das Fälschen zu einem noch profitableren Geschäft. Und wenn es ums Geldmachen geht, unterscheiden sich die Fälscher nicht von anderen: Mit dem Profit steigt auch ihre Motivation, die Qualität der eigenen Arbeit zu verbessern.

Wissenschaftliche Methoden zur Erkennung von Fälschungen wurden erst im letzten Jahrhundert entwickelt. Heute sind Ermittler imstande, das Datum und das Material zu bestimmen, die Struktur zu untersuchen und die Ergebnisse mit anderen Werken zu vergleichen. Vielleicht von größter Bedeutung ist auch die Tatsache, dass Experten miteinander schnell kommunizieren können.

„Am schwierigsten ist meist eine kürzlich gefertigte Fälschung zu entdecken ... Sie ist unserer Zeit und unserem Blickpunkt näher und gefällt uns daher besser.“

—JOSEPH VEACH NOBLE, EHEM. VIZEDIREKTOR, METROPOLITAN MUSEUM OF ART, NEW YORK

AUFDECKEN VON FÄLSCHUNGEN

Vor dem Aufkommen der wissenschaftlichen Untersuchungsmethoden konnten nur zwei Kriterien zur Authentifizierung herangezogen werden: der Stil und die Provenienz. Letzteres ist die Dokumentierung, auf welche Art und Weise ein Kunstwerk im Laufe der Jahre seine Besitzer gewechselt hat. Da sich nur

DOSSIER
PROFIT UND UNFUG

Das Hauptziel einer Kunstfälschung ist ohne Zweifel Profit. Es ist jedoch interessant, dass viele Fälscher behaupten, auch durch etwas anderes getrieben zu werden: den Wunsch, Experten zu überlisten. Um eine überzeugende Fälschung zu schaffen, braucht man Talent, Wissen und Geschick. Oft mussten Fälscher erkennen, dass ihnen die Anerkennung und ein angemessener Preis für ihre eigenen Arbeiten vorenthalten blieben. Wenn aber ein Kunstwerk einem berühmten, vorzugsweise toten Künstler zugeschrieben wird, kann es viel Geld einbringen. So ist die Versuchung, zu fälschen, häufig zu groß, um ihr zu widerstehen.

dadurch die Echtheit der Werke bestätigen lässt, müssen bei einer Fälschung die Dokumente ebenfalls gefälscht werden.

Der bekannte Stil und die Thematik eines berühmten Meisters können von einem geschickten Fälscher akribisch nachgemacht werden. Andrerseits kann ein Bild die Signatur „Goya" oder „Rembrandt" tragen, wenn aber damit „etwas nicht stimmt", wird es schnell als Fälschung abgestempelt.

Doch wie Joseph Veach Noble, der ehemalige Vizedirektor des Metropolitan Museum of Art, in der Encyclopedia Britannica schreibt: „Am schwierigsten ist meistens eine erst vor Kurzem angefertigte Fälschung zu entdecken … Sie ist unserer Zeit und unserem Blickpunkt näher und gefällt uns daher besser. Wenn eine Fälschung älter wird, verschieben sich aber die Ansichten. Geschmäcker ändern sich und es bildet sich eine neue Basis des Verständnisses. Daher überlebt eine Fälschung selten länger als eine Generation."

WIE ALT IST ALT?

In der Kunstszene kann es zu heiklen Situationen kommen, wenn ein Werk, das lange Zeit als antik galt, sich als Kopie aus einer späteren Periode herausstellt. Ein gutes Beispiel dafür ist die Skulptur des Dionysos-Kopfes, die in einem Weingut bei Neapel 1771 ausgegraben wurde und heute im British Museum steht. Zunächst dachte man, er sei ein Werk aus dem alten Griechenland. Heute weiß man, dass es die Kopie eines römischen Bildhauers des 2. Jh. n. Chr. ist, wie es tausende gibt. Vielleicht wurde hier ein Werk des Athener Meisters Phidias (5. Jh. v. Chr.) kopiert. Wie in der Einleitung angedeutet, gibt es keinen Grund, anzunehmen, dass der römische Bildhauer sein Werk als Fälschung schuf, und natürlich ist es auch sehr alt und wertvoll. Viele andere Arbeiten in Museen rund um die Welt haben eine ähnliche Geschichte.

EIN PROFITABLES GESCHÄFT

Viele Jahrhunderte lang gab es weder in Europa noch anderswo einen Markt für Kunstwerke: Sie waren Auftragsarbeiten für die staatliche und religiöse Obrigkeit. Die Künstler wurden manchmal, aber nicht immer, reichlich entlohnt und/oder hoch angesehen, doch ihre Werke schlugen Wurzeln an bestimmten Orten und ihre Namen wurden selten erfasst. Doch die Situation sollte sich im 15. Jahrhundert für immer ändern, als reiche Kaufleute die neue Schicht der Patrone zu bilden begannen. Diese Neureichen von damals waren begierig, ihr Ansehen und ihren sozialen Status zu unterstreichen, und fingen an, mit der Kirche als Kunstkäufer zu rivalisieren.

DIE RENAISSANCE

Das 15. Jahrhundert war die Zeit der Renaissance, der Wiedergeburt der Kunst. Künstler wurden immer berühmter und kämpften um die lukrativsten Aufträge – und genau in dieser Zeit wurde das Fälschen profitabel.

Immer mehr Sammler kauften alles in Zusammenhang mit berühmten Meistern: Originale, Nachahmungen oder auch Fälschungen. Künstler aus allen Ländern kamen nach Italien, um die neue Kunst der Renaissance zu studieren, und als sie nach Hause

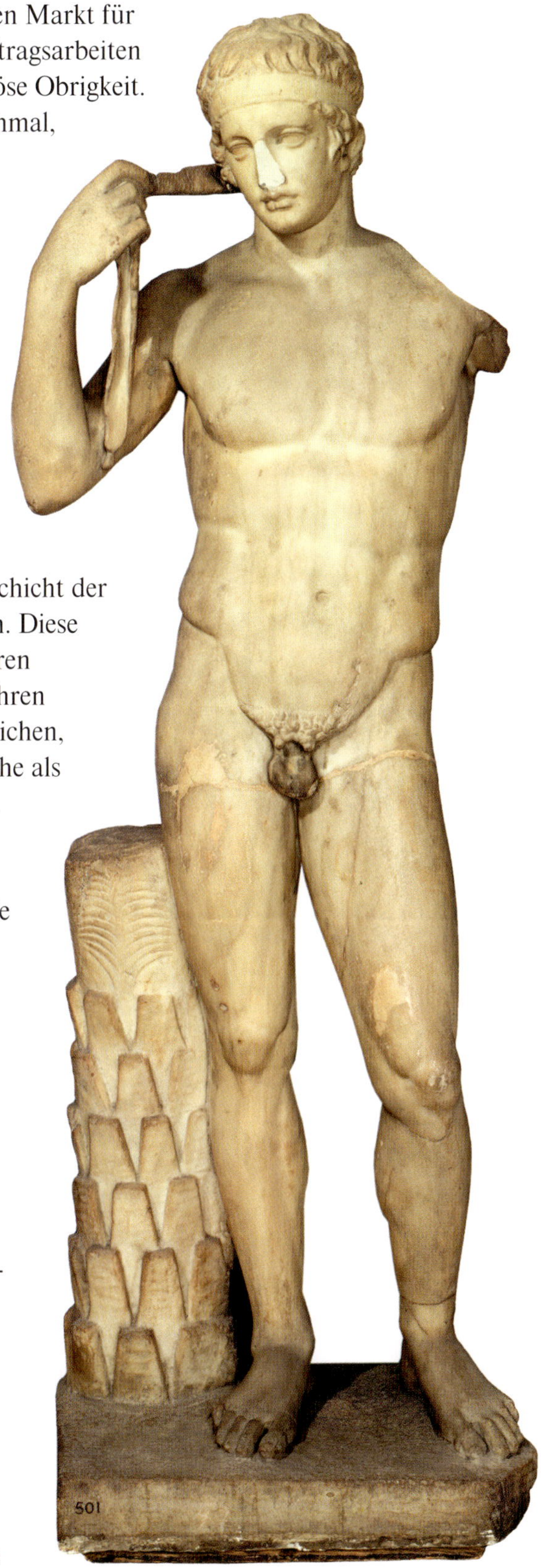

DOSSIER
DER KARDINAL UND DER FALSCHE AMOR

In *Lebensläufe der berühmtesten Maler, Bildhauer und Architekten* schrieb Giorgio Vasari (1511–1574): „Michelangelo meißelte einen Schlafenden Amor, lebensgroß. Ein Freund sagte zu ihm: ‚Ich bin sicher, dass du, wenn du ihn eine Zeit lang begräbst und ihn dann als eine Antike nach Rom schickst, dafür mehr Geld bekommst als hier in Florenz.' Man sagt, dass Michelangelo genau dies tat, obwohl einige meinen, dass sein Freund den Amor mit nach Rom nahm und ihn dort begrub. So oder so wurde die Skulptur vom Kardinal von San Giorgio (Raffaele Riario) für 200 Kronen gekauft. Man sagt, dass der Freund Michelangelo nur 30 Kronen dafür gab und ihm erklärte, dass dies alles sei, was er bekommen hätte, und die Differenz für sich behielt. Unterdessen entdeckte der Kardinal, dass der Amor keine Antike war, und forderte sein Geld zurück. Er wurde ausgelacht und sogar getadelt dafür, dass er die vollkommene Arbeit nicht zu schätzen wusste. Was zählt, war, dass sie lachten, modern hin oder her ... Die ganze Affäre erhöhte Michelangelos Ansehen."

zurückkehrten, schufen sie Werke „im Stil" anerkannter italienischer Meister. Reiche Sammler entsandten auch Agenten nach Italien, um teure Werke zu kaufen. Dieses Wuchern der Kunstwerke, einschließlich Nachahmungen und Fälschungen, sollte später zu großen Problemen führen.

MICHELANGELO: EIN VOLLENDETER FÄLSCHER

Dem großen italienischen Maler, Bildhauer und Architekten Michelangelo Buonarroti (1475–1564) war das Fälschen in seinen frühen Jahren nicht zu schäbig. Mit vierzehn war er in Lehre bei Domenico Ghirlandaio (1449–1494), wo er viel Zeit mit dem Studium der Arbeiten seiner Vorbilder verbrachte.

In einem Buch über Michelangelos Leben schreibt Giorgio Vasari: „So perfekt kopierte er die Zeichnungen der alten Meister, dass man sie nicht mehr von den Originalen unterschieden konnte; er räucherte und färbte das Papier, damit sie älter aussahen. Oft retournierte er Kopien und behielt die Originale."

Die berühmteste von Michelangelos Fälschungen war die lebensechte, „antike" Skulptur des *Schlafenden Amors*, die er 1496 schuf. Das Werk ist verschwunden,

doch eine Skizze soll der Originalentwurf sein. Im Laufe des 16. Jahrhunderts befand sich der *Schlafende Amor* in der Sammlung Este in Mantua, wo er den Besuchern zusammen mit dem Original vorgeführt wurde, damit sie Michelangelos Talent bestaunen konnten.

EIN ECHTER REMBRANDT?

Das Problem der Unterscheidung zwischen dem Original eines Meisters, der unter seiner Leitung gefertigter Kopie und einer vorsätzlichen Fälschung kann am Fall des niederländischen Malers Rembrandt van Rijn (1606–1669) veranschaulicht werden. Rembrandts Bilder sind sehr wertvoll und viele Arbeiten werden mit seinem Namen in Verbindung gebracht: In den Akten der US-Zollbehörde zum Beispiel scheinen nicht weniger als 9.428 Arbeiten „von Rembrandt" auf, die zwischen 1909 und 1951 in die USA importiert wurden. Sicherlich war Rembrandt sehr produktiv, doch damit diese Zahlen stimmen, hätte er, gerechnet auf sein Berufsleben, zwei Werke in drei Tagen schaffen müssen, authentifizierte Bilder in Sammlungen und im Privatbesitz nicht eingerechnet.

Einen großen Teil der Verwirrung hat Rembrandt selbst zu verantworten. Er unterhielt zahlreiche Werkstätten, in denen seine Schüler Werke produzierten, die der Meister persönlich signierte und als seine eigenen verkaufte. Nach seinem Tod schufen auch andere Künstler in ehrlicher Bewunderung Imitationen der Rembrandt-Werke. Unter ihnen befindet sich ein wenig bekannter englischer Maler aus dem 18. Jahrhundert, Thomas Worlidge, dessen Arbeiten man einst für echte Rembrandts

Fälscher verbringen viel Zeit mit dem Studium der weniger bekannten Werke alter Meister. Diese unbedeutenden Rembrandt-Bilder in einer Ausstellung in der Scottish National Gallery zogen zweifellos eine gehörige Portion krimineller Aufmerksamkeit auf sich.

DOSSIER
BOTTICELLIS WERKE?

Ein anderer Renaissancekünstler, der Werkstätten unterhielt, um die Nachfrage nach seinen Bildern zu decken, war Sandro Botticelli (1444 bis 1510). Mehrere Arbeiten wurden von Lehrlingen unter seiner Aufsicht produziert. Danach gab ihnen Botticelli den letzten Schliff und bot sie als seine eigenen an. Genau genommen ist das weder eine Fälschung noch Betrug. Doch wenn wir eine Arbeit bewundern, die Botticelli zugeschrieben wird, können wir nicht sicher sein, wie viel Pinselarbeit wirklich von ihm stammt.

Ein typisches Bild von Botticelli – eine Madonna mit Kind und Johannes dem Täufer, in der Galleria dell' Academia in Florenz. Auch bei diesem Werk von Botticelli kann man nicht erkennen, was von seinen Schülern gemalt wurde.

Gegenüber: Rembrandts *Alter Mann mit Pelzkappe*. Obwohl das Bild als Fälschung katalogisiert ist, glauben viele Experten, dass es echt sei. Kunsthistoriker akzeptieren dies aber nicht.

hielt. Gleichzeitig ließ der Überfluss an „Nicht-Rembrandts" Zweifel an Bildern aufkommen, die echt sein könnten. Die Londoner National Gallery besitzt ein Gemälde *Alter Mann mit Pelzkappe*, das als eine „Imitation von Rembrandt, möglicherweise aus dem 18. Jahrhundert" katalogisiert wurde. Die Signatur *Rembrandt f/1648* wurde ebenfalls für gefälscht gehalten. Später jedoch zeigten Untersuchungen, dass das Bild fast sicher aus dem 17. Jahrhundert stammt und charakteristische Eigenschaften von Rembrandts Maltechnik aufweist.

Der Kopf des Mönchs Girolamo Savonarola, der im 15. Jahrhundert lebte, ein Werk von Bastianini. Der italienische Fälscher schuf viele ähnliche Stücke, bevor er im Alter von 38 Jahren starb.

Wie in der Publikation zur Ausstellung im British Museum *Fälschung? Die Kunst des Betrugs* 1990 zu lesen ist: „Die natürlichste Schlussfolgerung wäre, das Bild für einen echten Rembrandt zu erklären, doch kein Kenner seiner Kunst ließ sich von den wissenschaftlichen Ergebnissen überzeugen. Die Debatte um die Authentizität des Bildes hat sich schon lange ausgereizt."

Auktionshäuser verwenden raffinierte Bezeichnungen, um zwischen Werken zu unterscheiden, von denen man nicht weiß, von wem sie wirklich stammen. Die Kategorisierungen reichen von „dem Künstler zugeschrieben" über „Werkstatt von" und „Schule von" bis hin zu Arbeiten, bei denen man ziemlich sicher davon ausgehen kann, dass sie aus einer anderen Hand stammen.

DAS GROSSE GELD

Das 19. Jahrhundert kann wohl als das goldene Zeitalter der Kunstfälschungen bezeichnet werden und es ist kein Zufall, dass genau in dieser Ära die großen nationalen Kunstgalerien ihre Pforten öffneten. Der Pariser Louvre, erbaut hauptsächlich während der Regierungszeit von Ludwig XIV. (1643–1715) wurde im 19. Jahrhundert erstmals öffentlich zugänglich. Bald darauf folgten die National Gallery in London, der Prado in Madrid, das Staatliche Museum in Berlin und die Alte Pinakothek in München. Am Ende des 19. Jahrhunderts hatten auch Kairo, Tokio, Melbourne, Montreal und andere größere Städte ihre eigenen Galerien. In den USA entstanden das Metropolitan Museum of Art in New York, das Boston Museum of Fine Arts sowie Museen u. a. in Philadelphia, Chicago und Detroit. Die neuen Einrichtungen konkurrierten um den Ankauf großer Kunstwerke und so erreichte die Versuchung zu fälschen ihren Höhepunkt.

Zunächst war die Nachfrage nach ägyptischen, griechischen und römischen Anti-

DOSSIER
KOPIEREN VON KOPIEN

Der englische Kunsthistoriker Sir Kenneth Clark schrieb in seiner Autobiografie über seine ersten Studienjahre: „In der Zeichenschule gab es ein Regal voller Abgüsse von der Hand des großen italienischen Fälschers. Wegen ihres akademischen Naturalismus trafen diese Imitationen aus dem 19. Jahrhundert den Geschmack des Kunstlehrers stärker als die Originale ... Meine einzige Anweisung war, diese unappetitlichen Objekte mit einem HB-Bleistift zu zeichnen. Also zeichnete ich sie dutzende Male aus jedem Winkel. Die von Bastianini waren die einfachsten."

quitäten am größten. Als die Museen begannen, illustrierte Kataloge von den Kunstwerken zu publizieren, die sie besaßen, war es für Fälscher noch einfacher, ihrer Arbeit nachzugehen. Auch das Interesse an mittelalterlichen Artefakten wurde immer größer und viele Fälschungen wie Münzen, Elfenbeinschmitzereien und sogar illuminierte Handschriften wurden produziert.

FÄLSCHEN AUF ITALIENISCH

Italiener waren besonders geschickt, wenn es um das Fälschen von Antiquitäten ging. Einer der Produktivsten von ihnen war Giovanni Bastianini. Geboren 1830, wurde der junge Bastianini von dem Florentiner Antiquitätenhändler Giovanni Freppa angeheuert, der ihm Marmor zur Verfügung stellte. Bastianinis Büste des Girolamo Savonarola, eines dominikanischen Reformators aus dem 15. Jahrhundert, war eine derart überzeugende Fälschung, dass sie als große Entdeckung gefeiert wurde und prompt von Freppa um sehr viel Geld verkauft wurde.

Sammler waren überzeugt, es handle sich um die Arbeit eines bisher unbekannten Ateliers aus dem 15. Jahrhundert. Bald darauf tauchten Büsten des Philosophen Marsilio Ficino und von Lucrezia Donati, der Geliebten von Lorenzo de Medici, auf. Letztere wurde von einem führenden Kunsthistoriker als ein Meisterwerk eines Künstlers des 15. Jahrhunderts ausgerufen, doch nach Bastianinis Tod 1868 fand der Käufer der Büste heraus, dass dem leider nicht so war. Nichtsdestotrotz war das Werk von solch einer außergewöhnlichen Qualität, dass es vom Victoria and Albert Museum in London um 84 Pfund gekauft wurde – ein Preis, wie für ein echtes Renaissancewerk.

NÄCHSTER COUP: DER LOUVRE

Die berüchtigteste von Bastianinis Fälschungen war die Büste des Girolamo Benivieni, eines Freunds von Savonarola. Der einzige Anhaltspunkt war ein Stich aus dem 18. Jahrhundert mit dessen Bildnis, also fanden Freppa und Bastianini einen Arbeiter, dessen Gesichtszüge denen auf dem Stich ähnelten, und ließen ihn Modell stehen. Die fertige Büste überzeugte den Louvre: 1866 ging dafür die Rekordsumme von 14.000 Francs über den Tisch.

Der Skandal ließ nicht lange auf sich warten, denn bereits im nächsten Jahr kündigte Freppa an, er habe die Büste bei Bastianini in Auftrag gegeben. Der Louvre-

Die Restaurierung eines Gemäldes ist eine heikle Angelegenheit und erfordert das Können von mehr als einem Retuscheur. Dieses Bild von Rembrandt, *Danae,* wurde 1965 in der Eremitage in St. Petersburg beschädigt und aufwändig restauriert.

Direktor, Comte de Nieuewekerke, hat den Ankauf dennoch verteidigt. Bald wütete ein Pressekampf zwischen dem Bildhauer Eugène Lequesne für den Louvre und Bastianini persönlich.

Als eine Zeitung berichtete, dass de Nieuewekerke Bastianini 15.000 Francs für die Fertigung eines zusätzlichen Stücks angeboten hatte, kündigte der Fälscher an, er würde es für 3.000 Francs machen, zusammen mit zwölf Büsten aller römischen Kaiser für 1.000 Francs das Stück. Der Louvre antwortete nicht und im Juni 1868 starb Bastianini.

1878, zehn Jahre nach seinem Tod, wurde in Cremona ein anderer Fälscher geboren, dessen Ziel es war, der erfolgreichste Fälscher des frühen 20. Jahrhunderts zu werden. Sein Name war Alceo Dossena. Als Lehrling eines Steinmetzes studierte er die Geheimnisse der Bildhauerei bei Gebäuderestaurierungen. 1918 zog er nach Rom, wo er für zwei Antiquitätenhändler – Alfredo Fasoli und Roman Palesi – Fälschungen produzierte.

DOSSENAS „REKONSTRUKTIONEN"

Dossenas Fälschungen waren so perfekt, dass sie sogar angesehene Kunsteinrichtungen in die Irre führten, die für seine Werke beachtliche Summen hinlegten. Unter anderem verkaufte er an das Cleveland

„Ich habe Kunstwerke nie kopiert. Ich habe sie nur rekonstruiert. Vertraut mit den verschiedenen alten Stilen ... konnte ich sie mir nicht anders aneignen. So habe ich gearbeitet."

—ALCEO DOSSENA

Museum of Art eine „altgriechische" Athena und eine Madonna mit Kind – zugeschrieben Giovanni Pisano (ca. 1250 bis 1320). Eine „etruskische" Diana in 21 Fragmenten ging an das City Art Museum in St. Louis. Eine Verkündung Mariä „von Simone Martini" (1284–1344) wurde von der Frick Gallery in New York für 225.000 Dollar gekauft. Ein Grabmal – Mino da Fiesole zugeschrieben – wurde an das Boston Museum of Fine Arts verkauft. Zusammen mit einer gefälschten Provenienz, angeblich von Mino persönlich.

1928 erfuhr Dossena, dass Palesi fast sechs Millionen Lire für jenes Grabmal erhalten hatte, der Anteil des Fälschers hingegen belief sich auf lediglich 25.000. Er reichte eine Beschwerde beim Magistrat ein und forderte die Rückzahlung von 1,25 Mio. Lire. Er gab seine Fälschungen zu, protestierte jedoch: „Ich habe Kunstwerke nie kopiert. Ich habe sie nur rekonstruiert. Vertraut mit den verschiedenen alten Stilen, nicht im Sinne einer speziellen Methode, sondern als Manifest der Seele, konnte ich sie mir nicht anders aneignen. So habe ich gearbeitet." Nach dem Geständnis ließ das Gericht von weiteren Schritten ab. Später stellte Dossena eigene Arbeiten in Neapel und Berlin aus. In einer Berliner Ausstellungskritik war jedoch zu lesen: „Das Fälschen ist passé, doch ein Künstler nicht in Sicht." 1937 starb Dossena in einem Krankenhaus.

WIE FÄLSCHER ARBEITEN: GEMÄLDE

Alle Fälscher müssen sehr geschickt arbeiten, denn das Entscheidende bei einer Fälschung ist, dass sie echt aussieht. Auch das Wissen über den Künstler, dessen Arbeit kopiert wird, ist unentbehrlich.

Doch dies allein ist nicht genug. Auch die verwendeten Materialien müssen Experten irreführen. Zum Beispiel malten manche der alten Meister auf Holz, andere auf Leinwand. Um ein Gemälde auf Holz

„Madonna mit Kind", ein Werk des italienischen Fälschers Alceo Dossena. Gekauft wurde das Werk vom Londoner Victoria and Albert Museum – erst später identifizierte man es als Fälschung.

Gegenüber: Porträt einer jungen schwarzen Frau des französischen Malers Jean-Louis Géricault, derzeit im Musée Bonnat in Bayonne in Frankreich. Dramatisch wirkt die Krakelüre, die mit der Zeit an der Oberfläche entstand.

Rechts: Alceo Dossena wurde von seinen Händlern betrogen, die ihm nur einen Bruchteil dessen zahlten, was sie selbst für seine Fälschungen erhielten. Nachdem er enthüllt hatte, dass er ein Fälscher war, begann Dossena langsam abzustürzen.

nachzumachen, muss der Fälscher zunächst ein Brett finden, das entweder dem erwarteten Alter entspricht, oder er muss wissen, wie man ein neues Stück Holz behandelt, damit es älter wirkt. Antike Möbelelemente sind dafür ideal, doch deren Kauf und die anschließende Zerstörung kommen teuer. Neue Bretter können bedampft und „gekocht" werden oder man lässt sie für ein Jahr oder länger im Freien stehen. Danach müssen sie gebeizt werden. Gelegentlich ist es möglich, schlechte Holzgemälde billig zu erstehen, doch sie sind selten. In einem solchen Fall kann das Bild entweder bis zur Originalgrundierung abgerieben werden oder man übermalt es einfach.

Typisch für sehr altes Holz ist, dass es von Holzwürmern zerfressen sein kann. Früher erreichten die Fälscher von antiken Möbeln den gleichen Effekt, indem sie das Holz mit Schrot beschossen, doch das Blei musste auch wieder entfernt werden. Manche Fälscher bohren einfach Löcher hinein, doch sowohl Bohrer als auch Blei fressen sich in geraden Linien in das Material, was bei Holzwürmern nicht der Fall ist. In seinem *Kunstfälschers Handbuch* (siehe S. 71) empfiehlt Eric Hebborn das Schlagen der Oberfläche mit einer grobkörnigen Feile.

DER UMGANG MIT DER LEINWAND

Moderne Leinwände unterscheiden sich von den jahrhundertealten. Heute werden das Holz für den Spannrahmen und die Keile von einer Maschinge geschnitten. Auch der Stoff wird mechanisch hergestellt, weshalb er gleichmäßig ist. Im Gegensatz dazu sind die älteren, handgewebten Stoffe leicht uneben. Glücklicherweise (für den Fälscher) gibt es viele alte, beschädigte oder qualitativ minderwertige Bilder auf Leinwand. Sie können relativ billig erstanden werden und man kann sie übermalen. Alternativ dazu kann die Rückseite einer neuen Leinwand spröde gemacht und beschmutzt werden, damit es den Anschein macht, sie sei von Feuchtigkeit befallen worden.

FARBEN, PIGMENTE UND FIRNISSE

Das nächste zu bewältigende Problem ist die Farbe. Bis zum späten 19. Jahrhundert verwendeten Maler ausschließlich natürliche Farbstoffe aus Mineralien und Pflanzen.

Heute ersetzen Zink und Titan fast vollständig das Bleiweiß. Das Alzarin und andere organische Pigmente nehmen den Platz von pulverisierten Mineralien ein. Clevere Fälscher wissen dies und verwenden nur die ursprünglichen Rohstoffe. Van Meegeren zum Bespiel gewann sein Ultramarinblau aus dem Lapislazuli, sein Indigo aus dem Saft der Indigopflanze, sein Zinnoberrot aus Zinnober und die Erdfarben aus Tonerde.

Im Sinne der Echtheit müssen die Pigmente auf einer Glasscheibe zusammen mit Leinöl zermahlen werden. Wenn die Farbe in Verwendung geht, wird diese Mixtur mit Terpentin und noch mehr Öl verdünnt. Leinöl und andere Öle, die man früher verwendete, trocknen sehr langsam, sodass neue Farbe viele Jahre lang weich bleibt. Im Laufe der Zeit wird sie auch dunkler und durchsichtiger. Der Fälscher bedenkt dies und macht das Bild, besonders die hellen Stellen, etwas dunkler als üblich.

Ein Fläschchen Smalt, ein tiefblaues Pigment, das früher für die Färbung von Glas und Keramikglasur verwendet wurde. Es ist eine Mixtur aus Siliciumdioxid, Kaliumkarbonat und Kobaltoxid.

Da Kupferstiche und Drucke selbst Kopien sind, ist es nahezu unmöglich, bei einer geschickt gemachten Fälschung den Schwindel zu entdecken.

Das Erwärmen der fertigen Arbeit oder Zwischenlagerungen in einem warmen Ofen beschleunigen das Härten der Farbe.

Viele Gemälde sind mit Firnis überzogen. Firnisse wurden ursprünglich eingesetzt, um das Nachdunkeln von Öl und Bleiweiß zu verlangsamen. Im Laufe der Zeit werden der Firnis und die oberste Farbschicht rissig. Das so entstandene, maschenartige Netz von Rissen wird Krakelüre genannt; sie sieht anders aus als die Risse, die alle Farbschichten betreffen können. Meisterfälscher verwenden zwei Lacke, die speziell für Bildrestauratoren von der französischen Firma Lefranc et Bourgeois hergestellt werden. Sie heißen *Vernis à veiller* (Firnis zur Alterung) und *Vernis craqueleur* (Krakelierlack).

Schließlich muss der Fälscher das Bild und die Rückseite der Leinwand ein wenig beschmutzen, indem er normalen Hausstaub in die Krakelüre bläst oder Kerzen- oder Pfeifenrauch verwendet. In einem alten Rahmen sieht das Bild sogar noch echter aus und ist nun verkaufsfertig.

FACHARBEIT: ZEICHNUNGEN, KUPFERSTICHE, DRUCKE

Bei weitem weniger Probleme müssen gelöst werden, wenn es um das Fälschen von Arbeiten auf Papier geht. Dies erfordert zwar auch ein hohes Maß an artistischem Geschick, doch etwas weniger als das Fälschen von Gemälden. Da Kupferstiche und Drucke selbst Kopien sind, ist es nahezu unmöglich, bei einer geschickten Fälschung den Schwindel zu entdecken.

Viele Arbeiten auf Papier verschwanden in privaten Sammlungen, auf Dachböden oder in Anwaltsarchiven zur Aufbewahrung. Es ist daher nicht ungewöhnlich, dass Originale oder vermeintliche Originale nach vielen Jahren wieder entdeckt werden. Unbekannte Bilder können auch in Antiquitätenläden oder auf Flohmärkten auftauchen. In solchen Fällen haben sie natürlich keinen Herkunftsnachweis und müssen authentifiziert werden. Kunsthistoriker und Museen veröffentlichen zwar Listen von Werken bekannter Künstler, doch keiner weiß, was diese außerdem produziert haben könnten oder wie viele Kopien ihrer Arbeiten es gibt.

NACHAHMUNG VON ALTEM PAPIER

Das größte Problem ist die Beschaffung jener Art von Papier, auf dem früher gezeichnet oder gedruckt wurde. Seit 1945 enthalten fast alle kommerziell hergestellten Papierarten Bleichmittel-Zusätze, die unter UV-Licht sichtbar werden. Erfahrene Fälscher kaufen daher alte Bücher, die dem gewünschten Alter entsprechen, und verwenden Deckblätter und leere Seiten: Mittels Radiokarbonmethode (siehe S. 64) lässt sich ein so gemachtes Werk nicht als Fälschung identifizieren.

Zeitgenössische Künstler verwenden natürlich modernes Papier, also kommt dieses Problem gar nicht auf. Papier für juristische Dokumente kann aber auch ohne Bleichmittel vorkommen. Trotzdem muss es beim Fälschen älter gemacht werden. Zu Fälschers Freude sind Tee und Kaffee effektive Hilfsmittel – oder das Papier wird in einem Ofen erwärmt.

Drucke werden auf dem Wege der Lithografie reproduziert (siehe S. 20) und sogar der sorgfältigste Fälscher wird moderne Tinten verwenden. Während verdächtige Gemälde chemisch untersucht werden können, ist der lithografische Tintenfilm so dünn, dass er der normalen Analyse trotzt.

Hersteller von reproduzierten Antikmöbeln beschießen das Holz mit Schrot, um die von Würmern zerfressene Erscheinung der echten Stücke zu imitieren.

FACHARBEIT: SKULPTUREN UND KERAMIK

Wie bei allen anderen Fälschungen liegt die Kunst darin, ein Werk so exakt wie möglich im Stil des zu imitierenden Künstlers zu reproduzieren. Für einen Bildhauer jedoch ist es fast unmöglich, ein identisches Stück zu schaffen, weshalb er ein neues Design erzeugen muss. Und es stellt sich die Frage: „Soll ein solches neues Kunstwerk weniger begehrt sein?"

Gegenüber: Die berühmte David-Statue in der Galleria dell' Academia in Florenz. Es ist bekannt, dass ein kleines, vorangehendes Modell aus Wachs existiert, doch die „Entdeckung" eines Gipsfragments sorgte erwartungsgemäß für eine Sensation in der Kunstszene.

Unten: Eine Figur im Rodin-Stil von einem seiner Schüler, Ernst Durig – signiert mit dem Namen des Meisters.

Der einfachste Weg, einer Skulptur oder einem Bronzeguss Alter zu verleihen, ist es, sie eine Zeit lang zu vergraben und anschließend zu „entdecken". Marmor bekommt dadurch eine spezifische Patina, deren Charakteristika unter UV-Licht erkennbar werden, und die Patina von Bronze wird schwarz-grün. Auf vermeintlich altem Marmor kann man jedoch oft feststellen, ob bei der Bearbeitung des

Kopien, die zu Lebzeiten des Künstlers gemacht wurden, sollten den Namen ihres Gießers tragen. Doch was passiert nach seinem Tod und was ist mit den Erben des Handwerkers?

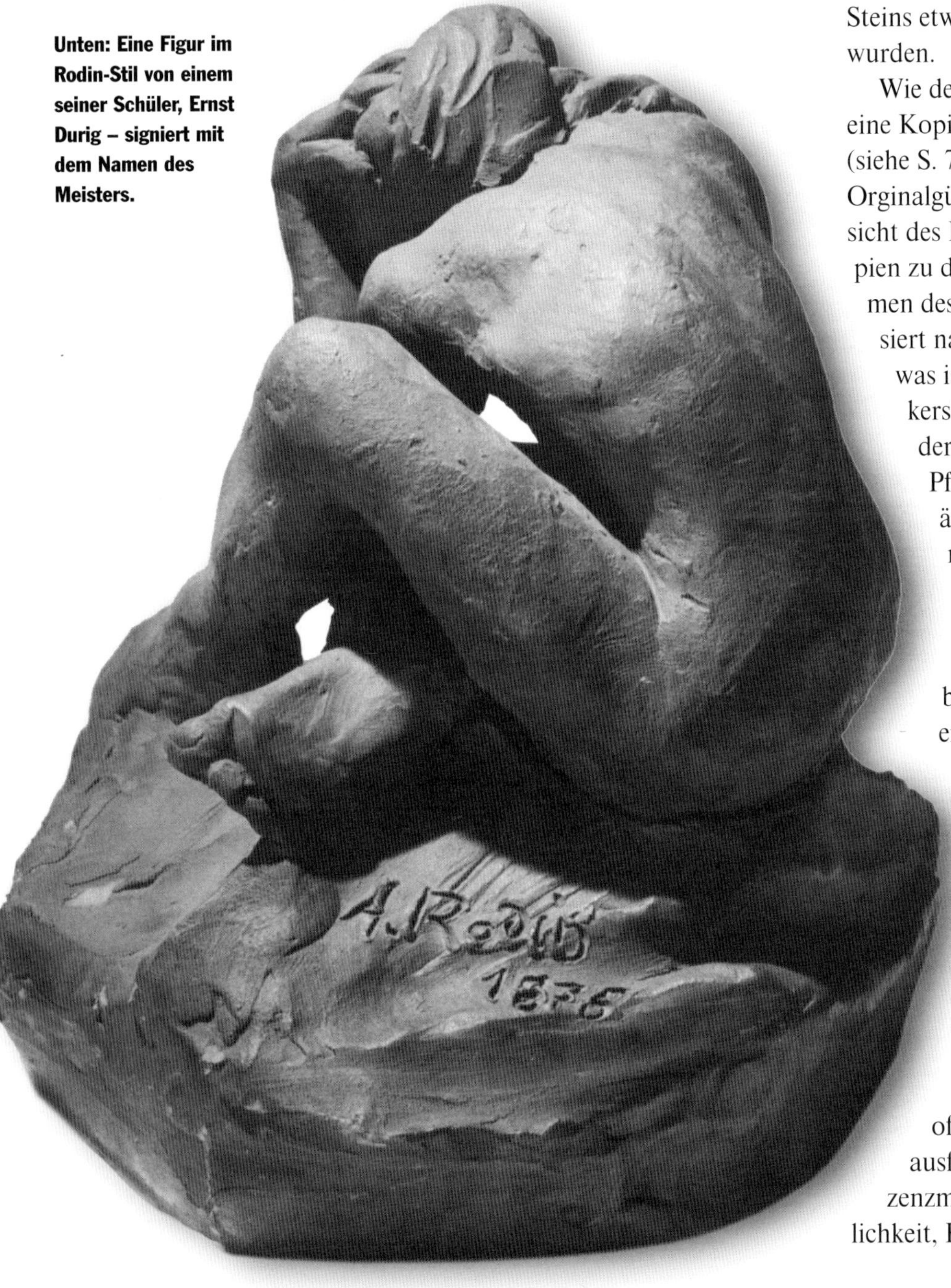

Steins etwa Elektrowerkzeuge verwendet wurden.

Wie der Druck ist auch der Bronzeguss eine Kopie, was im Fall von Guy Hain (siehe S. 75) ein interessanter Punkt ist. Orginalgüsse werden im Prinzip unter Aufsicht des Künstlers gemacht und alle Kopien zu dessen Lebzeiten sollten den Namen des Gießers tragen. Doch was passiert nach dem Tod des Künstlers und was ist mit den Erben des Handwerkers? Oft führen sie die Produktion der Werke fort, doch sie hätten die Pflicht, den Namen des Gießers zu ändern. Hains Betrug bestand darin, den Namen eines zeitgenössischen Gießers gegen den seines Großvaters zu tauschen.

Keramik stellt sogar für die besten Fälschungsdetektive ein ernstes Problem dar, denn sie wird serienmäßig produziert. Ein geschickter Fälscher kann leicht das Porzellan der Ming-Dynastie aus dem 15. Jahrhundert kopieren und tatsächlich sind viele chinesische „Antiquitäten" modern. Allerdings waren die Methoden der alten chinesischen Töpfer relativ simpel, währen im modernen Brennofen die Glasur ein wenig anders ausfallen kann. Die Thermolumineszenzmethode (S. 64) ist die einzige Möglichkeit, Keramikfälschungen aufzudecken.

MICHELANGELOS GIPSMODELL

1986 waren zwei Kunsthändler mit dubiosem Ruf an der „Entdeckung" eines winzigen Skulpturteiles beteiligt. Wenn echt, wäre es unglaubliche 90 Millionen Dollar wert. Einer von ihnen war der Holländer Michel van Rijn. Einmal schaffte er es, ein angebliches Selbstporträt von Rembrandt an einen japanischen Sammler zu verkaufen, der geglaubt hatte, van Rijn sei ein Nachkomme des Malers. Der andere Händler war der Franzose Michel de Bry, der für 2,5 Millionen Dollar einen Achilles-Kopf an das Getty Museum verkaufte. Er behauptete, der Kopf sei ein Werk des griechischen Bildhauers Skopas aus dem 4. Jahrhundert v. Chr.

Das besagte winzige Stück war ein Teil des Gipsmodells der berühmten Davidstatue von Michelangelo. Es war bekannt, dass der Künstler ein Modell angefertigt hatte, und laut Giorgio Vasari, einem Freund und Biografen von Michelangelo, war dieses aus Wachs. Es gab aber ein Gerücht, dass sich ein zweites Gipsmodell im Pallazzo Vecchio in Florenz befunden hätte. Dieser fiel 1690 einem Brand zum Opfer und wurde teilweise zerstört. Am besagten Fragment befanden sich Brandspuren.

Fest entschlossen, eine Authentifizierung für den Fund zu bekommen, kontaktierte de Bry den emeritierten Professor der Kunstgeschichte an der University of Virginia und einen der größten Michelangelo-Experten, Frederick Hartt. De Bry lud den Professor nach Paris ein und zeigte ihm das Modell. Hartt war erfreut und geschmeichelt. Er überzeugte sich sogar, wie die Statuette nach vorne gefallen sein musste, um genau diese Brandspuren zu tragen, die sie trug. Als de Bry ankündigte, es müsse sie verkaufen, dachte Hartt an ein Buch, das er schreiben könnte, und war wehrlos angesichts der Versuchung einer fünfprozentigen Provision für seine Expertise.

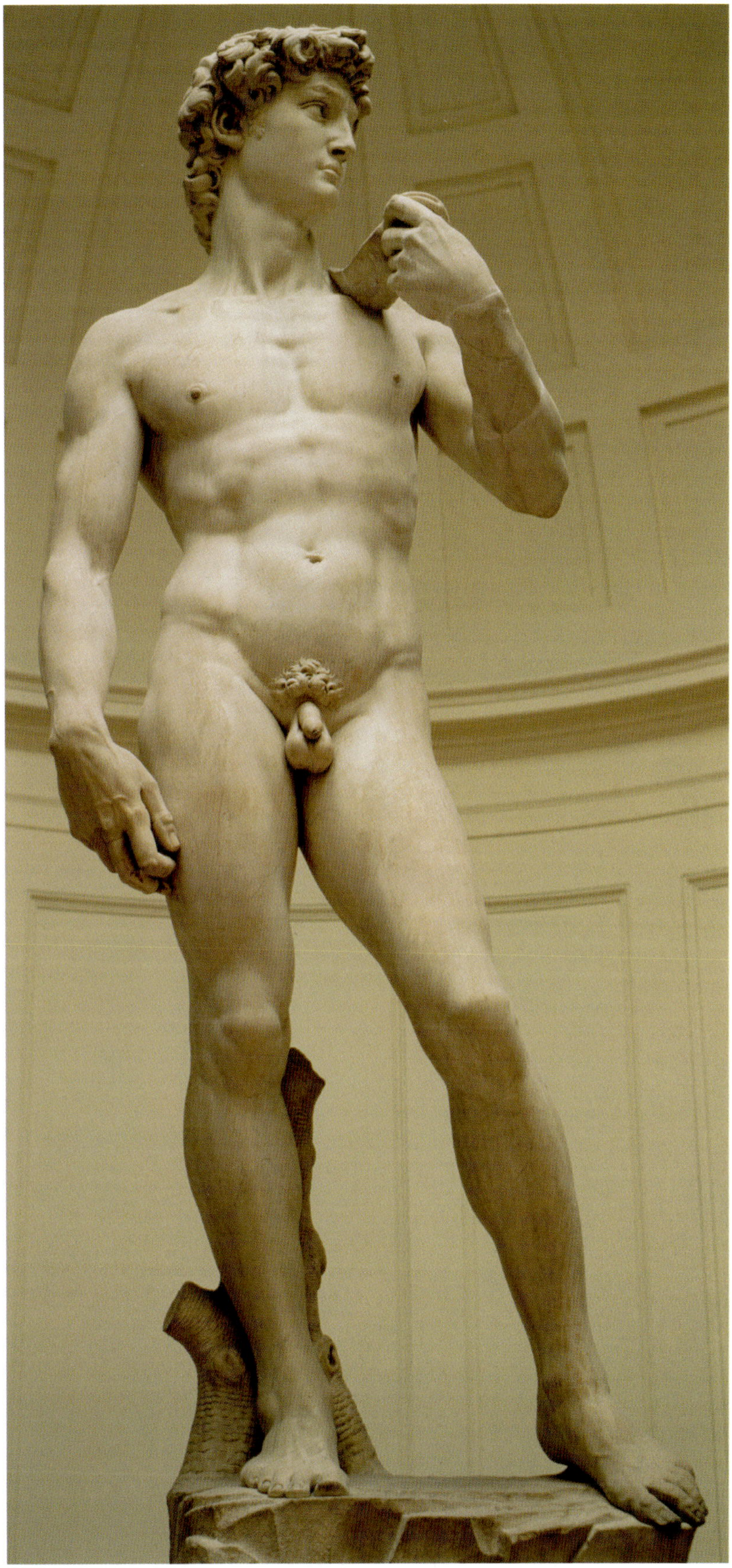

Die Geschichte des Modells von diesem Zeitpunkt an ist komplex. Das Auktionshaus Sotheby's wurde involviert. Van Rijn, der über den Verkauf einer anderen, möglicherweise echten Michelangelo-Statuette verhandelte, wurde in den Deal als Zwischenhändler hineingezogen. Unterdessen gab de Bry bekannt, die Statuette befinde sich im Besitz der fiktiven Honegger-Stiftung in Genua. Er behauptete, man hätte sie in einem Schuhkarton unter den Besitztümern des verstorbenen Komponisten Arthur Honegger gefunden und dass sie sich jetzt in einem Banktresor befinde. Allen Akteu-

Das Originalbid der 14 Sonnenblumen von Van Gogh, das er im August 1888 malte, ist jetzt im Besitz der National Gallery in London. Eine Kopie vom Januar 1889, ebenfalls von ihm, befindet sich zur Zeit in Amsterdam. Ein ähnliches, kürzlich umstrittenes Bild hing zehn Jahre lang in der National Gallery, ohne dass seine Authentizität in Frage gestellt wurde. 2002 befand ein Expertengremium alle drei Versionen für echt.

ren des Dramas wurde der Zutritt zu diesem Tresor verweigert.

Als bekannt wurde, dass Hartt eine Provision vom Verkauf des Modells akzeptiert hatte, wurde die Authentifizierung schlussendlich diskreditiert und der Wirbel klang ab. Heute betreibt Van Rijn eine Website, auf der er Blutrache gegen den Fälschungsmarkt übt.

ZWEIFELHAFTE VAN GOGHS

1997 ergaben Recherchen der Londoner Zeitschrift *The Art Newspaper*, dass mindestens 45 Bilder, die Vincent van Gogh (1853–1890) zugeschrieben und in weltweit führenden Museen ausgestellt waren, Fälschungen seien. Insgesamt waren es rund 100 Bilder, die von der Zeitschrift als „sehr zweifelhaft" eingestuft wurden.

Van Gogh wird „öfter gefälscht als jeder andere moderne Meister", so der verstorbene John Rewald, ein führender Fachmann auf dem Gebiet. Die Behauptung löste ein Protestgewitter aus, regte aber viele Museen dazu an, ihre Bilder zu überprüfen. Was dabei herauskam, war, dass Experten jahrelang viele bekannte und beliebte „Van Goghs" als „zweifelhaft" einstuften, obwohl sie sich nur selten darin einig waren, welche gefälscht seien. In den nach und nach veröffentlichten Ergebnissen fiel auf, dass fast regelmäßig der Name des Franzosen Claude-Emile Schuffenecker auftauchte.

WIE VIELE SONNENBLUMEN?

Schuffenecker (1851–1934) war Maler, ein Zeitgenosse Van Goghs und ein Freund von Paul Gauguin (1848–1903). 1901 war er an einer Van-Gogh-Ausstellung in Paris beteiligt, für die er mehrere Bilder des Meisters, teils aus eigenem Besitz, teils Eigentum seines Bruders Amédée, zur Verfügung stellte. Eine Zeit lang restaurierte er auch die *Sonnenblumen* der Famile Van Gogh.

Van Gogh hatte im August 1888 vier Bilder von Sonnenblumen gemalt, als Dekoration für ein Zimmer im französischen Arles, wo ihn Gauguin besuchte. Die Bilder zeigten drei, fünf, zwölf und vierzehn Sonnenblumen. Gauguin gefielen die Bilder und er bat um zwei, also fertigte Van Gogh im Januar 1889 Kopien der Zwölfer- und Vierzehnerversion an. Das Original der Letzteren befindet sich in der National Gallery in London und die Kopie in Amsterdam. In seinen Briefen erwähnte Van Gogh nur diese sechs Bilder, doch bei der Ausstellung in Paris tauchte plötzlich ein siebentes auf: „Besitz des Monsieur E. Schuffenecker."

Der Deutsche Otto Wacker wurde wegen Betrugs verurteilt. Von den 33 „vormals unbekannten" Van Goghs, die er zum Verkauf anbot, waren 30 gefälscht.

Zu dieser Zeit besaß E. Schuffenecker eine große Sammlung zeitgenössischer Bilder. Als seine Frau sich von ihm scheiden ließ, musste er sie an seinen Bruder, den Kunsthändler Amédée, verkaufen. Der Name Schuffenecker tauchte bereits in Zusammenhang mit Fälschungen in den 1920ern auf. Und dann noch einmal 1932, als der deutsche Händler Otto Wacker des Betrugs für schuldig befunden wurde, weil er versucht hatte, 33 „vormals unbekannte" Van-Gogh-Bilder zu verkaufen, von denen 30 Fälschungen waren. Drei davon hatte er von den Schuffenecker-Brüdern erstanden.

1987 verkaufte die Familie Chester Beatty das siebente Sonnenblumenbild an die japanische Versicherungsfirma Yasuda Fire & Marine um 24,750.000 Pfund. Eine Andeutung, es sei eine Schuffenecker-Fälschung, entsetzte das Unternehmen. Peinlich wurde es auch für das Van-Gogh-Museum in Holland, das zuvor von Yasuda eine großzügige Spende erhalten hatte.

Ein Selbstporträt von Claude-Emile Schuffenecker. Er soll mindestens drei Van Goghs gefälscht haben.

2002 wurden alle drei Bilder mit vierzehn Sonnenblumen in Amsterdam ausgestellt und ein Expertengremium kam zu dem Schluss, dass alle drei Originale seien. Die Londoner National Gallery stellte fest: „Die Version der Sonnenblumen im Besitz von Yasuda Fire & Marine hing zehn Jahre lang an unseren Wänden und nie wurde ihre Echtheit in Frage gestellt."

Die Bilder von Claude-Emile Schuffenecker selbst hängen in mehreren Sammlungen, doch nie erreichte er einen künstlerischen Ruf wie Van Gogh. Er starb 1934 in Paris als pensionierter und verbitterter Kunstschullehrer.

DOPPELGÄNGER

2000 flog ein außergewöhnlicher Fall von Betrug auf. Das Bild *Vase des Fleurs (Lilas)* von Paul Gauguin, das mehrere hunderttausend Dollar wert ist, wurde gleichzeitig von Christie's und Sotheby's zum Verkauf angeboten. Als die beiden Häuser dies entdeckten, schickten sie die zwei Bilder nach Paris, um sie von der Gauguin-Expertin Sylvie Crussard untersuchen zu lassen. Prompt kündigte sie an, dass mit dem Bild aus dem Christie's-Angebot „etwas nicht stimmte". Das Original wurde von seinem Besitzer, dem New Yorker Händler Ely Sakhai, für 310.000 Dollar verkauft, während Christie's die Galerie Muse in Tokio informieren musste, dass ihr Bild eine Fälschung war.

Das FBI wurde eingeschaltet und nach mehreren Jahren Fahndung wurde Sakhai im März 2004 wegen Betrugs verhaftet. Laut FBI hatte er das Original einige Jahre zuvor gekauft, ein Duplikat anfertigen lassen und dieses an einen Sammler aus Tokio verkauft. Dass die beiden Bilder gleichzeitig zum Verkauf angeboten wurden, war ein Zufall wie eins zu einer Million.

Weiters behauptete das FBI, Sakhai hätte diese Art von Betrug seit Jahren praktiziert – mit einem Profit von 3,5 Millionen Dollar. Es wurde erklärt, dass er die Kopien mit den Zertifikaten der Originale an asiatische Käufer verkaufte und die Originale dann in Europa vertrieb. Sakhai dachte offenbar, dass die Transaktionen zu weit voneinander entfernt waren, als dass sich die Nachrichten darüber verbreiten würden. Die Bilder waren auch „nur" von mittlerem Marktwert, ihr Verkauf zog daher wenig Interesse auf sich.

Es muss noch ermittelt werden, ob Sakhai die Fälschungen extra anfertigen ließ. China und Taiwan, wo ganze Betriebe dafür bekannt sind, „alte" Bilder zu produzieren, sind eine Möglichkeit. Es ist jedoch unwahrscheinlich, dass dieses Schema noch einmal funktionieren würde. Heute sind Händler rund um den Globus ständig über das Internet in Kontakt und es würde schnell auffliegen, würde das gleiche Bild von zwei verschiedenen Auktionshäusern zum Verkauf angeboten. Im Dezember 2004 bekannte sich Sakhai des Betrugs schuldig.

WISSENSCHAFT GEGEN BETRUG

Bei der Untersuchung von Kunstwerken wenden die Wissenschaftsabteilungen der größeren Galerien eine Vielzahl von Methoden an, die hauptsächlich im

DOSSIER
SAKHAIS SKANDALÖSE MASCHE

1990 kaufte Sakhai *La Nappe Mauve* von Marc Chagall (1887–1985) um 312.000 Dollar bei Christie's und verkaufte 1993 das, was dieses Bild sein sollte, samt Zertifikat an einen Sammler aus Tokio für 514.000 Dollar. 1999 wurde das Original über Christie's für 340.000 Dollar verkauft. Unterdessen hatte das andere Bild mehrere Besitzer gewechselt und wurde schließlich in der Schweizer Galerie Koller in Zürich zum Verkauf angeboten. Der Galerieinhaber verglich es genau mit dem Foto auf dem begleitenden Zertifikat. „Die Farben waren ein wenig merkwürdig", fand er und zog das Bild vom Verkauf zurück.

1995 verkaufte Sakhai das Marie-Laurençin-Gemälde *Jeune Fille à la Mandoline* ebenfalls an einen Käufer aus Tokio für 28.100 Dollar. Zwei Jahre später wurde es bei Christie's zum Verkauf angeboten, doch das Auktionshaus wusste, dass Sakhai das gleiche Werk besaß.

1998 kaufte ein Käufer aus Taipeh von Sakhai den vermeintlichen Chagall *Le Roi David dans le Paysage Vert* um 80.000 Dollar. Er schickte das Bild aber nach Frankreich, um sich von seiner Echtheit zu überzeugen. Es wurde für gefälscht erklärt und von den französischen Behörden zerstört.

Ein Gerät zur Anwendung der Radiokarbonmethode im Labor des archäologischen Instituts in Oxford.

20. Jahrhundert entwickelt wurden: UV-Licht, Infrarotlicht, Röntgenbestrahlung sowie chemische Analyseverfahren wie Spektrografie, Thermolumineszenz- und Radiokarbonmethode. Es gibt heutzutage also viele Möglichkeiten, Fälschungen aufzuspüren, doch leider haben viele Kunsthändler weder die Zeit noch das Geld für solche aufwändigen Untersuchungen.

Unter UV-Licht können schnell nachträgliche Änderungen festgestellt werden, da die verschiedenen Farb- und Lackschichten in verschiedenen Nuancen fluoreszieren. Auf einer alten Marmoroberfläche entwickelt sich eine Patina, die gelb-grünlich fluoresziert, während neuer Marmor oder ein altes Stück, das neu bearbeitet wurde, in einem hellen Violett leuchten.

In einem Triptychon, bemalt und vergoldet im sienesischen Stil des 15. Jahrhunderts, fand man moderne, maschinell hergestellte Nägel.

Infrarotlicht durchdringt die Farbschichten und enthüllt das Gemalte unter der Oberfläche. So kann man ein früheres Bild offen legen, das auf der gleichen Leinwand gemalt wurde (nicht unbedingt ein Indiz für eine Fälschung, da viele Künstler ihre eigenen Gemälde übermalten) oder eine ursprüngliche Signatur entdecken, die gegen eine „wertvollere“ ausgetauscht wurde.

Röntgenstrahlen werden mit einem ähnlichen Effekt angewandt. Sie sind ebenfalls nützlich, um ins Innere eines Objekts zu blicken. Wenn zum Bespiel eine vermeintlich mittelalterliche Holzschnitzerei Nägel oder andere offensichtlich moderne Metallteile enthält, ist dies ein klarer Fall von Fälschung.

Ein typischer Fall: In einem Triptychon, bemalt und vergoldet im sienesischen Stil des 15. Jahrhunderts, fand man moderne, maschinell herstellte Nägel. Noch aufschlussreicher war die Entdeckung – ebenfalls mit der Hilfe von Röntgenstrah-

Eine angeblich altägyptische Skulptur im New Yorker Metropolitan Museum. Die Röntgenuntersuchung zeigt im Vergleich mit einer echten Statue: Alles deutet auf eine Fälschung hin.

len – , dass das Holz bereits vor der Verzierung wurmstichig gewesen war.

Röntgstrahlen werden auch verwendet, um Fluoreszenz in Objekte zu induzieren. Vergleicht man die so enstandenen sekundären Emissionen mit jenen von bekannten Materialien, kann man die vorhandenen chemischen Elemente identifizieren. Das Verfahren wird angewandt, um beispielsweise das Verhältnis von Magnesium und Kobalt in der blauen Glasur des chinesischen Porzellans zu analysieren.

Mittels chemischer Analyse können Farbpigmente ermittelt werden, die von früheren Künstlern nicht verwendet wurden. Bis zum 19. Jahrhundert gab es zum Beispiel nur das Bleiweiß, das aufgrund des Qualms aus Heizöfen schnell dunkel wurde. Moderne Weißpigmente werden hauptsächlich aus Titandioxid hergestellt, das nicht nachdunkelt und sich leicht feststellen lässt. Andere Farben werden heute ebenfalls synthetisch erzeugt.

SPEKTROGRAFIE

Leider erfordert jegliche Art von chemischer Analyse eine Farbprobe. Bei der Spektrografie reicht jedoch ein winziges Stück Farbe, das von einer nicht sichtbaren Stelle, zum Beispiel unter dem Rahmen, entnommen werden kann. Es wird über einer Flamme verbrannt, wobei es ein Lichtspektrum erzeugt. In der fotografischen Aufnahme dieses Spektrums zeigt sich dann, welches chemische Element vorhanden ist und in welcher Menge.

Gegenüber: Lange hatte man geglaubt, dass dieses Porträt von Papst Julius II. eine Kopie des Raffael-Bildes war. Schließlich entdeckte man nach einer genauen Analyse die Verwendung von Walnussöl, wie es Raphael zu verwenden pflegte. Das Gemälde wird nun als Original akzeptiert.

Öl, das zum Verdünnen von Pigmenten verwendet wird, kann ebenfalls analysiert werden. In einem Fall führte eine solche Untersuchung zum Schluss, dass ein Porträt von Papst Julius II., von dem man geglaubt hatte, es sei eine Kopie nach einem Bild von Raphael (1483–1520), in Wirklichkeit das Original war. Man identifizierte Walnussöl, das Raphael zu verwenden pflegte. Zusätzlich ergab eine Röntgenuntersuchung, dass die darunter liegende Farbe mehrmals überarbeitet worden war, was nicht der Fall ist, wenn ein Künstler einfach eine Kopie anfertigt.

KERAMIKDATIERUNG MIT THERMOLUMINESZENZ

Die Thermolumineszenzmethode ist ein Verfahren, das meistens zur Datierung von Töpferei und Keramik herangezogen wird. Es basiert auf folgendem Prinzip: Wenn Töpferware gebrannt wird, verliert sie jegliche natürlich enthaltene Radioaktivität. Im Laufe der Jahre jedoch absorbiert sie nach und nach radioaktive Stoffe aus ihrer Umgebung, besonders unter der Erde. Wenn eine Keramikprobe auf über 340° C erhitzt wird, glüht sie. Und je heller sie glüht, desto älter ist sie. Wenn man also die Intensität der Glut mit jener von Materialien vergleicht, von denen man das Alter kennt, kann man auch das Alter der Probe bestimmen.

Fälscher ließen sich alle mögliche Tricks einfallen, um die Thermolumineszenzmethode außer Gefecht zu setzen. In einem Fall klebte ein Restaurator mehrere alte Tassen und Schalen zusammen, bedeckte sie mit einem dünnen Keramikfilm und formte einen persischen Stier. Alte, gebrochene Originalteile (die alleine wenig wert sind) erweisen sich dabei als sehr wertvoll.

RADIOKARBONMETHODE

Dieses Verfahren basiert auf dem genau umgekehrten Prinzip wie die Thermolumineszenz. Alle organischen Materialien enthalten einen kleinen Anteil des radioaktiven Isotops $_{14}C$. Wenn das Material einmal zu einem Objekt verarbeitet wurde, nimmt die $_{14}C$-Menge im Laufe der Zeit stetig ab. Durch die Analyse der verblie-

DOSSIER
WIE DIE WISSENSCHAFT DOSSENA EINHOLTE

Nach dem Einsatz von Thermolumineszenzuntersuchungen stellte sich heraus, dass viele „antike“ Skulpturen in Wirklichkeit Arbeiten von Alceo Dossena waren (siehe S. 50). Eine davon war die Terrakottafigur der Diana, die man angeblich in 21 Teilen in einer etruskischen Grabungsstätte gefunden hatte. Zweifel kamen recht bald auf, als Dossena zugab, ein Fälscher zu sein, und Fotos seiner Werke in seinem Atelier vorlegte. Befürworter der Echtheit der Figur hielten es jedoch für einen „fotografischen Trick“. 1968 entnahm man schließlich eine Probe; es ist nicht schwer zu erraten, dass das Thermolumineszenzverfahren bestätigte, das es sich um eine 40 Jahre alte Fälschung handelte.

DOSSIER
FALSCHE KUNST, ECHTER BETRUG

Es gibt eine ausgeklügelte Einsatzmöglichkeit eines gefälschten Kunstwerks, die jahrelang unentdeckt bleiben kann. Der Täter kauft eine Fälschung mit Provenienzpapieren und einer Authentifizierung, die auf einer Täuschung basiert oder ebenfalls gefälscht ist. Er versichert das Werk auf einen hohen Geldbetrag und deponiert es in einem Tresor. Die Urkunde der Versicherungsfirma ist ein weiterer Nachweis, wie viel das Werk wert ist, und es wird nach Investoren gesucht. Nur wenige sehen das Werk, von dem sie glauben, ein Stück zu besitzen, da es sich hinter Schloss und Riegel befindet. In Wirklichkeit kann es bereits längst weiterverkauft worden sein.

benen Menge kann man relativ genau das Alter des Objekts bestimmen. Allerdings funktioniert die Radiokarbonmethode nicht mit Stoffen, die jünger als 50 Jahre sind, liefert aber verlässliche Resultate bei Exemplaren eines Alters von bis zu 40.000 Jahren. Leider benötigt man bei dieser Methode eine Probe des Objekts in der Größe von etwa einer Briefmarke. Dies würde einem Stück erheblichen Schaden zufügen, weshalb die $_{14}$C-Methode bei der Untersuchung von Kunstwerken nur selten zum Einsatz kommt.

Andere wissenschaftliche Methoden zum Aufdecken von Fälschungen oder zur Authentifizierung von Kunstwerken wurden erst kürzlich entwickelt. Allerdings können diese sehr teuer sein und in manchen Fällen gibt es dafür weltweit nur einen Experten.

MALER, FÄLSCHER, STRÄFLING

Der französische Fälscher und Maler Francis Lagrange (1894–1964) hielt sich in den Jahren nach dem Ersten Weltkrieg mit dem Verkauf von pornografischer Kunst über Wasser. 1926 gewann er aber einen Preis im Wettbewerb zur Gestaltung einer neuen französischen Briefmarke. Dies lenkte die Aufmerksamkeit der Unterwelt auf den Künstler: Man bot Lagrange eine 20-prozentige Beteiligung an, wenn dieser sich der Fälscherei von seltenen, bei Philatelisten begehrten Stücken annehmen würde. Er nahm das Angebot an und begann sogar 100-Dollar-Scheine zu fälschen.

Eines Tages tauchte ein Kunde auf, der am Kauf eines Bildes von Fra Filippo Lippi (1406–1469) interessiert war. Das Problem war nur, dass fast alle Werke dieses Malers in größeren Museen ausgestellt waren. Ein Triptychon hing jedoch in der Kathedrale von Reims.

Zwei Monate lang kopierte Lagrange in einem gemieteten Atelier in der Nähe der Kathedrale das Werk. Was er nicht wusste, war, dass seine kriminellen Gefährten das Original zu stehlen und es gegen seine Kopie austauschen wollten. Der Plan ging auf und alles war in Ordnung – bis zum amerikanischen Börsen-Crash 1929: Der Käufer des Triptychons war gezwungen, das Werk zu verkaufen. Angeboten wurde es in London – zum Erstaunen des Direktors des Museums von Reims. Der Triptychon-Käufer machte sich auf den Weg nach London, überzeugt, eine Kopie im Gepäck zu haben, doch man versicherte ihm, es sei das Original. Daraufhin ließ der Museums-

Der schrille spanische Künstler Salvador Dalí (1904–1989) hatte einen ausgeprägten Sinn für Humor. Kurz vor seinem Tod, wohl wissend, was er tat, signierte er hunderte leere Papierblätter. Ihre Geschichte wird vielen Kunsthistorikern noch lange Kopfzerbrechen bereiten.

direktor das Triptychon in Reims untersuchen: Es wurde als Kopie entlarvt.

WO DER PFEFFER WÄCHST

Unterdessen lockte die Unterwelt-Gang Lagrange zurück nach Paris, wo eine Verhaftung im Zusammenhang mit Geldfälscherei arrangiert war. 1931 wurde er zu zehn Jahren Haft in Cayenne in Französisch-Guayana verurteilt. 1938 gelang ihm die Flucht, doch er wurde schnell wieder gefangen genommen und auf die Teufelsinsel zurückgebracht, wo er wieder malen durfte. Als er 1946 endlich freigelassen wurde, ließ er sich in Cayenne nieder, wo er weitermalte.

Ein Amerikaner war an Lagranges Arbeit interessiert und überzeugte ihn, in die USA zu kommen. Dort stellte er seine Werke aus und veröffentlichte seine Autobiografie *Flag on Devil's Island* (1961). Schließlich kehrte Lagrange nach Cayenne zurück, wo er 1964 starb.

Was aus dem Lippi-Triptychon wurde, bleibt ein Rätsel. Das Original ging zurück an Frankreich, doch das Museum in Reims wurde während des Zweiten Weltkrieges zerstört und nie wieder eröffnet. Es geht ein Gerücht um, dass dieses „Original“ ebenfalls für eine Kopie befunden wurde und im Keller eines Pariser Museums gelagert ist.

Der Prozess gegen Han van Meegeren als Kollaborateur der Nazis und Verkäufer von niederländischen Staatsschätzen. Er wurde gezwungen, zu gestehen, dass er eine ganze Reihe von Vermeer-Bildern gefälscht hatte.

DER MANN, DER GÖRING BESCHWINDELTE

Han van Meegeren wurde 1889 in eine große, streng katholische Familie in Deventer in den Niederlanden hineingeboren. Er war ein talentierter Maler und versuchte, wie so viele, mit seiner Kunst Geld zu verdienen. Die Arroganz von Kunstexperten, besonders die eines Dr. Abraham Bredius, hatte ihn jeglicher Illusionen beraubt.

1932 zog van Meegeren nach Südfrankreich, wo er sich mit Porträts gut über Wasser halten konnte. Gleichzeitig nutzte er die nächsten vier Jahre mit stillen Überlegungen, wie er Bilder aus dem 17. Jahrhundert fälschen könnte. Er fand einen Weg, die Farbe schneller trocknen zu lassen, indem er Fliederöl mit Komponenten von Bakelit (einer früheren Form von Plastik) verwendete und die Krakelüre der alten Bilder nachmachte. Van Meegeren kaufte unbedeutende Bilder des 17. Jahrhunderts, entfernte die oberen Farbschichten, malte sie neu und erhitzte die Leinwand, sodass die Sprungbildung auf der neuen Farbe einsetzte.

Um zu vermeiden, entdeckt zu werden, verwendete der Fälscher ausschließlich Pigmente, die den Künstlern des 17. Jahrhunderts zur Verfügung standen. Diese waren oft teuer und schwer zu finden, doch dafür sahen die fertigen Bilder wie Originale aus. Er begann mit Imitationen von Terborch, Hals und Vermeer, orientierte sich an den Elementen ihrer bekannten Werke. Als er die Technik beherrschte, wurde die Leinwand erhitzt, um die Krakelüre zu erzeugen. Danach färbte er die Risse mit Tinte, um den Schmutz der Jahrhunderte zu simulieren, und das Meisterwerk war fertig.

Kunstexperten vermuteten, dass Vermeer (1628–1691) zwischen 1654 und der Zeit, in der er seine Innenräume mit Figuren zu malen begann, mehrere religiöse Sujets schuf, die unentdeckt blieben oder verloren gingen. Das einzige bekannte Werk war *Christus bei Maria und Martha*, das 1901 von Dr. Bredius authentifiziert wurde. 1937 versetzte van Meegeren die Kunstwelt in Staunen: Er „entdeckte" *Christus und die Jünger in Emmaus* von Vermeer. Der 83-jährige Bredius begrüßte das Bild mit großer Freude, schließlich wurde es für 550.000 Gulden an die Boymans Foundation ver-

Van Meegeren verantwortet sich vor einem niederländischen Gericht. Er wurde wegen Betrugs verurteilt und starb kurze Zeit später im Gefängnis.

kauft, von denen van Meegeren zwei Drittel bekam. Darüber hinaus war Bredius vollständig getäuscht worden. 1937 schrieb er: „Es ist ein wundervoller Moment im Leben eines Kunstliebhabers, wenn er mit einem bisher unbekannten Bild eines großen Meisters konfrontiert wird; unberührt auf der Originalleinwand und ohne jegliche Restaurierungsarbeiten. So, als ob der Meister gerade sein Atelier verlassen hätte."

Zwischen 1939 und 1942 tauchten weitere sechs „Vermeers" auf. Als Holland unter deutscher Besatzung war, verkaufte van Meegeren das Bild *Christus und die Ehebrecherin* an den deutschen Reichsmarschall Hermann Göring.

Schließlich holte ihn sein Schicksal ein: Nach der Befreiung Hollands 1945 wurde van Meegeren der Kollaboration mit dem Feind und des Ausverkaufs von Staatsschätzen angeklagt und war aufdiese Weise gezwungen, seine Fälschungen zuzugeben. 1947 wurde er für schuldig befunden und starb wenige Wochen später.

ERIC HEBBORN, EIN MEISTERFÄLSCHER

Einer der erfolgreichsten Kunstfälscher des 20. Jahrhunderts war der Engländer Eric Hebborn (1934–1996). Er wurde in eine arme Londoner Familie hineingeboren und hatte eine miserable Kindheit. Nach einer Brandstiftung in seiner Schule kam er in eine Besserungsanstalt. Dort erkannten Hebborns Lehrer sein künstlerisches Talent und unterstützten ihn. Schließlich wurde er an den Royal Academy Schools angenommen, wo ihm eine Silbermedaille und ein Stipendium in Rom verliehen wurden.

Neben dem Studium arbeitete er für einen Restaurator namens George Aczel. Er lernte nicht nur zu reinigen und zu retuschieren, sondern auch, wie man die Krakelüre imitierte. Weiters erkannte er auch, wie man Gemälde „verbesserte", indem man Details dazumalte; einen Luftballon über einer langweiligen Landschaft hier, eine Katze da.

Hebborn war zweifellos ein Meister in dem, was er tat. In *Kunstfälschers Handbuch* (1997) liefert er ausführliche Informationen darüber, wie man altes Papier findet, um Fälschungen von Zeichnungen anzufertigen, und wie man Tinte und andere Utensilien authentisch erscheinen lässt. Er beschreibt Pigmente, die von den alten Meistern verwendet wurden, und erklärt, wie man sie nachmacht. Auch bringt er Details über Leinwände und Holzplatten, die sie benutzten.

Als aktives Mitglied der Homosexuellenszene lernte Hebborn Sir Anthony Blunt, den damaligen Direktor des Courtauld Institute in London kennen. Es ist bekannt, dass dieser mindestens zwei Fälschungen von Hebborn authentifizierte – ob wissentlich, ist unbekannt. Andere Experten wurden dafür mit Sicherheit beschwindelt.

Hebborn zog nach Rom, wo er, wie so viele Fälscher, einsehen musste, dass seine eigenen Bilder von den Kritikern nicht gerade mit Begeisterung aufgenommen wurden. In den folgenden Jahren schuf er also über 1.000 Zeichnungen, die er einer ganzen Reihe von Künstlern zuschrieb.

Er fälschte auch Bronzeskulpturen und Bilder, die als Werke von Corot, Boldini, Augustus John und David Hockney akzeptiert wurden. Seine

Unten: Viele altägyptische Kunstwerke, die an Touristen verkauft werden, sind Fälschungen. Diese Statuette der Königin Tetisheri befindet sich in der Fälschungssammlung des British Museum.

Gegenüber: Im Zuge von van Meegerens Prozess untersuchen Experten sein gefälschtes Bild *Christus und die Ehebrecherin*.

Fälschungen verkaufte Hebborn durch eine von ihm selbst gegründete Galerie. Seine Bilder kamen in das British Museum, die Pierpont Morgan Library, die National Gallery in Washington und zahllose private Sammlungen. Der Gauner verdiente sich eine goldene Nase und lebte ein fröhliches Leben in Rom.

1978 verpasste der angesehene Londoner Händler Colnaghi Hebborns Karriere einen temporären Dämpfer: Er erkannte, dass eine Vielzahl der Zeichnungen, die an die Pierpont Morgan Library und an die British National Gallery verkauft worden waren, gefälscht waren.

Obwohl entlarvt, kündigte Hebborn an, den Kunstmarkt mit 500 weiteren Zeichnungen zu überschwemmen. Um die Experten noch mehr zu verunsichern, behauptete in seiner Biografie *Drawn to Trouble* (1991), er sei der Schöpfer zahlreicher Arbeiten, die immer noch für authentisch gehalten werden.

> **„Es gibt keine Fälschungen ... nur falsche Experten und falsche Etiketten."**
>
> —ERIC HEBBORN

„Es gibt keine Fälschungen", schrieb Hebborn, „nur falsche Experten und falsche Etiketten." Er wurde kurz nach dem Erscheinen der italienischen Ausgabe von *Kunstfälschers Handbuch* am 8. Januar 1996 auf einer römischen Straße mit aufgeschlagenem Schädel gefunden und starb drei Tage später.

Eric Hebborn, Fälscher von einer unbekannten Anzahl an Kunstwerken. Selbst nach seiner Demaskierung drohte er, den Markt mit mehr zu überschwemmen.

DOSSIER

TOM KEATINGS „SEXTON BLAKES"

Der Londoner Tom Keating (1917–1984) war 17 Jahre älter als Eric Hebborn und ebenfalls ein sehr erfolgreicher Kunstfälscher. Es ist aber verwunderlich, dass er sich, im Gegensatz zu Hebborn, nicht die Mühe gab, authentische Materialien zu verwenden. In seinem Buch *The Fake's Progress* (1978) schrieb er später: „Ich verwendete Aquarellfarben, Tintenfischtinte, Wachs und Firnis ... doch sie waren natürlich synthetisch." Er nannte seine Arbeiten im Londoner Cockney-Jargon die „Sexton Blakes", in Anlehnung an das Wort „fakes" („Fälschungen").

Mit 27 wurde er aus gesundheitlichen Gründen aus der Royal Navy entlassen, doch erst sechs Jahre später, 1950, erhielt er ein Stipendium, um Kunst zu studieren. Er brach das Studium aber ab und konnte nicht, wie er gehofft hatte, als Kunstlehrer arbeiten. Die nächsten paar Jahre arbeitete er als Bildrestaurator und lernte viele der zwielichtigen Methoden kennen, mit denen auch Hebborn arbeitete. Dann wandte er sich dem Fälschen zu – nach eigenen Angaben aus Protest gegen die Ausbeutung der Künstler durch Kunsthändler. In den nächsten 20 Jahren fälschte er Werke von über hundert Künstlern wie Rembrandt, Goya, Turner, Van Gogh, Degas, Monet und Sisley.

Tom Keating mit einem seiner Bilder, das John Constable zugeschrieben wurde.

DIE „GUV'NOR"-FÄLSCHUNGEN

1965 erlitt Tom Keating eine Rückenverletzung und konnte sich eine Weile nicht fortbewegen. Er beschreibt, wie er anfing, eine Reihe von Aquarellzeichnungen des englischen Malers Samuel Palmer (1805–1881) herzustellen, der in Shoreham lebte und den Keating immer „Guv'nor" nannte: „Ich nahm mein Zeichenbrett und einen Stapel Papier und fing an, sehr schnell im Stil des Guv'nors zu zeichnen; ein paar Schafe hier, ein Schäfer dort, Mond, Bäume und die Shoreham-Kirche. Manchmal war es die geheiligte Christusfigur, manchmal eine Scheune, manchmal eine Brücke mit drei Bögen ... Manche von ihnen gab ich den Kindern, die so nett zu mir waren, als ich mit meinem Rücken aus dem Verkehr

Gegenüber: Tom Keating bei der Arbeit. Im Gegensatz zu van Meegeren verwendete er moderne, synthetische Materialien, die aber nicht entdeckt wurden.

DOSSIER
EINIGE ZEITGENÖSSISCHE FÄLSCHER

CHANG DIA CHIEN (Chinese, 1899–1983)
Im Laufe seines langen Lebens war Chang ein Bandit, ein buddhistischer Mönch und der Schöpfer von ca. 30.000 Bildern – meist Fälschungen. Es wird angenommen, dass jede größere Sammlung der chinesischen Kunst, einschließlich der Freer Gallery in Washington D.C., des Boston Museum of Fine Arts und des British Museum, im Besitz einer Chang-Fälschung ist.

WILLIAM BLUNDELL (Australier, geboren 1947)
Steht unter Anklage, ca. 4.000 Bilder gefälscht zu haben – größtenteils von australischen Ureinwohnern, aber auch von Monet, Picasso und Jackson Pollock.

GUY HAIN (Franzose, aktiv in den 1990ern)
Hain besorgte sich Gussformen von Auguste Rodin (1840–1917), die legal von der Rudier-Gießerei hergestellt wurden, und ersetzte die Signatur des Gießers mit der seines Großvaters. So machte es den Anschein, als wären die Skulpturen mit Rodins Zustimmung produziert worden. 1997 saß er eine Zeit lang im Gefängnis, 2.000 fälschte er wieder Bronzegüsse von anderen Künstlern, bis er im selben Jahr gefasst wurde. Geschätzte 6.000 seiner Fälchungen sollen derzeit im Umlauf sein.

JOHN MYATT (Engländer, geboren 1946)

Der ehemalige Kunstlehrer und Songwriter aus den englischen Midlands, pleite und verzweifelt, gab 1986 in einem Londoner Magazin eine Anzeige auf: „Echte Fälschungen für 250 Pfund." Einer seiner Kunden war John Drewe (siehe S. 84), der ihn beauftragte, ein Bild anhand einer Zeichnung des französischen Künstlers Albert Gleizes (1881–1953) zu malen. Drewe fälschte die Provenienzpapiere und verkaufte es um 25.000 Pfund, wovon Myatt die Hälfte bekam. Obwohl er Emulsionsfarben (nicht wie die Künstler der Originalwerke) verwendet, täuschte er Experten mit über 200 Bildern angesehener Meister. 1995 zeigte Drewes Ex-Freundin die beiden Männer an und diese wurden zu einer Freiheitsstrafe wegen Betrugs verurteilt. Ermittler berechneten, dass Drewe mit den Fälschungen 2,5 Millionen Pfund machte, von denen Myatt lediglich 100.000 bekam.

gezogen war. Ich glaube, manche haben sie in lokalen Ramschläden verscherbelt, aber ich mag den Gedanken, sie hätten doch vielleicht eins, zwei behalten, und dass sie immer noch an den Wänden hängen, jetzt, wo die Kinder erwachsen sind. Ich habe mich selten darum gekümmert, die Bilder einzurahmen, habe einfach nur Papier mit Palmers Zeichnungen verschenkt. Ich habe sie allen möglichen Menschen gegeben, zum Beispiel dem Mann vom Elektrizitätswerk, der den Zähler abgelesen hatte, zufälligen Bekanntschaften und auch Fremden. Ich habe sogar welche als Weihnachtskarten verschickt – wahrscheinlich landeten sie am Dreikönigsabend im Müll."

1965 zog Keating mit seiner ehemaligen Schülerin Jane Kelly nach Norfolk, wo sie ein kleines Geschäft für die Restaurierung von Gemälden betrieben. Manche von den Palmer-Kopien hatte Jane allerdings an einige Londoner Händler verkauft. 1976 begann Geraldine Norman, Korrespondentin der *Times* in London, in Geschichten um die Palmers-Bilder zu schnüffeln. Ihre Recherchen führten sie zunächst zu Jane Kelly und dann zu Keating. Schließlich überredete man ihn, in einer Pressekonferenz zuzugeben, diese und viele andere Arbeiten gefälscht zu haben.

Trotzdem wurde Keating zu einem Helden und alle Anschuldigungen, mit denen er 1977 belastet wurde, wurden aufgrund seines Gesundheitszustandes abgewiesen. Er gewann einen Fernsehpreis für eine Diskussionsserie über große Künstler und ihre Arbeitsmethoden. Er starb 1984, gerade als er eine neue Serie starten wollte. Posthum brachte der Verkauf seiner Werke 274.000 Pfund ein, siebenmal so viel wie erwartet. Dieser Erfolg ist wohl auf die Popularität von Keating selbst zurückzuführen, denn wenige seiner Werke konnten nach einer genaueren Untersuchung von den Künstlern stammen, denen sie zugeschrieben wurden.

DAVONKOMMEN

Auffällig ist, dass wenige zeitgenössische Kunstfälscher nach ihrer Demaskierung und dem anschließenden Geständnis des Betrugs angeklagt wurden. Meistens verkaufen sie ihre Werke nämlich durch Kunsthändler, was einen gewissen Schutz bietet: Die geben sie um viel höhere Summen an die Käufer weiter und befinden sich somit in einer viel prekäreren Lage. Wenn ein Kunsthändler entdeckt, dass ein von ihm verkauftes Werk eine Fälschung ist, ist es üblich, es zurückzukaufen und den Verlust zu akzeptieren. Die weniger Integeren fordern den Käufer heraus, den Betrug zu beweisen, was nicht

Gegenüber: Einer der drei „Etruskischen Kämpfer", angeblich aus dem 5. bis 6. Jahrhundert v. Chr., die vom New York Metropolitan Museum zwischen 1915 und 1921 angekauft wurden. 1960 ergab eine genaue Untersuchung, dass die Statuen gefälscht sind.

Unten: Der Verantwortliche Alberto Fioravanti war immer noch am Leben. Er bewies, dass er der Fälscher war, indem er den fehlenden Daumen von einer der Statuen vorlegte.

DOSSIER
DER PEINLICHE FALL DES „ETRUSKISCHEN“ SARKOPHAGS

Im Jahr 1871 erwarb das British Museum eine große Kollektion klassischer Objekte von einem italienischen Händler namens Alessandro Castellani. Dem Museum war es jedoch extrem peinlich, als diese nach und nach als Fälschungen identifiziert wurden.

Das beste Stück der Kollektion war ein lebensgroßer Terrakotta-Sarkophag, scheinbar aus dem 6. Jahrhundert v. Chr., den Castellani von einem Pietro Pennelli gekauft hatte. Dieser hätte ihn bei Cervetri in Etrurien ausgegraben. Der Sarkophag war in Stücken, die in den nächsten zwei Jahren sorgfältig zusammengesetzt wurden. Dann, 1875, behauptete Pietros Bruder Enrico, dass er das gewaltige Objekt geschaffen hätte. Der Streit über die Echtheit wütete viele Jahre lang.

Es gab eine ganze Reihe von dubiosen Aspekten, die den Experten sofort ins Auge hätten stechen können. Die Nacktheit der männlichen Figur war ungewöhnlich und die Pose der Figuren war völlig ungewöhnlich. Doch nicht nur das: Eine Frauenfigur schien Unterwäsche aus dem 19. Jahrhundert zu tragen! Es wurde auch bewiesen, dass eine Inschrift auf der Innenseite des Deckels von einer Brosche aus dem Louvre kopiert wurde. Dennoch zog es das British Museum vor, das Stück als echt auszugeben, und es blieb bis 1935 ausgestellt. Leider waren bis zu diesem Zeitpunkt bereits zahllose Bücher über etruskische Kunst mit Fotos von dem Sarkophag bebildert.

alle zu tun bereit sind. Ironischerweise finden viele Arbeiten ihren Weg auf den Markt zurück und können immer noch ziemlich hohe Preise erzielen, obwohl sie Fälschungen sind oder als solche verdächtigt werden.

DAS ENGLISCHE LASTER

Interessanterweise waren viele der Meisterfälscher der zweiten Hälfte des 20. Jahrhunderts Engländer. Dies deshalb, weil London eine zentrale Rolle im An- und Verkauf von Kunst spielt und weil führende Londoner Auktionshäuser Filialen in den wichtigsten Weltstädten unterhalten.

Was sie zum Verkauf anbieten, bedarf oft sorgfältiger Restaurierung durch hoch qualifizierte Experten und diese müssen die Stile und die Methoden der alten Meister studieren. Sowohl Eric Hebborn als auch Tom Keating arbeiteten für Restauratoren in London und beide behaupteten, dass ihre Fälschungen ein Protest gegen die großen Profite der Kunsthändler waren.

Eine Tatsache zieht sich durch alle Geschichten: Der Kunstfälscher kommt selten, wenn überhaupt, an das große Geld heran. Er arbeitet in seiner Freizeit und für Almosen, während der Kunsthändler, betrogen oder nicht, den größten Teil der fetten Einnahmen einsackt. Nichts könnte dies besser veranschaulichen als die Karriere von Elmyr de Hory, weithin verschrien als der führende Fälscher des 20. Jahrhunderts.

ELMYR DE HORY, EIN MEISTER DES CHARMES

Ungarn sind besonders für ihren Charme bekannt sowie für ihre Fähigkeit, dadurch besser im Leben voranzukommen – so auch der Kunstfälscher Elmyr de Hory. Er wurde 1906 geboren und behauptete, seine Familie besäße große Anwesen in Zentralungarn.

Als sich sein künstlerisches Talent offenbarte, wurde de Hory in eine Budapester Kunstschule geschickt. Im Alter von 18 Jahren setzte er sein Studium an der Akademie Heimann in München fort.

Zwei Jahre später ging de Hory nach Paris, wo er beim Maler Fernand Léger (1881–1955) lernte. De Hory, ein armer Künstler, der ums Überleben kämpfte, nutzte seinen Charme, um Bekanntschaft mit jedem Künstler und Schriftsteller in Montparnasse zu schließen, jenem Stadtteil in Paris, in dem sie alle zusammenkamen. 1938 kehrte de Hory aus unbekannten Gründen nach Budapest zurück und fand sich 1941 in einem deutschen Konzentrationslager wieder, wo er von der Gestapo zusammengeschlagen und in ein Spital bei Berlin eingeliefert wurde.

Eines Tages, als er bemerkte, dass das Spitalstor offen stand, spazierte er unbemerkt heraus und kam 1945 nach vielen Abenteuern nach Paris zurück.

Er fing wieder zu malen an und verkaufte alles, was er konnte, an reiche Bekannte. Dann, im April 1946, betrat die Witwe des britischen Rennfahrers Sir Malcolm Campbell de Horys kleines, billiges Zimmer. Als sie eine Strichzeichnung, auf dem ein Mädchenkopf zu sehen war, sah, frage sie: „Ist das nicht ein Picasso?" Er seufzte nur und stimmte ungern zu, sie zu verkaufen.

EINE LUKRATIVE PARTNERSCHAFT

Neues Glück lächelte de Hory zu: In der unmittelbaren Nachkriegszeit waren Bilder von Pablo Picasso (1881–1973) unter den Sammlern sehr begehrt. Picasso konnte eine charakteristische Zeichnung genauso schnell wie de Hory schaffen und dieser war überaus produktiv. Er gestand seinem Freund Jules Chamberlin, er könne Picasso replizieren. Da dessen Vater ein bekannter Sammler gewesen war, schlug er ihm eine Partnerschaft vor: Sie würden Elmyrs Arbeiten als Restbestände der Sammlung seines Vaters verkaufen.

Zwei von „Picassos" Figurenstudien gingen an das Musée des Beaux Arts in Brüssel und andere wurden überall in Europa vertrieben, bis der unvermeidbare Streit mit Chamberlin aufkam, wie die Beute verteilt werden sollte. Danach machte sich Elmyr aus dem Staub.

Elmyr de Hory (1906–1976) war einer der berühmtesten und produktivsten Kunstfälscher des 20. Jahrhunderts.

Nach seiner Entlarvung als Fälscher hoffte de Hory, dass er nun eigene Bilder verkaufen könnte. Leider hatte er in seinem Leben wenig Glück.

De Hory tauchte später in Rio de Janeiro auf, wo er sich schnell als erfolgreicher Porträtmaler etablierte. Bald hatte er aber genug von Brasilien und nachdem er sich ein dreimontatiges US-Visum verschafft hatte, ging er nach New York.

Von dort verschlug es ihn nach Hollywood, wo er als Baron de Hory bekannt

De Hory musste Los Angeles verlassen, nachdem ihn der Kunsthändler Frank Perls aus seiner Galerie hinausgeworfen hatte, weil er überzeugt war, dass seine Zeichnungen Fälschungen waren.

wurde und eine ganze Reihe von falschen Picassos verkaufte. Gelangweilt davon, probierte er Zeichnungen von Matisse und Renoir aus: „Ich habe sofort drei Matisse-Akte, Federzeichnungen verkauft, [an eine gut gehende Galerie in Beverly Hills] … Danach kaufte der Besitzer alles, was ich ihm anbot, und vertrieb es mit einem 500-prozentigen Profit.“

Dennoch war de Hory gezwungen, Los Angeles zu verlassen, nachdem ihn der Kunsthändler Frank Perls aus seiner Galerie hinausgeworfen hatte, weil er überzeugt war, dass seine Zeichnungen Fälschungen waren. Nun kehrte De Hory nach New York zurück: gealtert und ohne Papiere.

Sein Charme begann zu verblassen. Eine von de Horys Bekannten erinnerte sich später: „Er erzählte wie besessen langweilige Geschichten aus seinem Sexleben. Auch die Wichtigtuerei – er konnte keine Geschichte erzählen, ohne ein Dutzend Abschweifungen über diesen Baron oder jenen jungen Prinzen, mit dem er in Paris, Cannes oder Kitzbühel geschlafen hatte.“

Gegen Ende des Jahres 1952 kehrte de Hory nach Los Angeles zurück, nun entschlossen, die Fälscherei an den Nagel zu hängen und seine eigenen Bilder zu verkaufen.

Doch schon bald brauchte er Geld und wusste nur einen Weg es zu besorgen: Er ging nach New York, wo er einem französischen Händler drei

„Matisse"-Zeichnungen für jeweils 500 Dollar verkaufte. Danach ging er mit einem Freund nach Miami. Unter dem Namen L. E. Raynal schrieb de Hory Galerien und Museen in den ganzen USA an. Er hätte Arbeiten zum Verkauf; eine Zeichnung, eine Gouache, ein Aquarell oder ein kleines Gemälde von Matisse, Picasso, Braque, Derain, Bonnard, Degas, Vlaminck, Modigliani oder Renoir. Innerhalb von zwei Jahren verkaufte er in den USA etwa 70 Bilder. Die Gesamtsumme seiner Einnahmen, behauptete de Hory, belief sich auf über 160.000 Dollar.

DAS NETZ VERDICHTET SICH

Als de Hory erfuhr, dass sowohl das FBI als auch Frank Perls Fragen über ihn stellten, besorgte er sich einen Pass auf den Namen L. E. Raynal und floh nach Mexico City. Dort hatte er aber Probleme mit der Polizei und kehrte nach New York zurück. Ganz der Alte, schmiss er sofort eine Party und behauptete sogar später, Marilyn Monroe sei unter den Gästen gewesen. Doch ein anderer Gast sollte ihm für den Rest seines Lebens Probleme machen. Sein Name war Ferdinand Legros – ein dünner, schäbig angezogener junger Mann, halb Franzose und halb Grieche.

***Et voilà!* Elmyr de Hory konnte eine passable Henri-Magritte-Fälschung in zehn Sekunden zaubern, doch er sagte, er hätte Schwierigkeiten, die Arbeit echt aussehen zu lassen. Magrittes Linien wurden unterbrochen, wo er sich von der Staffelei abwandte, um sein Modell anzusehen. Da de Hory aus dem Gedächtnis zeichnete, waren seine Linien durchgehend.**

Er schlug de Hory ein Geschäft vor. Für den Verkauf von de Horys Fälschungen würden 40 Prozent an ihn, 60 an den Fälscher gehen. Doch de Hory entdeckte bald, dass während er selbst in einem zweitklassigen Hotel seine Fälschungen produzierte, Legros und ein Kanadier namens Réal Lessard im besten Hotel der Stadt lebten. Nach sechs Monaten bitteren Kampfes, beschloss de Hory nach Europa zu gehen. Er ließ sich in Rom nieder und fing wieder an zu malen. Als Joseph Boutin hatte er einen bescheidenen Erfolg mit einer One Man Show in Mailand.

Wenn die tausenden Kunstwerke von de Hory, die er auf der ganzen Welt vertrieb, alle echt gewesen wären, wären sie schätzungsweise satte 60 Millionen Dollar wert gewesen.

1960 besuchte er Paris, wo ihn die bekannte schäbige Person aufspürte. Legros fragte, ob de Hory Fälschungen zu verkaufen hätte. Dieser antwortete, dass alles, was er habe, in einer Truhe im Hotel Winslow in New York gelagert sei. Legros rief das Hotel unter dem Namen Elmyr de Hory an und sagte, dass innerhalb einer Woche ein junger Mann namens Ferdinand Legros die Truhe abholen würde.

Unterdessen kehrte de Hory unwissend nach Rom zurück, wo es unmöglich war, seinen Lebensunterhalt mit eigenen Bildern zu bestreiten, und so stellte er ein Portfolio zusammen mit Pastellen von Renoir und Degas, Aquarellen von Derain und Zeichnungen von Matisse. Er machte sich auf den Weg in Richtung Schweiz, Deutschland und Holland. Schließlich beschloss er, sich auf Ibiza niederzulassen. Die dortigen Behörden kannten ihn als Joseph Elmyr Dory-Boutin.

Als er wieder in Paris war, traf er Legros und Lessard. Doch jetzt waren sie schick angezogen und offensichtlich wohlhabend. Legros hatte den Inhalt der Truhe verkauft und etablierte sich als erfolgreicher Kunsthändler. Noch einmal schlug er ihm ein Geschäft vor: De Hory sollte auf Ibiza bleiben und er würde ihm regelmäßig finanzielle Unterstützung, zusammen mit dem Anteil vom Verkauf seiner Fälschungen, zukommen lassen. 1963 ließ Legros sogar ein Haus mit einem großen Atelier auf Ibiza für de Hory bauen.

Da Legros und Lessard jetzt reich waren, konnten sie es sich leisten. Die zweite Hälfte des 20. Jahrhunderts erlebte einen beispiellosen Verkaufsboom auf dem Kunstmarkt. Besonders in den USA wussten die Reichen, dass die Preise stiegen, und konnten leicht überzeugt werden, dass Kunst eine solide Investition gegen die Besteuerung war.

Legros' bester Kunde war der Texaner Millionär Alger Hurtle Meadows an der Spitze von General American Oil. Er gab rund eine Million Dollar für eine Reihe von fraglichen Goyas und El Grecos aus und zwischen 1964 und 1966 verkaufte ihm Legros 46 Arbeiten (alle von de Hory), von denen die Hälfte Ölgemälde waren.

Doch als Legros und Lessard Texas besuchten, hatten sie eine scharfe Auseinandersetzung mit Meadows, der Verdacht zu schöpfen begann. Er bat einige Experten, sich seine Sammlung anzusehen. Sie erklärten alle Bilder für Fälschungen.

Legros floh nach Paris und verlangte von de Hory mehr Bilder, die sofort zum Verkauf in der kleinen französischen Stadt Pontoise angeboten wurden. Ein Angestellter des Auktionshauses dachte, ein Bild, das als eine Arbeit von Maurice Vlaminck (1876 bis 1958) aus dem Jahre 1906 angeschrieben war, sehe ein wenig schmutzig aus, und begann es abzuwischen. Er war mehr als überrascht, als ein Teil des blauen Himmels am Stoff hängenblieb: Die Farbe war noch weich. Diese Nachricht machte sofort die Runde und löste Panik in der Kunstszene aus. Waren alle von Legros und de Hory verkauften Bilder Fälschungen?

EXIL AUF IBIZA

Legros suchte seinen Bestand zusammen und floh nach Ägypten, wurde aber 1968 in der Schweiz verhaftet. Elmyr war ebenfalls auf der Flucht, doch nachdem er von Legros' Verhaftung gehört hatte, kehrte er nach Ibiza zurück. Da die berüchtigtesten Fälschungen außerhalb von Spanien entstanden und verkauft worden waren, dachte er, er hätte unter spanischem Gesetz kein Verbrechen begangen.

Dennoch wurde de Hory nach seiner Rückkehr nach Ibiza unter relativ minderen Anschuldigungen verhaftet und verbrachte zwei Monate in einem lokalen Gefängnis. Er durfte einen Liegestuhl, Bücher, Schlaftabletten und andere Annehmlichkeiten mitnehmen. Es wurde sogar berichtet, er hätte seinen Alkohol im Kühlschrank des nahe gelegenen Rathauses aufbewahrt. Im Oktober 1968 wurde de Hory freigelassen und es wurde ihm nahe gelegt, Spanien für ein Jahr zu verlassen, woraufhin er nach Portugal ging.

Fälschungen von Elmyr de Hory verkaufen sich heute für bis zu 20.000 Dollar – auf dem Markt gibt es sogar Fälschungen seiner Fälschungen!

Unterdessen publizierte ein anderer Ibizaner, Clifford Irving (dem wir in Kapitel drei wieder begegnen werden), ein Buch mit dem Titel *Fake!*, dessen Inhalt auf Gesprächen mit de Hory basierte. Orson Welles drehte danach seinen Film *F for Fake*, in dem sowohl Irving als auch de Hory porträtiert waren. Danach waren der Name und der Ruf des Meisterfälschers jedem und überall bekannt.

Die nächsten acht Jahre lebte er ein verschwenderisches Leben auf Ibiza. 1976

DOSSIER
SENTIMENTALE HERKUNFT

Fälschungen verkaufen sich viel einfacher, wenn sie als Originale authentifiziert werden. Eines Tages zum Beispiel besuchte Réal Lessard den alten Kees van Dongen (1877–1968) und bat um die Authentifizierung einer De-Hory-Version eines Frauenporträts, das Van Dongen 60 Jahre zuvor gemalt hatte. Der Künstler, damals in seinen Achtzigern, sah das Bild und mit Tränen in den Augen erzähle er, wie schön die Frau gewesen war und wie oft sie sich während des Malens des Porträts geliebt hätten.

John Drewe (oben rechts) vor Gericht wegen Betrugs. Er und der Künstler John Myatt wurden für schuldig befunden. Der ehemalige Schulfreund, Daniel Stoakes (oben links), der unwissentlich den Händler für Drewe gespielt hatte, wurde freigesprochen.

erfuhr er, dass man Legros, der aus der Schweiz nach Brasilien flüchten konnte und später an Frankreich ausgeliefert wurde, zu zwei Jahren Haft verurteilt hatte: für Betrug an Meadows. Als De Hory mit einer Ausweisung konfrontiert wurde, starb er im Dezember an einer Schlaftabletten-Überdosis.

JOHN DREWE

Drewe war eigentlich ein Fälscher von Dokumenten, doch die Tatsache, dass er Provenienz für Bilder des Fälschers John Myatt fälschte, rechtfertigt die Schilderung seiner Geschichte eher in diesem Kapitel.

Er wurde 1948 im englischen Sussex unter dem Namen John Cockett geboren, änderte diesen aber 1965. Schon als Kind lebte er in einer Fantasiewelt. Er gab an, sechs Jahre lang Physik an der deutschen Universität Kiel studiert (obwohl es dort keinen Beweis für sein Studium gab) sowie an der Sussex-Universität unterrichtet zu haben. Was man sicher sagen kann, ist, dass Drewe kurz ein Büroangestellter bei der britischen Atomenergie-Behörde war. Während der frühen 1980er unterrichtete er Physik an einer Londoner Privatschule. Danach, 1986, las er eine von John Myatts Anzeigen, rief ihn an und stellte sich als „Professor Drewe", Nuklearphysiker, vor. Dann gab er mehrere „echte Fälschungen" bei Myatt in Auftrag.

Bald eröffnete er dem Fälscher, dass Christie's eines seiner Bilder akzeptiert

DOSSIER

BERENSON UND DUVEEN, CLEVERE PARTNER

Bernhard Berenson (1865–1959) wurde in Litauen geboren, wuchs jedoch in Boston auf. Er machte Karriere als anerkannter Experte für italienische Renaissancebilder, von denen er viele für sich selbst kaufte. Der Ruf als „Fälschungsknacker" machte ihn zum Berater des englischen Kunsthändlers Joseph Duveen (1869–1939), der durch die Hilfe beim Bau zusätzlicher Galerien zur Tate Gallery, dem London Museum und dem British Museum zu einem Adelstitel kam. Sein Motto war: „Europa hat die Kunst, Amerika hat das Geld." Dank Berensons Authentifizierungen konnte er hunderte Kunstwerke an Andrew Mellon, J. P. Morgan, die Rockefellers, das Metropolitan Museum of Art in New York und viele andere angesehene amerikanische Sammlungen verkaufen.

Der reiche englische Kunsthändler Joseph Duveen, der aufgrund seiner Spenden an Museen zum Lord gemacht wurde.

1986 jedoch veröffentlichte der Schriftsteller Colin Simpson das Buch *Artful Partners*. Nachdem ihm der Zugang zu vorher unzugänglichen Archiven gewährt worden war, konnte er beweisen, dass es ein Abkommen zwischen Berenson und Duveen gab. Das Konzept war simpel: Vom Verkauf der von Berenson authentifizierten Bilder bekam er eine saftige Provision, was ihn prompt zu einem wohlhabenden Mann machte. Berenson kannte jeden Fälscher und Betrüger in Italien, wo er die meiste Zeit seines Lebens verbrachte. Simpson ist der Meinung, dass er eine Vielzahl der Werke von Lorenzo Ghiberti (1378–1455) oder Antonio Rossellino (1427–1479) – beide hoch anerkannte Renaissancekünstler – authentifizierte, obwohl er genau gewusst haben soll, dass sie von Giovanni Bastianini stammten.

Simpson nennt viele weitere Beispiele von Werken, die auch „verbessert" wurden, um ihren Wert zu steigern. Zum Beispiel wurde das Bild einer Frau mittleren Alters „restauriert", um eine junge Frau in einem modischen Kleid zu zeigen. Und ein angebliches Giorgione-Porträt bekam Berenson von seinem Freund, dem Restaurator Luigi Grassi. Heute wird jedes Bild, das von Berenson bestätigt und später von Duveen verkauft wurde, in der Kunstszene hinterfragt.

Bernhard Berenson war ein berühmter Experte der italienischen Renaissancekunst und besaß eine schöne Villa bei Florenz. Nach seinem Tod 1959 wurde die Villa mit der Kunstsammlung und einer prächtigen Biblithek der Harvard University vermacht und wird als das Zentrum der italienischen Renaissance-Kultur verwaltet.

hatte, und der mittellose Künstler ließ sich in einem Netz des Betrugs fangen. Auf Drewes Beharren hin begann er schnell Werke in einer breiten Stilpalette zu produzieren: Giacometti, Nicolas de Staël, Braque, Ben Nicholson, Matisse und viele andere. „Ich war geschmeichelt", sagte Myatt später „Ich dachte, ich sei ein wichtiger Mann."

Um die Provenienz der gefälschten Bilder zu sichern, fälschte Drewe Briefe der nichtexistenten Besitzer oder überredete seine Bekannte, sich als diese auszugeben. Dann änderte er seine Vorgehensweise, die später für Chaos in den Londoner Kunstarchiven sorgen sollte: Er gab vor, ein Experte für die von Nazis im Zweiten Weltkrieg geraubte Kunst zu sein, und verschaffte sich den Zugang zu den Bibliotheken des Institute of Contemporary Art, der Tate Gallery und des Victoria and Albert Museum. Dort änderte und fälschte er hunderte Dokumente, um überzeugende Beweise für die Provenienz der Myatt-Bilder vorlegen zu können.

Alan Bowness, der ehemalige Dirktor der Tate Gallery in London und Schwiegersohn des Malers Ben Nicholson, wurde getäuscht und authentifizierte zwei von Myatts „Nicholsons". Sie seien zwar keine besonders guten Beispiele der Arbeit des Künstlers, sagte er, doch Drewe hätte ihm eine wasserdichte Dokumentation vorgelegt.

Ein „Giacometti" von Myatt wurde für 175.000 Dollar verkauft. Drewe hatte eine Fotografie des Bildes in einem Katalog einer Ausstellung der National Art Library aus 1955 hinzugefügt. Wie Melanie Clore, Leiterin der Abteilung moderner Kunst bei Sotheby's, sagte: „Man geht ins Archiv der Tate Gallery, blättert im Bestandsbuch des angesehensten Museums in London und findet ein Foto von dem Bild in schwarz-weiß. Gewissenhafter kann man nicht sein."

Die Direktoren der Tate Gallery und des Victoria and Albert Museum mussten zugeben, dass sie niemals gemerkt hätten, dass Drewe sich an ihren Archiven vergriffen hatte.

Im New Yorker Museum of Modern Art, begannen sorgfältige Untersuchungen der Bilder und Archive. Wie ein Sprecher des Museums sagte: „Wahrscheinlich wird es Jahre dauern, bis die Recherchen abgeschlossen sind."

Ein echtes Gemälde von Alberto Giacometti (1901–1966), ein Selbstportrait aus dem Jahr 1921 im Züricher Kunsthaus.

DOSSIER
FÄLSCHUNGSEXPERTE IRRT

Der Kunstfälscher Ilicio Federico Ioni ließ einmal ein echtes Bild aus dem 14. Jahrhundert zwecks Anerkennung zu Berenson bringen. „Sag Ioni", meinte dieser zu dem Boten, „dass er immer besser fälscht." Ioni darauf: „Es ist immer das Gleiche. Wenn ich ihm eine Fälschung bringe, wird sie zum Original, wenn ich ihm ein Original bringe, wird es eine Fälschung."

We the People

KAPITEL 3

FALSCHE PAPIERE

Das Fälschen von Dokumenten ist eines der ältesten Verbrechen. Obwohl meistens für betrügerische Zwecke eingesetzt, kann dies aber auch eher boshaft als kriminell sein.

Unter den ältesten bekannten „Dokumenten" sind Darstellungen, die auf die Wände der Grabmäler von altägyptischen Adeligen gemalt wurden, um ihre Leistungen festzuhalten. Viele dieser Malereien sind, um es freundlich zu sagen, ein wenig übertrieben. Andere Dokumente wiederum erzählen Lügen ohne Umschweife. Abstammungsdokumente und Testamente werden oft im Zusammenhang mit dem Erben gefälscht. Kreditbriefe, Schuldscheine, Konossemente, Rechnungen, Provenienzzertifikate für Kunstwerke, Autogramme, Zeugnisse – die Liste ist endlos. In den meisten Fällen, die fast jeden Tag passieren, ist der Betrug kaum erwähnenswert. Viel unterhaltsamer ist dafür die Geschichte der Literaturfälschungen.

Gegenüber: Die echte Verfassung der Verienigten Staaten (1787) wurde mit einem Federkiel geschrieben. Spätere Versionen, die mit Metallfeder geschreiben wurden, lassen sich leicht identifizieren.

Links: William Ireland (1775–1835), der in den 1790ern kurz für seine Shakespeare-Fälschungen berühmt war.

Die Geschichte der frühen christlichen Kirche von Eusebius von Caesarea umfasste die angeblich von Christus geschriebenen Briefe – über ein Jahrhundert nach seinem Tod.

Eines der frühesten bekannten Beispiele eines gefälschten Briefverkehrs taucht in der frühen Geschichte der christlichen Kirche auf, geschrieben von Eusebius von Caesarea (264–340). Sie basiert auf Briefen, die angeblich zwischen König Abgar von Edessa und Christus ausgetauscht wurden. Doch bei der Geschichte gibt es ein Problem: Abgar wurde über 100 Jahre nach dem Tod Christi gekrönt.

Frühe Kirchenrichtlinien basierten eigentlich auf einem gefälschten Dokument, der „Konstantinischen Schenkung“. Geschrieben wurde es möglicherweise in Rom im 18. Jahrhundert, war aber angeblich eine Berechtigung von Kaiser Konstantin (274–337) an Papst Silvester I., die römische Kirche über alle anderen Glauben zu erheben. Hunderte Jahre lang wurde das Dokument benutzt, um die päpstliche Macht zu rechtfertigen, und blieb bis zum 16. Jahrhundert unangefochten.

DER MANN AUS FORMOSA

Eines der interessantesten Bespiele der Literaturfälschung kam im 18. Jahrhundert zum Vorschein. 1704 wurde ein Buch mit dem Titel *Eine Historische und Geografische Beschreibung von Formosa* in London veröffentlicht. Der Name des Autors war „George Psalmanazar“. Formosa („eine Insel unter japanischer Herrschaft“) existiert wirklich, doch als das Buch publiziert wurde, wusste in der westlichen Welt niemand etwas davon, mit Ausnahme der holländischen Kaufleute.

Die Publikation verkaufte sich gut. Sie war mit gut einem Dutzend Stiche illustriert und beschrieb Sitten, Bräuche, Ernten, Häuser und Goldminen auf der Insel. Das Buch beinhaltete Details über die Landessprache anhand eines Symbolalphabets, das man von rechts nach links las. Es beschrieb auch die Bekehrung des Autors zum Christentum und kritisierte die Aktivitäten der Jesuiten im Fernen Osten.

Frühe Kirchenrichtlinien basierten eigentlich auf einem gefälschten Dokument, der „Konstantinischen Schenkung“.

Doch wer war (wie seine Zeitgenossen den Namen buchstabierten) „Psalmanazar?“ Abgeblich wurde er 1679 geboren, sprach Französisch, Latein, Englisch und auch „Formosanisch“. Er soll viele Jahre auf Farmosa verbracht haben, doch im Alter von 22 Jahren zog er durch Europa

George Psalmanazar behauptete, über detailliertes Wissen über die Insel Formosa (heute Taiwan) zu verfügen. Er erfand sogar die Sprache „Formosanisch“.

Die Titelseite von Psalmanazars *Beschreibung von Formosa*, „illustriert mit mehreren Stichen". Sie wurde 1704 in London veröffentlicht und stieß auf breites Interesse.

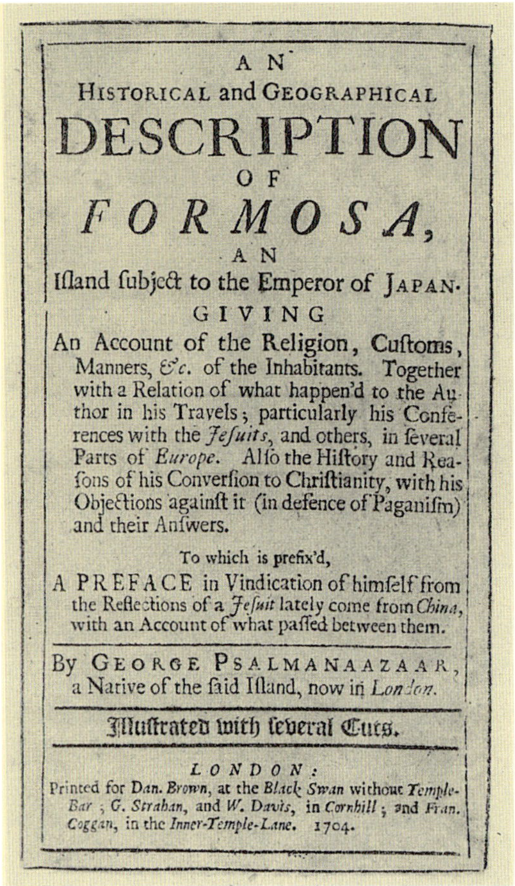

AN
HISTORICAL and GEOGRAPHICAL
DESCRIPTION
OF
FORMOSA,
AN
Iſland ſubject to the Emperor of JAPAN.
GIVING
An Account of the Religion, Cuſtoms, Manners, &c. of the Inhabitants. Together with a Relation of what happen'd to the Author in his Travels; particularly his Conferences with the *Jeſuits*, and others, in ſeveral Parts of *Europe*. Alſo the Hiſtory and Reaſons of his Converſion to Chriſtianity, with his Objections againſt it (in defence of Paganiſm) and their Anſwers.

To which is prefix'd,
A PREFACE in Vindication of himſelf from the Reflections of a *Jeſuit* lately come from *China*, with an Account of what paſſed between them.

By GEORGE PSALMANAAZAAR, a Native of the ſaid Iſland, now in *London*.

Illuſtrated with ſeveral Cuts.

LONDON:
Printed for *Dan. Brown*, at the *Black Swan* without *Temple-Bar*; *G. Strahan*, and *W. Davis*, in *Cornhill*; and *Fran. Coggan*, in the *Inner-Temple-Lane*. 1704.

umher mit einem gefälschten japanischen Pass. 1702 meldete er sich freiwillig bei einem schottischen Regiment in Flandern (heute Belgien) und lenkte bald die Aufmerksamkeit des Geistlichen William Innes auf sich. Die beiden Männer schrieben einen kurzen Bericht über Psalmanazars Reisen und Innes schickte ihn dem Londoner Bischof Henry Compton. Bald darauf sollte er den jungen Mann nach England bringen.

Bei ihrer Ankunft boten die beiden Komplizen dem Bischof eine Übersetzung des Katechismus in „Farmosanisch" an. Er war hoch erfreut und beeindruckt. Der Erzbischof von Canterbury wurde involviert, ebenso der angesehene Sir John Sloane von der Royal Society. Der Dekan der Christ Church in Oxford lud Psalmanazar ein, dort sechs Monate lang zu verweilen, während der er sein Buch fertig schrieb.

Trotz seines Erfolges hatte das Buch auch Kritiker. Einer der direktesten war der jesuitische Missionar Pater Fontenay. Er war der Meinung, dass, was auch immer am Inhalt echt war, wahrscheinlich von dem holländischen Missionar namens Candidius abgeschrieben wurde. Nichtsdestotrotz wurde Psalmanazar ein Jahr lang von der Londoner Gesellschaftsszene gefeiert und 1707 veröffentlichte er das Buch *Ein Dialog zwischen einem Japaner und einem Farmosaner.*

Unterdessen profitierte Innes von seinem eigenen Ansehen und ließ sich zum Generalkaplan der britischen Armee in Portugal ernennen. Ohne seine Rückendeckung war es jedoch schwierig für Psalmanazar, den Schwindel aufrechtzuerhalten: Spätestens 1710 war er als Schwindler bekannt. Er gab es auf, Abenteuer zu erfinden. Er verfasste lange Artikel für die *Universal History*, schrieb die Geschichte des Drucks nieder und dann seine Memoiren, die ein Jahr nach seinem Tod 1763 veröffentlicht wurden.

In seinen letzten Jahren war Psalmanazar eine beliebte Figur in London. Tobias Smollet erwähnte ihn in seinem Roman *Humphrey Clinker* (1771) und Dr. Samuel Johnson beschrieb ihn als „den besten Mann, den er je gekannt hatte". Die beiden Männer unterhielten sich oft, wobei Johnson höflich zuhörte und niemals unterbrach. „Das wäre ja, als würde ich dem Bischof ins Wort fallen", sagte er.

FÄLSCHER VON ALTER DICHTUNG

George Psalmanazar lebte noch, als James Macpherson (1736–1796) für eine weitere Sensation in den britischen Literaturkreisen sorgte: Er lieferte die vermeintlichen Übersetzungen des gälischen Dichters Ossian aus dem 3. Jahrhundert. Das wachsende Interesse für alte schottische Sitten folgte dem gescheiterten Aufstand der Highland-Clans 1745 bei der Unterstützung des „Bonnie Prinz Charlie", des Stuart-Anwärters für den britischen Thron. Der Höhepunkt war die Wiederbelebung der Highland-Trachten, gefördert durch den Romanautor Sir Walter Scott (1771–1832) und durch die spätere Begeisterung von Prinz Albert, dem Prinzgemahl von Königin Victoria, für alles Schottische.

Macpherson war der Sohn eines Farmers im schottischen Inverness. Er sprach gälisch und wurde gebeten, einige Gedichte von Ossian zu übersetzen, die vom schottischen Autor John Home gesammelt worden waren. Macpherson protestierte, eine simple Übersetzung ins Englische würde nicht reichen, und schuf selbst 15 Teile, die er an Hugh Blair, Literaturprofessor in Edinburgh, schickte. Diese wurden 1760 als *Fragments of Ancient Poetry Collected in the Highlands* veröffentlicht und Blair kündigte an, „bei angemessener Unterstützung" könnten noch mehr gefunden werden.

In diesem Sinne langte bei Macpherson eine Bestellung ein und er antwortete mit den Heldengedichten *Fingal* (1761) und *Temora* (1763). Die beiden Arbeiten enthielten bereits veröffentlichte Teile, waren jedoch größtenteils das Produkt von Macphersons Fantasie. Aufgrund der nostalgischen Liebe zum „edlen Wilden", die die europäische Literatur erfasste, passten die Gedichte perfekt in den Geist der Romantik. Eine italienische Version erschien 1763, eine deutsche Übersetzung folgte. Napoleon soll seinen Ossian regelmäßig gelesen haben und es wurden Versionen in Dänisch, Holländisch, Polnisch, Russisch, Spanisch und Altgriechisch produziert.

Das Problem war nur, dass niemand die gälischen Originale je gesehen hatte: ein

James Macpherson, Sohn eines schottischen Farmers, der die angeblichen Gedichte des Dichters Ossian aus dem 3. Jahrhundert aus dem Gälischen übersetzte.

Ossian, der sagenumwobene irische Dichter und Sohn von Finn MacCool, der vermutlich um 250 v. Chr. lebte. Sein Name wurde 1760–1763 weithin bekannt, als James Macpherson etwas veröffentlichte, das sich später als seine eigenen Verse und nicht als die Übersetzung von Ossians Gedichten herausstelte.

Grund für die Reise von Dr. Samuel Johnson und James Boswell 1773 in die Highlands. Johnson kam zum Schluss: „Der Herausgeber oder Autor konnte nicht das Original vorweisen. Wo könnte es nur sein? Es ist zu lang, um es sich zu merken, und in der Sprache gibt es nichts Geschriebenes. Zweifellos hat er Namen aus geläufigen Geschichten eingesetzt und vielleicht auch einige der Balladen übersetzt."

Johnson irrte sich in seiner Behauptung, dass „es in der Sprache nichts Geschriebenes gibt". Dennoch bezeichnete er Macphersons Arbeit als eine „Frechheit". Trotz der Zweifel, die einige Experten geäußert hatten, bestand Macpherson weiterhin darauf, dass die Originalquellen existierten. Viele Jahre sollten noch vergehen, bis klar wurde, dass er Ossians Gedichte gefälscht hatte. Macpherson wagte sich in die Politik und wurde 1764 zum Generalsekretär des Gouverneurs von Florida ernannt. Ab 1780 war er im britischen Parlament und starb 1796 bei Inverness. Begraben wurde er auf eigene Kosten in der Westminster Abbey.

ANERKENNUNG KOMMT ZU SPÄT

1762 tauchte ein anderer, noch jüngerer Dichter auf. Es war der zehnjährige Thomas Chatterton (1752–1770) aus Bristol. Seine Gedichte waren zwar anerkannt, doch bald wandte er sich dem Fälschen von Manuskripten aus dem 15. Jahrhundert zu: angeblich aus der Feder eines Priesters namens Thomas Rowley. Chatterton hatte Zugang zu vielen alten Dokumenten, die in der St.-Mary-Radcliffe-Kirche in Bristol aufbewahrt wurden, wo sein Onkel Kirchendiener war.

Im Alter von 15 Jahren fing Chatterton eine Lehre in einer Anwaltskanzlei in Bristol an. Seine Freizeit verbrachte er mit dem Schreiben für lokale Magazine, mit der Dichtung und dem Verfassen weiterer Manuskripte von „Rowley". Diese lenkten die Aufmerksamkeit von drei Antiquitätenhändlern auf ihn, und so wurde Chatterton gezwungen, für einen von ihnen einen fiktiven Stammbaum anzufertigen.

Im April 1770 beschloss er, sein Glück in der Londoner Literaturszene zu versuchen,

**„Dies ist meine Darbietung,
wie ich sie geschrieben,
Die beste Vorstellung meines
unbedeutenden Lebens."**

—AUS DEM GEDICHT *AN JOHN LYDGATE*
VON „THOMAS ROWLEY"

doch seine Manuskripte wurden bereits von anderen Schriftstellern weitgehend als Fälschungen angeprangert. Verzweifelt schluckte der junge Mann Arsen und starb am 24. August zu Hause in Holborn in London. Erst nach Chattertons Tod erkannten spätere Dichter sein Talent: William Wordsworth nannte ihn einen „großartigen Jungen" und Tom Keats widmete ihm das Gedicht *Endymion*.

Thomas Chatterton, 1770 nur 17 Jahre alt, beging Selbstmord auf dem Dachboden seines Hauses in London. Dieses Bild malte Henry Wallis 1856 genau dort, wo Chatterton starb.

Der unerschrockene Baron Münchhausen schwebt, getragen von Enten, in einer typischen Illustration zu seinen *Abenteuern.* Diese waren das Werk des mittellosen Geologen Rudolf Erich Raspe. Viele der Geschichten wurden in einem halbwissenschaftlichen Ton geschrieben, damit sie echter wirkten.

DER UNGLAUBLICHE BARON

Im England des 18. Jahrhunderts wurde ein weiterer literarischer Scherz veröffentlicht. Er trug den Titel *Die Abenteuer des Barons Münchhausen* und kam 1786 heraus.

Den Hieronymus Karl Friedrich, Freiherr von Münchhausen (1720–1797), gab es wirklich. Trotzdem gilt die Arbeit als Fälschung, obwohl der Baron persönlich keinen finanziellen Schaden davontrug. Wie viele Deutsche diente er im Krieg gegen die Türken 1738–1740. Münchhausen war ein leidenschaftlicher Jäger und wurde nach seiner Pensionierung 1760 als der Erzähler humorvoller Geschichten aus seinem Leben als Soldat und Sportsmann bekannt.

Möglicherweise hat der Autor der gefälschten *Abenteuer*, Rudolf Erich Raspe (1737–1794), den Baron persönlich gekannt, denn er war mit dessen Anekdoten mit Sicherheit wohl vertraut. Raspe wurde unweit des Münchhausen-Anwesens geboren. Die meiste Zeit seines Lebens war er verschuldet, obwohl er nach seinem Studium ein Buch über Geologie schrieb, das schnell zu einem Klassiker wurde. 1767 wurde Raspe zum Hüter der wertvollen Münzsammlung des Landgrafen Friedrich von Hessen-Kassel ernannt. Er bestahl ihn jedoch regelmäßig, um seine Schulden abzubezahlen (die teils darauf basierten, dass er nur selten Lohn erhielt), und als er 1775 entlarvt wurde, floh er nach England.

Der Ruf seines Geologiebuchs sicherte ihm die Wahl in die Royal Society, wo er mehrere wichtige Verbesserungen an der Bergbautechnologie vornahm. Er war übrigens einer der Ersten, die sich für Macphersons Ossian-Gedichte einsetzten. Der talentierte Raspe übersetzte auch Theaterstücke und schrieb eine Geschichte der Ölmalerei.

Als gegen ihn in Deutschland ein Haftbefehl erlassen wurde, traf die Nachricht schnell in London ein und er wurde aus der Royal Society ausgeschlossen. Um sich über Wasser zu halten, begann er anonym, fiktive Geschichten über Münchhausen zu veröffentlichen. Die gesammelte Ausgabe erschien 1786 unter dem Titel *Gulliver Reviv'd: The Singular Travels, Campaigns, Voyages and Sporting Adventures of Baron Munnikhousen.*

Nur ein paar der unglaublichen Geschichten, die Raspe und seine Herausgeber gesammelt hatten, kamen vom Baron persönlich. Andere waren bekannte Legenden aus vergangenen Zeiten, gesammelt in einem deutschen Magazin, das Raspe zu lesen pflegte. Wieder andere basierten auf echten Reiseberichten: Als Vorlage für die Mondreise des Barons diente der Aufstieg der Montgolfier-Brüder in einem Heißluftballon 1783. Raspes Schreibstil war trocken und halbwissenschaftlich, wodurch die unglaublichen Geschehnisse glaubwürdiger wirkten. Vor dem Ende des 18. Jahrhunderts wurden acht Auflagen samt Nachträgen veröffentlicht.

Ein Porträt des fiktiven Barons, wie auf der Titelseite einer der vielen Ausgaben des Werks von Raspe. Der echte Münchhausen hatte mit den Abenteuern nichts zu tun und litt unter der Veröffentlichung.

Ein Brief der Königin Elisabeth I. an William Shakespeare, gefälscht 1794 von William Ireland. Er fügte eine Notiz hinzu, angeblich vom Dramaturgen persönlich.

Das Buch wurde bald ins Deutsche übersetzt und der echte Baron begann darunter zu leiden. Scharen von Neugierigen besuchten ihn auf seinem Anwesen, um weitere Geschichten zu hören. Doch als seine Frau starb, verwandelte sich der fröhliche Erzähler in einen mürrischen Eigenbrötler. Obwohl er später noch einmal heiratete, war die einzige treue Gesellschaft die seiner

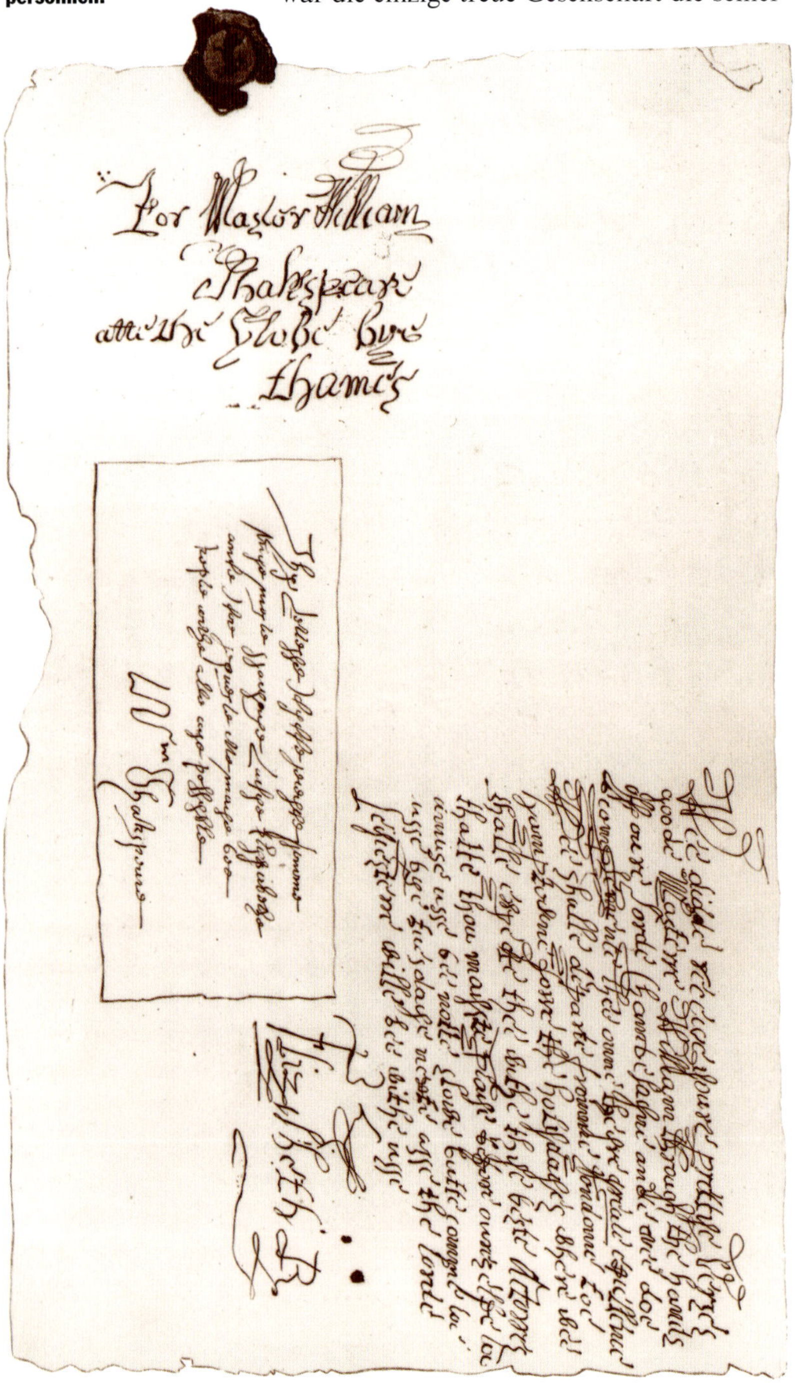

For Master William Shakespeare atte the Globe bye Thames

Jagdfreunde. Er starb 1797. Zu dieser Zeit war Raspe bereits tot. Seine Urheberschaft der *Abenteuer des Freiherrn von Münchhausen* blieb bis 1847 ein Geheimnis.

SHAKESPEARE ENTDECKT

Vielleicht war es der Ruhm von James Macpherson oder die späte Bewunderung von Chatterton, die William Henry Ireland (1775–1835) inspirierten. Sein Vater Samuel war ein Händler von seltenen Büchern und Drucken in London und ein großer Liebhaber von William Shakespeares Werken. 1794 besuchten Vater und Sohn Stratford-upon-Avon, den Geburtsort von Shakespeare, und trafen einen gewissen John Jordan, der dubiose Anekdoten im Zusammenhang mit dem Dramatiker auf Lager hatte.

Zurück in London wurde Ireland von einem Anwalt angestellt, der ein Depot voll mit alten Pergamenten hatte. Er nahm einen alten Mietvertrag und ein Wachssiegel und kopierte die Handschrift aus einem Dokument des frühen 17. Jahrhunderts, woraus eine Hypothekenurkunde zwischen Shakespeare und dem Schauspieler John Heminge entstand. Shakespeares Unterschrift fälschte er anhand jener in den Büchern seines Vaters. Das College of Heralds authentifizierte das Dokument.

In den darauf folgenden Monaten fälschte Ireland viele Shakespeare-Dokumente, die er auf herausgeschnittenen Seiten von 200 Jahre alten Büchern verfasste. Unter ihnen: zwei „neu entdeckte" historische Dramen, Korrekturen anderer Stücke, ein Brief der Queen Elisabeth an Shakespeare sowie ein Brief und ein Liebesgedicht an Anne Hathaway, Shakespeares Frau. Ireland sagte, er habe all dies beim Aufräumen im Hause eines „Mr. H." gefunden, der lieber anonym bleiben wollte.

1795 organisierte Irlands Vater eine Ausstellung dieser Fundstücke, auf der die ganze Londoner Society zusammenkam.

DOSSIER
DER MYSTERIÖSE MR. H.

Vielleicht wollte sich William Henry von der unerwarteten, witzigen Seite zeigen, als er seine Entdeckungen in Zusammenhang mit „Mr. H." brachte. Jahrhundertelang stritten Experten, wer nun der Mann war, dem Shakespeare seine Sonette widmete.

Eines der vielen Fantasieporträts von Shakespeare.

James Boswell, der schottische Biograf von Dr. Johnson, fiel sogar auf die Knie und küsste die „Relikte". Experten wurden jedoch skeptisch und noch im gleichen Jahr war das Spiel aus: Die echte Unterschrift von John Heminge wurde entdeckt und sie sah gar nicht aus wie jene auf der Hypothekenurkunde.

Die Presse begann Ireland zu attackieren und verurteilte seine „Ekel erregenden und unanständigen Praktiken". William Henry adaptierte dennoch eines der „neuen" Stücke, die Tragödie *Vortigern*, die am 2. April 1796 am Dury-Lane-Theater uraufgeführt wurde. Nach einer einzigen Vorstellung wurde sie aber abgesetzt. Das Publikum buhte, weil die Handlung zu komplex und die Dialoge schwach waren.

Gleichzeitig wurde eine detaillierte Enthüllung von Irelands Fälschungen von

Lange Zeit täuschte John Payne Collier mit seinen Fälschungen die Shakespeare-Experten. Oft fügte er Shakespeares Namen den echten, historischen Dokumenten hinzu.

dem Shakespeare-Experten Edward Malone veröffentlicht. Später gab der Schuldige alles in *An Authentic Account of the Shakespearian Manuscripts* zu. Als der Lärm abgeklungen war, fand Ireland eine ehrliche Anstellung in einem Londoner Verlag. Er starb am 17. April 1835.

COLLIERS FÄLSCHUNGEN

Obwohl Irelands Taten belanglos scheinen mögen, begannen etwa 15 Jahre später andere, viel bedeutendere Shakespeare-Fälschungen aufzutauchen. Sie waren Arbeiten von John Payne Collier (1789–1883), einem Shakespeare-Forscher und Kritiker. Als Teenager hatte er eine 17.-Jahrhundert-Ausgabe von Shakespeares Stücken gekauft und wurde später zum Experten der englischen Mittelalterliteratur. 1831 kam seine *A History of English Dramatic Poetry to the Time of Shakespeare* heraus. Obwohl das Buch eine Fülle von gut dokumentierten Fakten enthielt, konnte Collier nicht widerstehen, frei erfundene Details hinzuzufügen. Eines davon war Shakespeares Name in einem angeblichen Ansuchen einer Theatertruppe um die Renovierung eines Theaters. Datiert war das Dokument sieben Jahre früher als die ältesten bekannten Quellen, in denen Shakespeare erwähnt war.

Das British Museum untersuchte den „Perkins"-Band und fand Bleistiftspuren unter der Tinte, mit der viele Änderungen vorgenommen worden waren.

Vier Jahre später veröffentlichte Collier *New Facts Regarding the Life of Shakespeare* mit vielen weiteren erlogenen Details. Hier publizierte er noch viel spektakulärere „Enthüllungen": einen Beweis, dass *Othello* für Queen Elizabeth 1602 aufgeführt wurde, sowie eine zeitgenössische Ballade, die Shakespeare die Inspiration für *Der Sturm* geliefert haben könnte. Danach pfuschte Collier an historischen Dokumenten herum, indem er Shakespeares Namen auf Briefe und Urkunden zauberte. Er gründete die Shakespeare Society, die diese und andere Funde veröffentlichte.

Collier brachte eine kommentierte Ausgabe jener Stücke heraus, von denen er behauptete, sie basierten auf Manuskriptergänzungen einer früheren Ausgabe, sowie *A Life of Shakespeare* (1844), das viele weitere Lügen enthielt. Colliers Arbeit wurde geachtet, doch es gab auch Experten, die zu zweifeln begannen. Joseph Hunter, ein Aufseher im britischen Staatsarchiv, war besonders kritisch und ein anderes Mitglied der Shakespeare Society war offen der Meinung, Collier sei ein Fälscher.

1852 kündigte Collier seinen bisher größten „Fund" an: einen alten Band mit tausenden Manuskriptänderungen. Interpunktion und Regieanweisungen wurden geändert, Zeilen ausgelassen oder umgeformt und sogar neun neue hinzugefügt. Hatte der Schauspieler, den Collier als Thomas

Perkins identifizierte, jene Änderungen auf Shakespeares Anweisung vorgenommen? Später behauptete Collier auch noch, er habe die lang verloren geglaubten Notizen des Dichters Samuel Taylor Coleridge (1772–1834) zu seinen Vorträgen über Shakespeare gefunden.

Für Colliers Kritiker war dies nun zu viel. 1859 untersuchte Sir Frederick Madden vom British Museum den Band sehr gründlich und fand Bleistiftspuren unter der Tinte, mit der viele Änderungen vorgenommen worden waren. Erst im September 1883, als er im Sterben lag, gestand Collier seine Betrügereien; er bereute „bitter und ehrlich“.

UNVERFRORENE FÄLSCHUNGEN

Es ist bemerkenswert, womit manche Fälscher davonzukommen glauben. Constantin Simonides (1820–1867) wurde auf der griechischen Insel Symi geboren und ging als junger Mann zum Studieren in ein Kloster am Heiligen Berg Athos. Dort gab es sehr viele alte Manuskripte und er lernte, exzellente Imitationen anzufertigen. Um 1845 ging er nach Athen; er führte eine große Zahl von Werken mit sich. Manche waren Kopien von Originalen, andere pure Fälschungen.

In Athen kündigte Simonides an, er habe völlig unbekannte Manuskripte von alten griechischen und byzantinischen Schriftstellern. Er behauptete sogar, er sei im Besitz eines Exemplars von Homer, dem Autor der *Ilias* und der *Odyssey*. Experten können sich nicht darauf einigen, wann und ob Homer überhaupt gelebt hat, doch wenn sich das Manuskript als echt herausgestellt hätte, wäre es mindestens 2.400 Jahre alt gewesen. Simonides verkaufte das Exemplar an den griechischen König.

DOSSIER
WAR COLLIER UNSCHULDIG?

In seinem Buch über Collier, *Fortune and Men's Eyes*, argumentiert Professor Dewey Ganzel, dass die Bleistiftspur, die im „Perkins“-Band gefunden wurde, von Sir Frederick Madden stammt und dass Collier unschuldig war. Er verglich einige Anmerkungen zum Text mit der Schrift von Madden in seinen Tagebüchern.

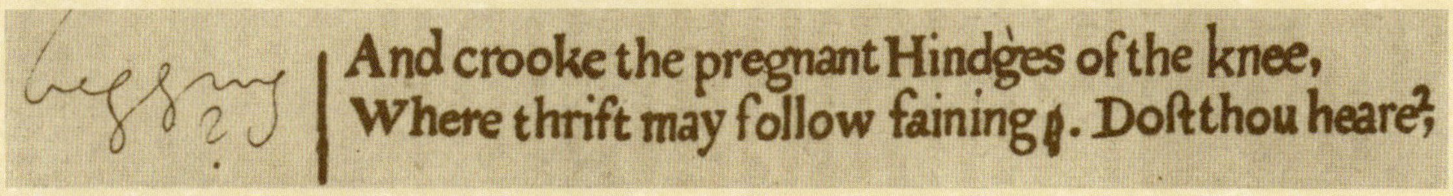

Das Wort „begging“ am Seitenrand des Perkins-Folio.

Das Wort „begging“ in Maddens Tagbuch von 1856.

Das Wort „God“ an zwei Stellen im Perkins-Folio.

„God“ in Maddens Tagebuch.

Gegenüber: Die letzten Minuten des britischen Dokumentenfälschers Dr. William Dodd (1729–1777), auf den das Schafott wartet. Als angesehenes Kirchenmitglied war Dodd elf Jahre lang einer der königlichen Kaplane. 1777 fälschte er einen Schuldschein über £ 4.200 auf den Namen eines Schülers, Lord Chesterfield, und wurde zum Tod verurteilt.

1849 bis 1850 veröffentliche er zwei völlig erfundene Bücher. Eines schrieb er einem „Eulyrus Pylareus" zu, das andere der fiktiven Schule von Symi. Zwei Gelehrte veröffentlichten prompt einen Artikel, in dem sie die Werke zu Fälschungen erklärten, und Simonides musste Griechenland verlassen.

RUINIERTER RUF

Simonides ging zunächst nach Deutschland und danach nach England, wo er seine Manuskripte unwissenden Gelehrten verkaufte. Während seines Aufenthalts in England veröffentlichte er das Buch *Facsimiles of Certain Portions of the Gospel of St. Matthew, and of the Epistles of SS. James and Jude*, die er auf einem „Papyrus aus dem ersten Jahrhundert" in einer Privatsammlung in Liverpool gefunden haben wollte. Aufgrund des ihm vorauseilenden Rufs wurde das Werk sofort in seiner Echtheit bezweifelt.

Ein weiteres Mal wurde Simonides gezwungen, weiterzuziehen. Er ging nach Alexandria, wo er bis zu seinem Tod 1867 Manuskripte an Touristen verkaufte.

FÄLSCHEN FÜR FRANKREICH

Ein naher Zeitgenosse von Simonides war noch unverschämter: der Franzose Denis Vrain-Lucas (1818–1888), Sohn eines Kleinbauers aus Châteaudun. Lucas ging nach Paris, nachdem er eine Zeit lang in einer Anwaltskanzlei gearbeitet hatte. Ein Händler, der mit seltenen Manuskripten handelte, stellte ihn an. Schnell lernte er das Kopieren. Als der Händler starb, erwarb Lucas einen Teil seines Bestandes und erkannte, dass er Kopien genauso einfach wie Originale verkaufen konnte.

Ungefähr zur gleichen Zeit wurde Michel Chasles (1793–1880) als neuer Bibliothekar an die Französische Akademie berufen. Der angesehene Wissenschaftler wollte die Bibliothekssammlung aufbauen. Wie es das Schicksal wollte, lernte er 1861 Lucas kennen. Dieser erkannte seine Chance und tischte ihm die Mär auf, dass er Dokumente besäße, die dem Nachkommen eines Grafen aus dem 18. Jahrhundert gehört hatten.

1867 kündigte Chasles an, er habe Briefe von dem französischen Mathematiker Blaise Pascal (1623–1662) an den Wissenschaftler Robert Boyle (1627–1691). Diese belegten, dass Pascal die Gesetze der Gravitation entdeckt hatte, und zwar 30 Jahre vor der Publikation von Sir Isaac Newton 1687. Einige Akademie-Mitglieder waren voller Freude bei dem Gedanken, dass das französische Genie den Engländer um eine Generation geschlagen hatte.

DOSSIER
„ICH HABE ES GEFÄLSCHT!"

Nachdem Simonides als Fälscher entlarvt worden war, machte er etwas Unverschämtes. 1844 entdeckte der evangelische Theologe Konstantin von Tischendorf im Katharinenkloster auf dem Berg Sinai ein Manuskript aus dem 4. Jahrhundert, das heute als *Codex Sinaiticus* bekannt ist. Es enthielt Teile der Bibel in Griechisch. Tischendorf veröffentlichte ein Faksimile, verriet aber nicht, wo sich das Original befand. Kurz danach behauptete Simonides, das Original sei eine seiner Fälschungen.

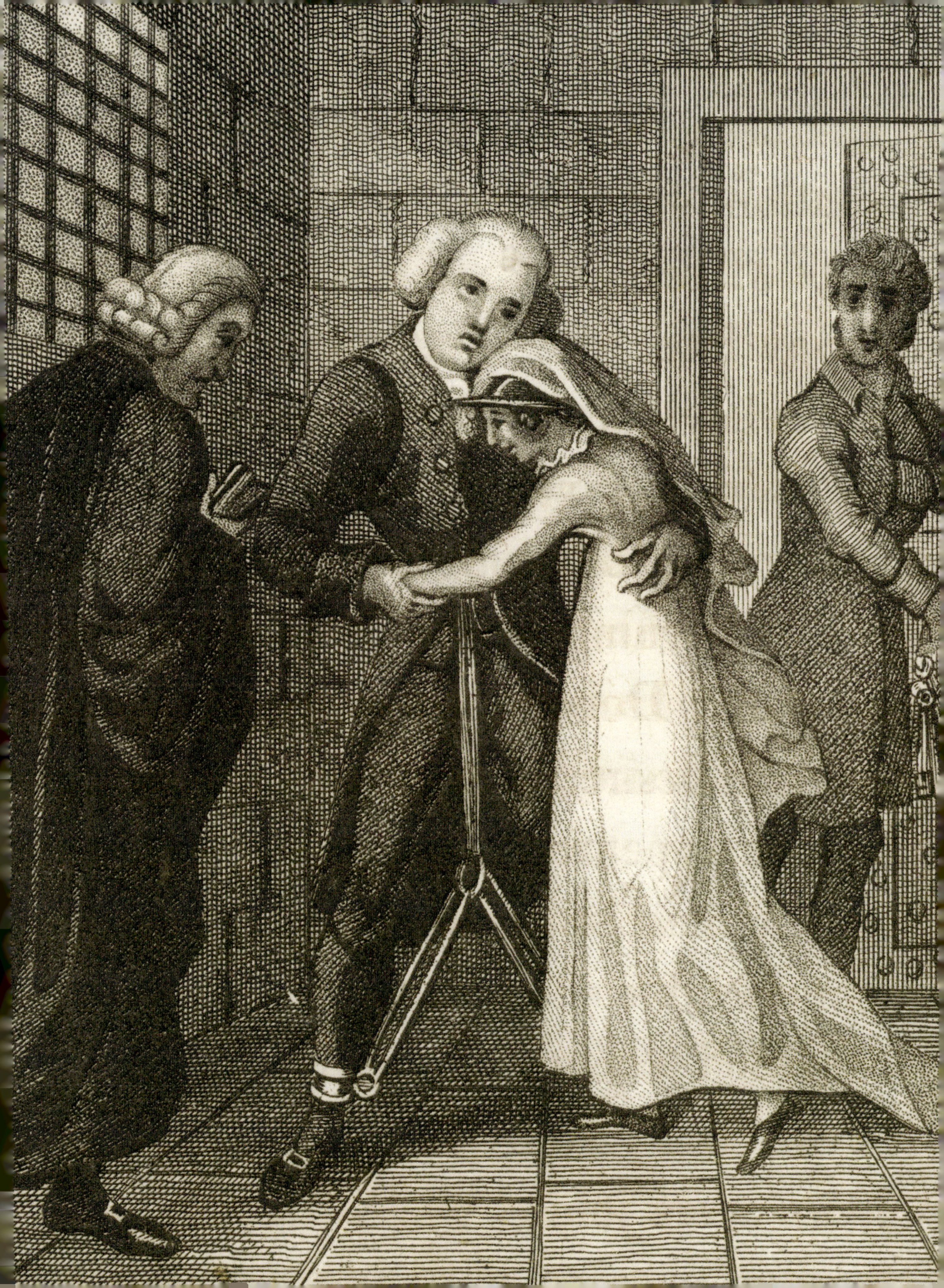

Eines von 27.320 historischen Dokumenten, die Denis Vrain-Lucas in Paris fälschte. Dies hier ist angeblich ein Brief des französischen Mathematikers Blaise Pascal an den italienischen Astronomen Galileo Galilei, doch im angegebenen Jahr 1633 wäre Pascal, hätte er ihn geschrieben, erst zehn Jahre alt gewesen.

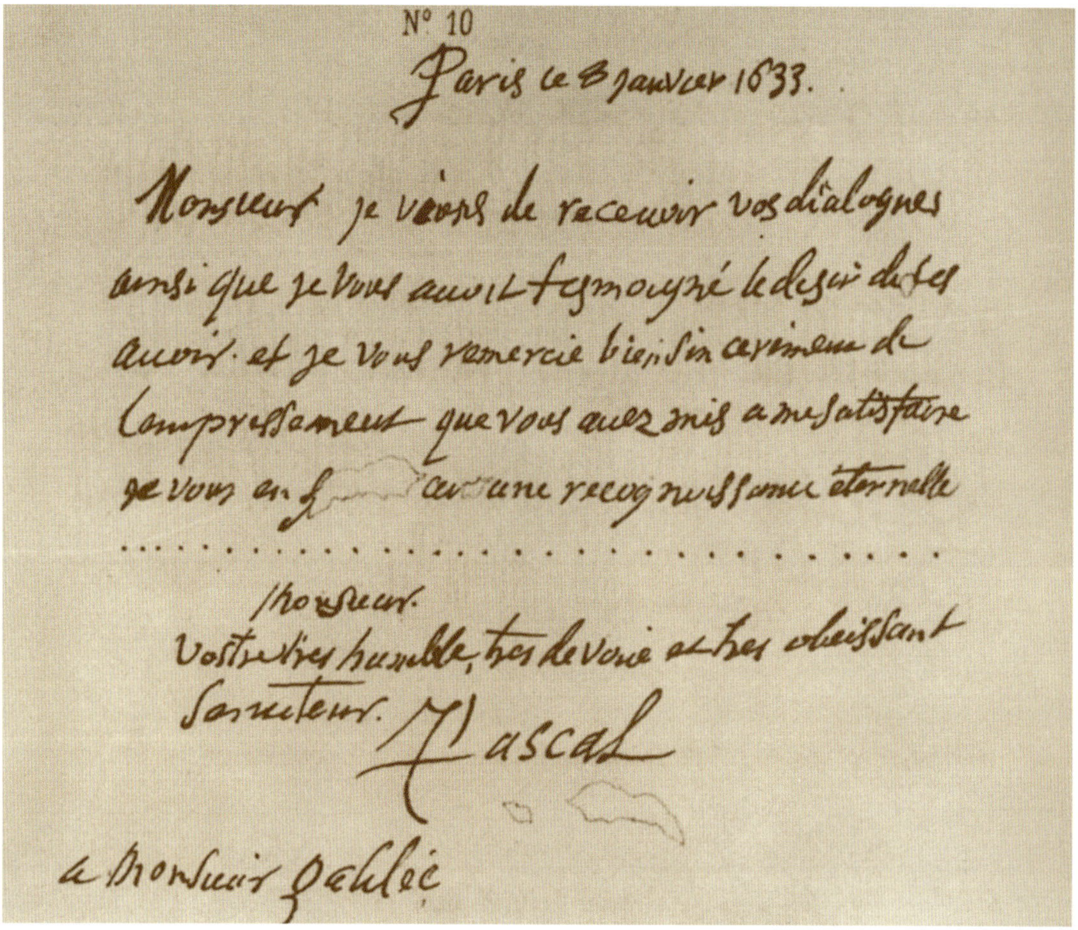

N° 10

Paris le 8 janvier 1633.

Monsieur je viens de recevoir vos dialogues ainsi que je vous avoit tesmoygné le desir de les avoir. et je vous remercie bien sincerement de l'empressement que vous avez mis a me satisfaire je vous en [illegible] eternelle reconnaissance

. . . .

Monsieur.

Vostre tres humble, tres devoué et tres obeissant Serviteur. Pascal

a Monsieur Galilée

Erfahrenere Wissenschaftler meinten jedoch, in den von Pascal bekannten Schreiben deute nichts darauf hin, dass er die dazu nötige Mathematik verstand. In England wurde der Anspruch natürlich energisch abgelehnt. Schließlich wurde im Text der Briefe eine ganze Reihe von Anomalien gefunden und Chasles gab zu, er habe sie immer schon als Fälschungen im Verdacht gehabt.

ALTE BRIEFFREUNDE

Lucas wurde in Paris im Februar 1870 der Prozess gemacht: Er wurde beschuldigt, 27.320 historische Dokumente verkauft zu haben. Es stellte sich heraus, dass Lucas eine ganze Reihe von gefälschten Schriften produziert hatte, unter anderem Briefe von Alexander dem Großen (356–323 v. Chr.) an Aristoteles, von Kleopatra an Julius Caesar und andere von Lazarus, Karl dem Großen und Galileo. Es gab sogar Briefe von Maria Magdalena: „Du wirst den Brief finden, von dem ich sprach, der mir von Jesus Christus vor Seiner Passion gesendet wurde." Faszinierend – bis auf den Umstand, dass all diese Briefe in Französisch geschrieben waren und auf einem Papier, das in Europa erst ab dem 14. Jahrhundert verwendet wurde. Lucas wurde zu zwei Jahren Haft verurteilt. Chasles gab an, er habe dem Fälscher an die 170.000 Francs für die Dokumente bezahlt, und behauptete, Lucas hätte ihm gesagt, dass die ältesten Originale im 8. Jahrhundert in der Abtei von Tours deponiert und später von François Rabelais (1494–1553) ins Französische übersetzt worden wären. Chasles wurde nicht des vorsätzlichen Betrugs angeklagt und starb, immer noch respektiert, zehn Jahre später.

GEFÄLSCHTE ERSTAUSGABEN

Bis weit ins 19. Jahrhundert kauften die Leute Bücher, auch seltene und alte, wegen ihres Inhalts und weniger wegen ihrer Seltenheit. Um 1870 herum hatte sich die Art, wie die Öffentlichkeit Bücher sah, geändert und langsam entwickelte sich das Interesse an Erstausgaben. Oft testete der Verleger mit einer kleinen Erstauflage den Markt, daher wurden sie schnell rar. Heute kann

DOSSIER DE LUNA BYRON

Major George Gordon de Luna Byron (gestorben 1882) behauptete, der uneheliche Sohn des Dichters Lord Byron (1788–1824) und einer spanischen Gräfin zu sein. Er diente in der britischen Armee in Indien, doch ab 1841 war er Bauer in Pennsylvania. Er reiste nach London, wo er mehrere Briefe „seines Vaters“ erwarb und noch mehr kopierte.

De Luna kündigte an, er bereite eine Biografie von Byron in drei Bänden vor, doch 1849 verkaufte er viele der erwähnten Briefe zusammen mit einigen, die angeblich von Shelley und Keats stammten, und ging nach New York. Dort blieb er bei der Behauptung, Lord Byrons Sohn zu sein, und bemühte sich erfolglos um eine Veröffentlichung der Briefe.

1852 wurde in London ein Buch mit den Briefen von „Shelley“ veröffentlicht und de Luna wurde entlarvt. Ein Leser bemerkte, dass eine Textstelle eine fast genaue Kopie eines Artikels seines Vates war. De Luna verließ England, hörte jedoch nie auf, seine Abstammung zu betonen. Bis heute ist umstritten, welche von den Briefen echt und welche gefälscht waren.

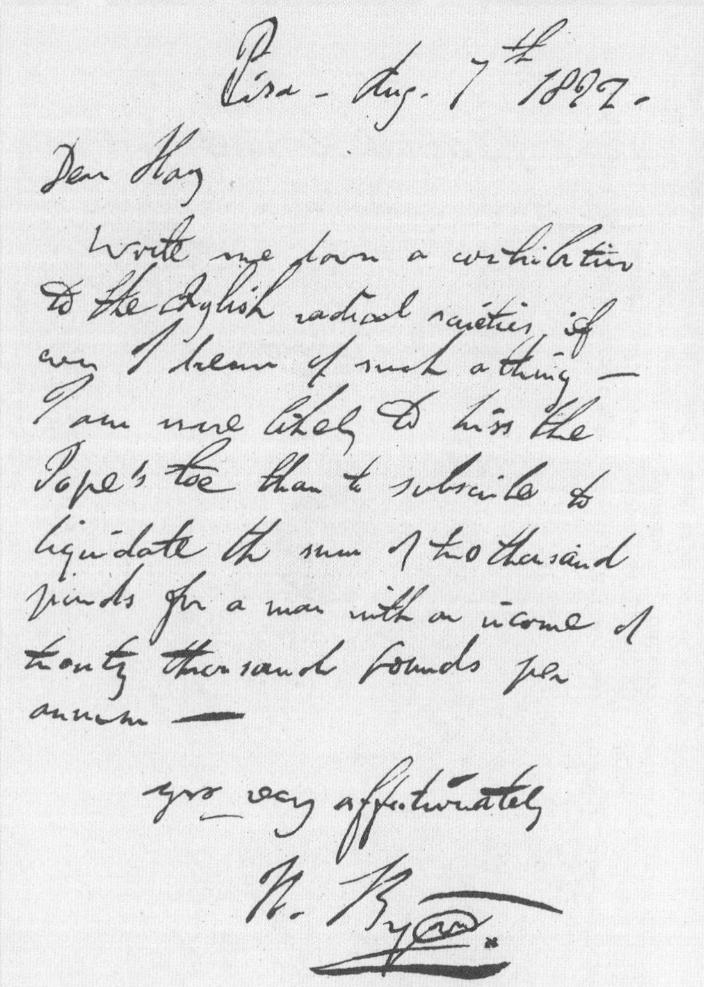

Pisa – Aug. 7th 1822.

Dear Hay

Write me down a contribution to the English radical societies, if ever I heard of such a thing — I am more likely to kiss the Pope's toe than to subscribe to liquidate the sum of two thousand pounds for a man with an income of twenty thousand pounds per annum —

yrs very affectionately

N. Byron

Einer der vielen Briefe, die angeblich von de Luna Byron gefälscht wurden. Er wurde 1822 in Pisa an einen gewissen Kapitän Hay geschrieben und weist den typischen Stil von Byron auf: „Ich würde lieber die Zehen des Papstes küssen, als zu unterschreiben … die Summe von zweitausend Pfund für einen Mann, der zwanzigtausend verdient …“

Eine moderne Erstausgabe: J. K. Rowlings ***Harry Potter and the Philosopher's Stone*** **erschien 1997. Nur fünf Jahre später, 2002, wurde eines dieser Bücher bei einer Auktion von Sotheby's um 10.575 Pfund (fast 20.000 Euro) verkauft.**

auch eine zeitgenössische Belletristik-Erstausgabe einen sehr hohen Preis bei einer Auktion erzielen. Ein Beispiel dafür ist Ian Flemings erster James-Bond-Roman, *Casino Royale*, veröffentlicht 1953.

Die frühesten Sammler von Erstausgaben hatten jedoch immer noch Interesse an deren literarischem Wert. Oft waren diese Sammler Mitglieder von Gesellschaften, die sich der Arbeit eines einzelnen Schriftstellers verschrieben hatten, und die Organisationen veröffentlichten oft Reproduktionen von früheren Ausgaben. Eine solche Gruppe beschäftigte sich mit den Werken von Percy Bysshe Shelley (1792–1822); um 1886 übergab man die Verantwortung für ihre Reproduktionen an Thomas James Wise (1859–1937).

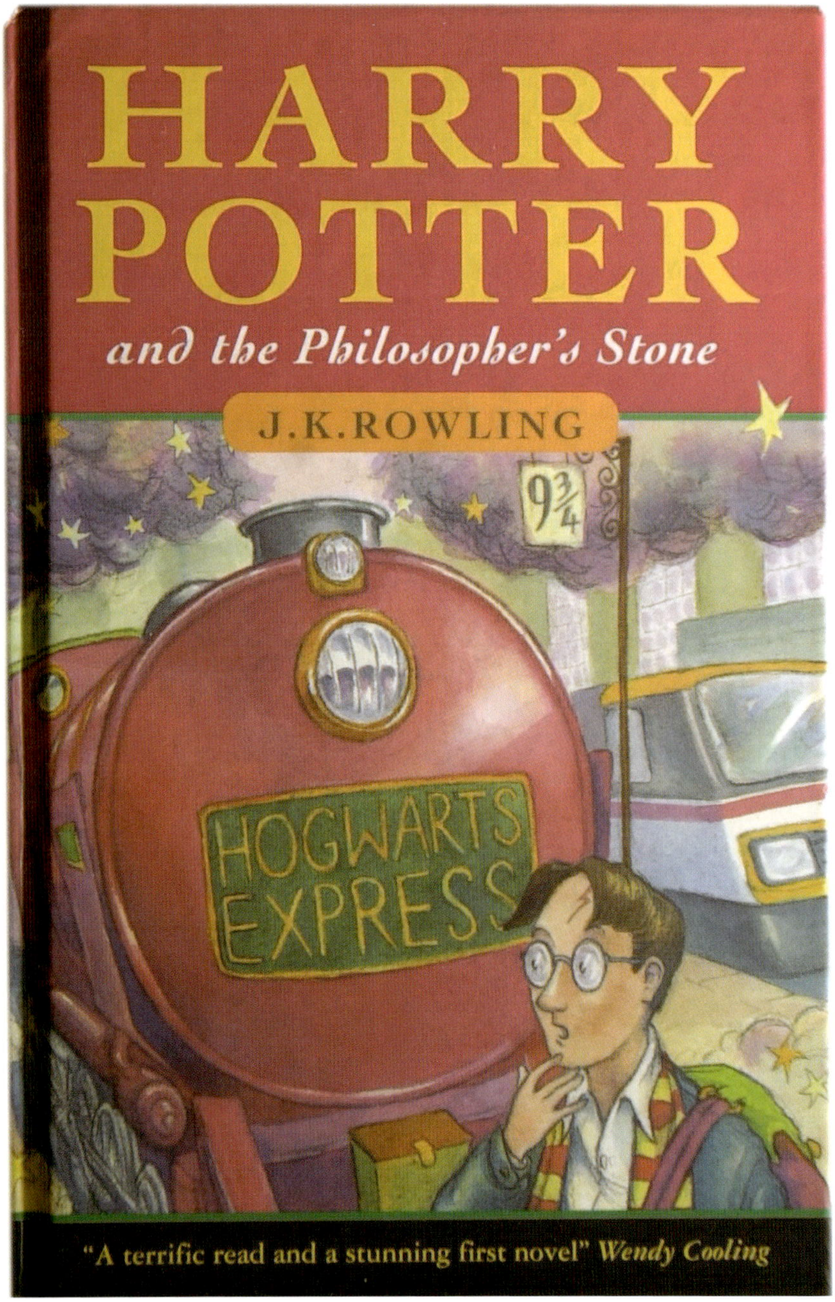

Die Druckerei, die Wise für die Arbeit engagierte, war Richard Clay & Sons aus Bungay in Suffolk. Am Anfang waren Wises Methoden simpel. Zusätzlich zu den Faksimiles der Shelley-Gesellschaft ließ er sich weitere Exemplare auf hochwertigerem Papier anfertigen, die er selbst profitabel verkaufte. Dann wies er die ahnungslose Druckerei an, ein früheres Datum der Veröffentlichung auf die Titelseite zu setzen. Was er eigentlich machte, war das Fälschen von „Erstausgaben", die nie existiert hatten. Allein 1887 druckte Wise 33 Shelley-Bücher und Pamphlete, darunter einen Gedichtband, der angeblich von einer amerikanischen Literaturgesellschaft veröffentlicht worden war, die nie existiert hat.

Niemand schöpfte Verdacht und Wise gelangte schnell zu einem Ruf als Antiquitätensammler, auf dessen Konto viele aufregende „Entdeckungen" gingen. Bald bekam er auch einen Komplizen namens H. Buxton Forman (1842–1917). Als erfahrener Feuilletonredakteur fungierte dieser als wertvoller Berater von Wise und fälschte selbst eine Reihe von Tennysons Poesiebänden. Die beiden Männer produzierten eine breite Palette an Erstausgaben, unter anderem von George Eliot, Elizabeth und Robert Browning sowie Swinburne und Ruskin.

Bereits im April 1888 schrieb Swinburne an Wise, er kenne das Heftchen *Kleopatra* aus dem Jahre 1866 nicht, welches Wise ihm gezeigt hatte. Da dieses ja eine Fälschung war, war seine Unkenntnis nicht weiter verwunderlich, doch Wise behielt die Nachricht für sich und Swinburne hatte keinen Grund, ihn zu verdächtigen.

Die zwei unverbesserlichen Fälscher von Erstausgaben aus dem 19. Jahrhundert: H. Buxton Forman (links) und Thomas J. Wise

Forman und Wise arbeiteten zwölf Jahre lang zusammen. 1890 fälschten sie William Morris' *The Two Sides of the River* aus dem falschen Jahr 1876. Sechs Jahre später gaben sie Tennysons *The Last Tournament* aus dem Jahr 1871 heraus. Ihre letzte bekannte Zusammenarbeit war der Druck von Rudyard Kiplings *The White Man's Burden*, das sie von der Serienpublikation in der London Times abgeschrieben hatten.

Wise war dabei, in seinem Haus eine große Sammlung antiquarischer Bücher aufzubauen, die Ashley Library. Er kaufte, verkaufte und fand Sammler (meistens in den USA) durch seinen Händler Herbert Gorfin. Sein Ruf schien unangreifbar. 1934, als Wise nur noch drei Jahre zu leben hatte, schöpften zwei Buchhändler, John Carter und Graham Pollard, Verdacht. Beim Blättern in Verkaufskatalogen entdeckten sie, dass „sehr seltene" Arbeiten auffällig oft im Laufe der 1920er auftauchten.

DIE CARTER-POLLARD-ERMITTLUNGEN

Die zwei Buchhändler beschlossen, sich auf ein einziges Heftchen zu konzentrieren. Es waren die gesammelten 43 Sonette von Elizabeth Barrett Browning, der Frau von Robert Browning. Die Entstehungsgeschichte des Bändchens war eine charmante Fiktion. Ihrzufolge hatte Elisabeth eines Morgens heimlich einige Blätter Papier in die Tasche ihres Gatten gesteckt. Dieser entdeckte die ihm gewidmeten Liebesgedichte und ließ sie privat drucken. Sie wurden erst 1850 zusammen mit anderen Arbeiten Elizabeths veröffentlicht, doch das Heftchen datierte aus dem Jahr 1847.

Carter und Pollard fanden schnell heraus, dass das Papier, auf dem die Gedichte gedruckt waren, Esparto enthielt, das erstmals 1861 verwendet wurde, sowie chemisches Faserholz, das erst 1874 aufkam. Dann entdeckten sie, dass die verwendete Drucktype „Clay's No. 3 Long Primer" von der Druckerei erst 1876 angekauft worden war. Als Carter und Pollard andere Bücher untersuchten, fanden sie heraus, dass der Text an manchen Stellen nicht mit den tatsächlichen Erstausgaben übereinstimmte und späteren Ausgaben entnommen worden war. Anscheinend hatte Forman achtlos Fehler begangen.

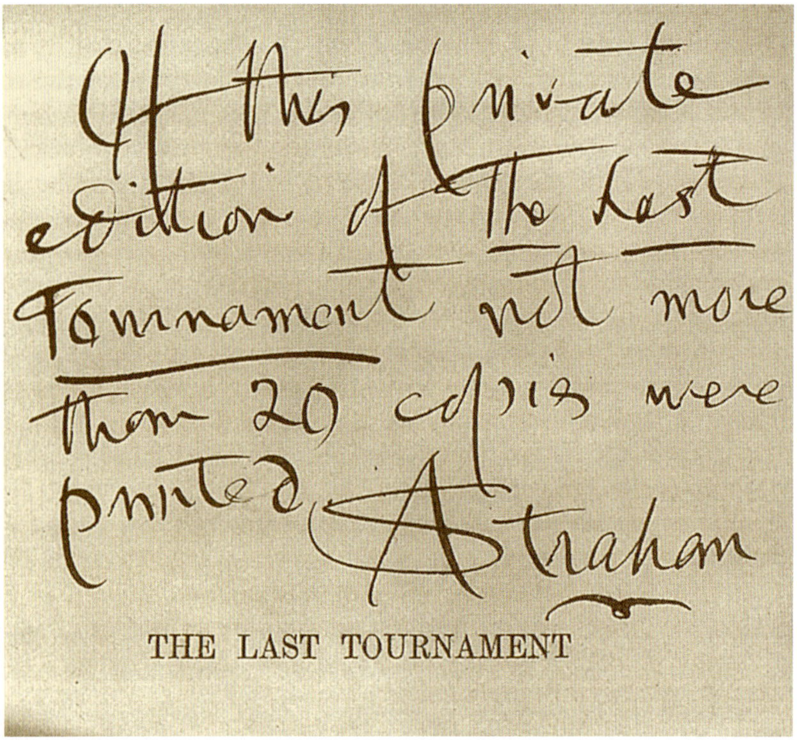

Die „Privatedition" von Tennysons *The Last Tournament* wurde von Forman und Wise 1896 gefälscht und auf 1871 datiert.

Carter und Pollard veröffentlichten ihre Erkenntnisse unter dem Titel *An Enquiry into the Nature of Certain Nineteenth Century Pamphlets* (1934). Sie waren vorsichtig genug, Wise nicht direkt zu beschuldigen, sie deuteten dies aber an. Dennoch wies zu dem Zeitpunkt nichts darauf hin, dass es in der Ashley Library selbst Fälschungen von Wise gäbe. Nach seinem Tod verkaufte Wises Frau die Library an das British Museum, das eine unangenehme Endeckung machte: Als respektablem Sammler hatte man Wise Zutritt zu den Museumsarchiven gewährt und fand nun heraus, dass er Seiten aus seltenen Bändern gestohlen hatte, um unvollständige Exemplare seiner eigenen Sammlung zu ergänzen.

DIE VINLAND-KARTE

Es wird immer noch gerätselt, wer die ersten Europäer waren, die nach Nordamerika kamen. In zwei isländischen Sagas wird überliefert, dass die Wikinger um das Jahr 1000 einen Küstenstrich erreichten, den sie Vinland nannten. Wissenschaftler stritten lange Zeit über dessen geografische Lage. 1965 veröffentlichte die Yale University ein Buch, das eine alte Karte auf Pergament beschrieb. Es wurde vermutet, dass die Karte von einem Mönch in Basel in den 1430ern gezeichnet worden war und dass sie eine Kopie einer älteren Karte war. Eine lateinische Inschrift gab kurze Auskunft über die Reise der Wikinger.

Die Karte zeigte relativ detailliert den europäischen Kontinent, Nordafrika, Asien und den Fernen Osten, ebenso Island und

DOSSIER
PRÄSIDENTEN-UNTERSCHRIFT

Es wird angenommen, dass die Unterschrift von Abraham Lincoln die am meisten gefälschte von allen ist, obwohl die von anderen Prominenten der amerikanischen Geschichte wie George Washington, Benjamin Franklin und Andrew Jackson nahe herankommen. Diese hier ist eine echte.

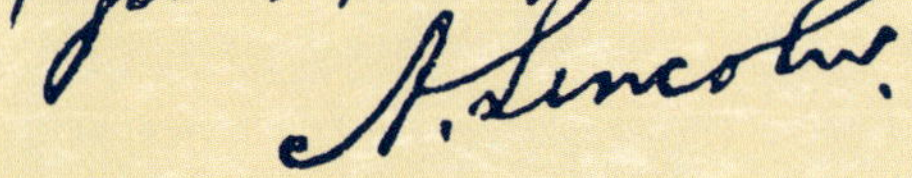

Grönland. Im Westen gab es die Insel Vinland, deren Ostküste von einer großen Bucht geprägt war sowie von einem Fluss, der aus einem See entsprang.

Augenblicklich erklärten Wissenschaftler die Karte für eine Fälschung aus jüngerer Zeit. Zugegebenermaßen war ihre Herkunft ziemlich verdächtig: Viel mehr, als dass ein Händler aus Connecticut sie von einem italienischen Buchverkäufer gekauft hatte, war nicht bekannt. Wäre sie echt, würde sie die Kenntnis der nordamerikanischen Küste mindestens ein halbes Jahrhundert vor John Cabots Reise 1497 und ein ganzes Jahrhundert vor der Reise von Giovanni da Verrazzano im Jahre 1524 und Jacques Cartier in den Jahren 1534–1542 belegen.

Um das Rätsel um die Karte zu lösen, veranstaltete das Smithsonian Institute 1966 eine Konferenz, doch jeder der anwesenden Experten vertrat eine andere Ansicht. In Yale beschloss man deshalb, die Karte von Walter McCrone untersuchen zu lassen, der als „weltweit führender Mikroanalyst" beschrieben wurde. Er fand heraus, dass sich unter der schwarzen Tinte eine gelbliche Pigmentierung befand, die das Dokument älter aussehen ließ. Die Analyse ergab ferner, dass diese Tinte Spuren von Anatas enthielt, einer Form von Titandioxid. Dieses

DOSSIER
FÄLSCHER VON US-DOKUMENTEN

ROBERT SPRING (1813–1876) wurde in England geboren. Als junger Mann eröffnete er einen Buchladen in Philadelphia und verkaufte bald hunderte Kopien gefälschter Briefe von George Washington. Er wurde 1869 wegen Fälscherei verurteilt.

JOSEPH COSEY (1887–Anfang der 1950er) wurde als Martin Conneely in Syracuse, New York, geboren. Nach mehreren Verurteilungen, für die er im Gefängnis St. Quentin in Kalifornien einsaß, begann er 1929, die Unterschrift von Franklin zu fälschen sowie außerdem die von John Adams, James Monroe, Patrick Henry, George Washington, Abraham Lincoln, Edgar Allan Poe, Mark Twain, Walt Whitman und vielen anderen. Seine gewagteste Fälschung war ein Entwurf der amerikanischen Unabhängigkeitserklärung in der Handschrift von Thomas Jefferson. Cosey wurde 1937 eingesperrt und saß ein Jahr im Gefängnis, doch bis zu seinem Tod fälschte er weiter.

HENRY WOODHOUSE (1884–1970) wurde als Mario Casalegno in Turin, Italien, geboren. 1905 wanderte er in die USA aus, wo er 1910 ein erfolgreiches Magazin, *Flying*, gründete. Als reicher Mann begann er in den 1920ern, seltene Dokumente zu sammeln, und später, sie zu fälschen. Obwohl jeder Experte seine Fälschungen von Lincolns Unterschrift sofort erkennt, konnte er viele unschuldige Sammler täuschen. Er wurde nie wegen krimineller Aktivitäten verurteilt.

CHARLES WEISBERG (gestorben 1945) soll einer der besten Lincoln-Fälscher gewesen sein. Er saß jedoch häufig im Gefängnis und starb auch in Haft in Lewisburg, Pennsylvania.

JOHN LAFLIN (geboren in Nebraska, gestorben 1970) war einer der produktivsten Dokumentenfälscher des 20. Jahrhunderts. Man weiß, dass er eine angeblich von Jose Enrique de la Peña verfasste „Persönliche Erzählung von Santa Ana" herstellte – dieses Dokument galt lange Zeit als ein seltener Bericht über die Schlacht um das Alamo. Erst in jüngster Zeit geriet auch ein anderer Bericht über das Alamo (1836), der „Isaac Millsaps"-Brief (im Besitz der University of Houston), in Verdacht, ebenfalls ein Werk Laflins zu sein. Seine Lincoln-Fälschungen sind unzählig. Einige davon wurden erstaunlicherweise auf Deutsch verfasst, dessen Lincoln gar nicht mächtig war. Man weiß nicht, ob Laflin je verurteilt wurde.

Ebenso wie viele angeblich von George Washington verfasste Briefe fälschte Robert Spring auch diesen Brief von Benjamin Franklin.

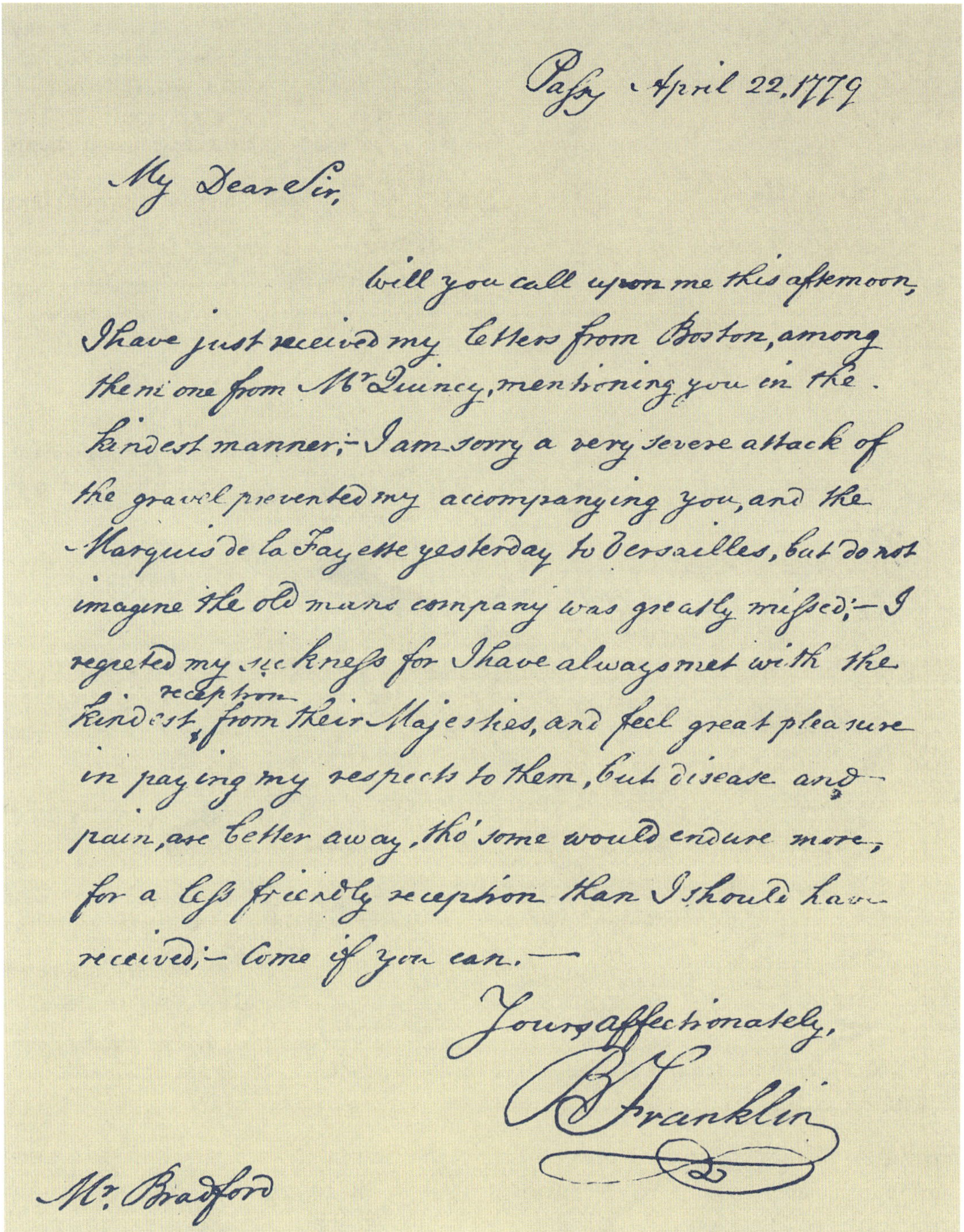

Passy April 22, 1779

My Dear Sir,

Will you call upon me this afternoon; I have just received my letters from Boston, among them one from Mr Quincy, mentioning you in the kindest manner;– I am sorry a very severe attack of the gravel prevented my accompanying you, and the Marquis de la Fayette yesterday to Versailles, but do not imagine the old mans company was greatly missed;– I regretted my sickness for I have always met with the kindest reception from their Majesties, and feel great pleasure in paying my respects to them, but disease and pain, are better away, tho' some would endure more, for a less friendly reception than I should have received;– Come if you can.–

Yours affectionately,

B Franklin

Mr Bradford

moderne Weißpigment wurde erstmals um 1920 von der Titanium Corporation of America produziert.

Yale akzeptierte die Ergebnisse und erklärte die Karte zur Fälschung. Der Streit war dennoch nicht zu Ende. 1986 wandten Physiker der University of California die so genannte Induzierte Röntgenemission (PIXE) an der Karte an und stellten fest, es gäbe keinen Grund, warum die Tinte nicht natürlich vorkommendes Anatas enthalten sollte. Diese Meinung vertritt auch ein Experte im Zentrum für Materialforschung des Smithsonian Institute.

2002 erschienen Berichte von weiteren Untersuchungen. In einem Beitrag im

Die Vinland-Karte. Ganz links könnte die nordamerikanische Ostküste mit dem St.-Lorenz-Strom, der im Ontariosee entspringt, und der Bucht von Long Island abgebildet sein. In der lateinischen Inschrift darüber wird kurz über die Fahrt der Wikinger berichtet.

Ist die Vinland-Karte echt, so belegt sie ein 500 Jahre älteres Wissen über die Ostküste Nordamerikas als das von John Cabot auf seiner Reise 1497 erworbene.

Magazin *Radiocarbon* war zu lesen, dass sich das Papier mittels $_{14}$C-Methode auf das Jahr 1434 zurückdatieren ließ. Gleichzeitig wiederholten britische Wissenschaftler in der *Analytical Chemistry* die Behauptung, die Tinten seien modern.

Dies ist der momentane Stand der Dinge. Man ist sich einig, dass ein cleverer Fälscher ein altes Stück Pergament verwenden würde, also dreht sich alles um die Zusammensetzung der Tinten. 1957 bezahlte der Multimillionär Paul Mellon schätzungsweise eine Million Dollar für den Band mit der Karte – heute wird er auf 25 Millionen Dollar geschätzt. Wird sich die Frage jemals ohne Zweifel klären lassen, ob die Karte nun authentisch oder gefälscht ist?

JACK THE RIPPERS TAGEBUCH

Im Herbst 1888 befand sich das Londoner East End vier Monate lang beinahe in einem Panikzustand: Ein Frauenmörder durchstreifte die nächtlichen Straßen. Zwischen August und November wurden fünf Prostituierte ermordet und brutal verstümmelt. Ein mit roter Tinte geschriebener Brief an die Polizei, angeblich vom Mörder, identifizierte den Mann als „Jack the Ripper". Danach gab es keine weiteren

Verbrechen, kein Mann erwies sich als „Jack“ und der Fall blieb ungelöst. Über ein Jahrhundert lang schlugen die „Ripperologen“ mehrere möglich Täter vor, darunter den Enkel von Queen Victoria, den Duke of Clarence, sowie den Maler Walter Sickert (1860–1942).

Michael Barrett, ein kleiner Altwarenhändler aus Liverpool, verkündete 1991, er besäße ein 63 Seiten langes viktorianisches Tagebuch, das endlich den Fall lösen und die Erklärung liefern würde, warum die Morde so abrupt aufhörten. Barrett behauptete, ein bereits verstorbener Freund hätte ihm das Buch gegeben.

Signifikanterweise stand die Entdeckung mit einem anderen Mordfall aus viktorianischer Zeit in Zusammenhang. Am 11. Mai 1889 starb James Maybrick, ein Baumwollhändler aus Liverpool, der Geschäfte mit Amerikanern machte, nach wochenlangen Qualen. Seine aus Amerika stammende Frau Florence, 23 Jahre jünger als er, wurde des Mordes durch Vergiftung mit Arsen für schuldig befunden und kam ins Gefängnis. Sie beharrte auf ihrer Unschuld und wurde nach 15 Jahren freigelassen. Florence Maybrick starb 1941 in den Vereinigten Staaten.

Es war bekannt, dass Maybrick regelmäßig Arsen als Aphrodisiakum zu sich nahm, und 1887 entdeckte Florence, dass ihr Mann eine Geliebte hatte. Sie fand Trost in den Armen von dessen Freund Alfred Brierley und die Affäre kam im März 1889 ans Tageslicht. Die Anklage gegen Florence basierte auf der Tatsache, dass sie danach ein Dutzend Arsen-Fliegenfänger gekauft hatte und dass man bei ihr ein Päckchen

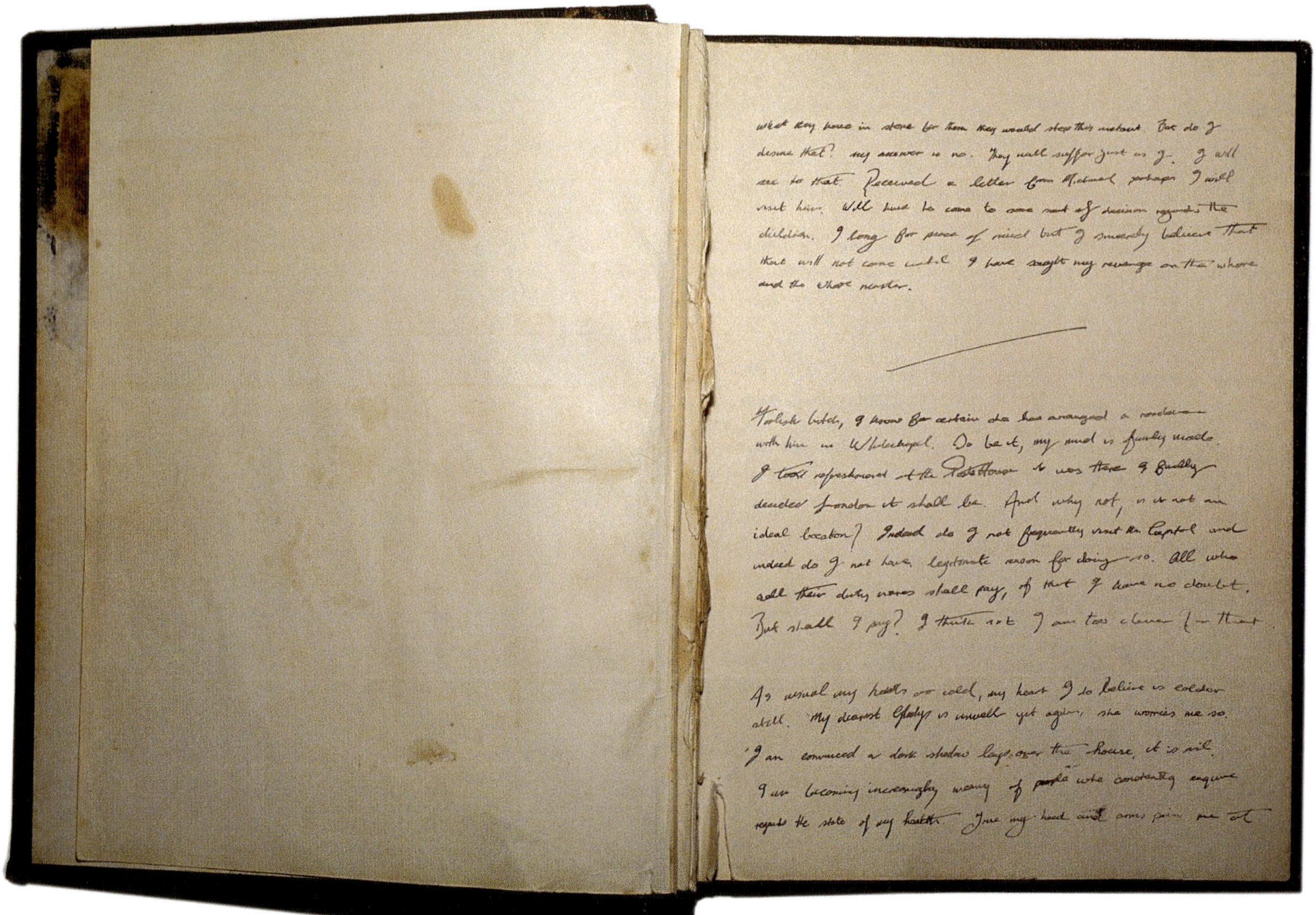
what they have in store for them they would stop this instant. But do I desire that? my answer is no. They will suffer just as I. I will see to that. Received a letter from Michael perhaps I will visit him. Will have to come to some sort of decision regards the children. I long for peace of mind but I sincerely believe that that will not come until I have sought my revenge on the whore and the whore master.

Foolish bitch, I know for certain she has arranged a rendezvous with him in Whitechapel. So be it, my mind is firmly made. I took refreshment at the Poste House it was there I finally decided London it shall be. And why not, is it not an ideal location? Indeed do I not frequently visit the Capital and indeed do I not have legitimate reason for doing so. All who sell their dirty wares shall pay, of that I have no doubt. But shall I pay? I think not I am too clever for that.

As usual my hands are cold, my heart I do believe is colder still. My dearest Gladys is unwell yet again, she worries me so. I am convinced a dark shadow lays over the house, it is evil. I am becoming increasingly weary of people who constantly enquire regards the state of my health. True my head and arms pain me at

Eine Seite aus dem jüngst „entdeckten“ Tagebuch von James Maybrick, in dem er sich selbst als den berüchtigten „Jack the Ripper“ entlarvt, der 1888 die Morde in London beging. Der Mörder wurde nie offiziell identifiziert. Die meisten Experten halten dies für eine Fälschung.

James Maybrick, ein reicher Baumwollhändler, der angeblich die „Jack the Ripper"-Morde im London des 19. Jahrhunderts begangen hat. Das Tagebuch, in dem er die Verbrechen gesteht, wurde 1993 veröffentlicht und erwies sich später als Fälschung.

mit der Aufschrift „Arsen: Katzengift" gefunden hatte.

Verblüffenderweise stand in dem Tagebuch, James Maybrick sei der „Ripper" gewesen. Er hätte seiner Wut wegen der Untreue seiner Frau freien Lauf gelassen, indem er auf seinen Londonreisen Prostituierte ermordete. Maybricks Tod im Mai 1889 würde erklären, warum die Morde aufgehört hatten, und es wurde sogar vermutet, er hätte Florence gebeten, ihn zu vergiften.

Das Tagebuch von Jack the Ripper mit einem begleitenden Text von Shirley Harrison wurde 1993 veröffentlicht. In der Einleitung wird vom Herausgeber erläutert, welche Maßnahmen getroffen wurden, um die Authentizität des Tagebuchs zu prüfen: unter anderem eine Einschätzung von Dr.

David Forshaw von der psychiatrischen Anstalt Maudsley in London und eine Analyse der Tinte von Dr. Nicholas Easthaugh. Ersterer kam zum Schluss, dass der Inhalt des Tagebuchs auf das Innenleben eines psychotischen Serienkillers hindeutet, und Dr. Easthaugh meinte nur, es gäbe keine Anzeichen dafür, dass die Materialien modernen Ursprungs wären.

James Maybrick machte in seinem Tagebuch das verblüffende Geständnis, er sei der „Ripper" gewesen und hätte aus Schmerz über die Untreue seiner Frau auf seinen Londonreisen brutal Prostituierte ermordet.

Unter den vielen Ripperologen hatte jeder seine eigene Vorstellung von der Identität des Rippers und man konnte zu keinem Konsens gelangen. Es wurde angedeutet, dass nur die Polizei und der Mörder selbst bestimmte Fakten aus dem Tagebuch gekannt hätten, doch da sie 1987 öffentlich gemacht wurden, waren sie kein Geheimnis mehr. Die größten Zweifel kamen aufgrund der Grammatik- und Rechtschreibfehler auf sowie wegen der Tatsache, dass die Handschrift nicht der Zeit entsprach. Sie ähnelte auch nicht jener in Maybricks Heiratsurkunde und Testament. Der Herausgeber lehnte das letzte Argument ab, indem er behauptete, das Testament müsste gefälscht worden sein.

Vor der Veröffentlichung in den USA wurde das Tagebuch zwei Handschriftenexperten vorgelegt. Eine von ihnen war Maureen Casey Owens, die 25 Jahre lang forensische Dokumentenexpertin der Polizei in Chicago gewesen war. Sie meinte, es handle sich um eine Fälschung.

1994 gestand Michael Barrett, das Tagebuch gefälscht zu haben. Er habe das alte Notizbuch auf einem privaten Flohmarkt und die Tinten in einem Künstlerbedarf gekauft. Später nahm er sein Geständnis zurück, was für noch mehr Verwirrung sorgte.

Untersuchungen enthüllten die Möglichkeit, dass die verwendete Tinte eine „Diamine black manuscript ink" war, die kleine Mengen von Chloracetamid als Konservierungsmittel enthält. Spätere Untersuchungsberichte sind widersprüchlich, doch ein Labor lieferte sechs positive Befunde für jene Chemikalie. Um die Verwirrung zu vervollständigen: Ein amerikanischer Experte, der behauptete, er könne das Alter der Tinte feststellen, lieferte das Jahr 1921, plus/minus zwölf Jahre. Wenn diese Angaben stimmen, wäre das Tagebuch tatsächlich eine Fälschung, doch nicht von Barrett. Ansonsten deuten die Handschrift und die chemischen Analysen auf ihn hin.

DAS PRÜFEN VON DOKUMENTEN

Es gibt viele Arten von kopierten oder gefälschten Dokumenten, also müssen deren Prüfer große Erfahrung auf dem Gebiet der Herstellung haben. Wenn die Authentizität vor Gericht infrage gestellt wird, muss ein Prüfer die Anforderungen erfüllen, die an jeden forensischen Experten gestellt werden. Selten genügt es, einen einzigen Punkt der Ähnlichkeit oder der Differenz zwischen dem suspekten Dokument und dem Original auszumachen. Viele Aspekte müssen verglichen werden, damit ein Fall eindeutig wird.

Wie bei Kunstfälschungen gelten auch hier zwei Kriterien: Herkunft und Stil. Um Ersteres zu umgehen, behaupten viele Fälscher, ein Dokument zwischen anderen alten Papieren gefunden zu haben. Die Verifikation der Geschichte des Stücks, die aufzeigen soll, wem es gehörte und von wem es ursprünglich kam etc., ist bestenfalls zweifelhaft. Dann kommt die Analyse des Ausdrucks des vermutlichen Autors, doch das

Wichtigste ist die Materialanalyse unter Verwendung der Verfahren, die im vorigen Kapitel beschrieben wurden.

Ein Dokument kann händisch, meistens mit Tinte, aber manchmal auch mit Bleistift geschrieben sein, und zwar entweder auf Pergament, Velin oder Papier. Wenn es angeblich alt oder aus einem bestimmten Jahr ist, muss die Tine untersucht werden. Manchmal reicht hier eine Analyse mittels Mikroskop, doch meistens muss man eine Probe der Tinte abkratzen, um sie mittels Spektrografie, Karbonmethode oder Neutronenaktivierung untersuchen zu können.

FRÜHE TINTEN

Die ältesten Tinten wurden aus Karbon in Form von mit Gummi und Wasser gemischtem Ruß hergestellt. Da Karbon weder mit der Zeit verblasst noch von Chemikalien gebleicht werden kann, bleibt es jahrhundertelang schwarz. Dennoch bleibt es nur auf der Oberfläche des Materials und kann durch un- und absichtliches Kratzen entfernt werden.

Im 2. Jahrhundert n. Chr. wurde eine neue Art von Tinte entwickelt, die man bis ins späte 19. Jahrhundert verwendete. Bei ihrer Herstellung mischte man Gallapfelextrakt mit einer Lösung von Ferrosulfaten. Sie war leicht ätzend und „biss“ sich buchstäblich ins Pergament, was das Abkratzen schwierig machte. Andererseits wurde sie mit der Zeit rostbraun, da das Eisen und die Tinte oxidierten. Um dem entgegenzuwirken, fügte man Farbstoffe wie Indigo hinzu.

Detail eines illuminierten Psalms auf Velin aus dem ehemaligen Kloster Suben in Österreich, der aus der Zeit um 1200 n. Chr. stammt.

DIE TINTE IN IHREM KULI

Synthetische Anilinfarben wurden 1856 entwickelt und bald wurden sie als Tinten verwendet. Heute bestehen die meisten Tinten aus synthetischen Substanzen. Jene, die man in Kugelschreibern findet, sind dickflüssig, während man für Filzstifte Tinte auf Mineralölbasis nimmt.

GRIFFEL, KIEL, SCHREIBFEDER?

Neben der Analyse der Tinte muss der Experte feststellen, welches Schreibgerät verwendet wurde. Im Altertum verwendete man Griffel, Schreibpinsel oder Rohrfedern. Bis ins späte 18. Jahrhundert arbeiteten die Schriftsteller hauptsächlich mit Federkielen. Ursprünglich hatten diese eine breite, meißelähnliche Kante, erst später verlieh man ihnen eine spitze Form. Schreibfedern aus Stahl tauchten 1780 auf, waren aber in den nächsten 50 Jahren nur wenig verbreitet. Danach kamen Schreibfedern aus Gold, Füllfedern und andere. Mittels Mikroskop kann oft der verwendete Federtyp enthüllt werden, der oft jüngeren Datums als das angebliche Datum des Dokuments ist.

Echte Dokumente aus vergangenen Zeiten sind Unikate und daher extrem wertvoll. Leider haben die Prüfer manchmal keine Wahl und müssen sie ein wenig zerstören, um Proben zu entnehmen, denn mittels Radiokarbonmethode lassen sich die Eigenschaften von Pergament und Velin testen.

Die Art der Feder zu bestimmen, mit der ein Dokument geschrieben wurde, kann sich bei der Aufdeckung einer Fälschung als wertvoll erweisen. Moderne Füllfedern und andere mit Metallspitze kratzen mehr als die Federkiele früherer Zeiten, was unter dem Mikroskop sichtbar wird.

Es gibt Möglichkeiten, festzustellen, ob die verwendete Tinte auch wirklich alt ist. Tinte hinterlässt auf Qualitätspapier scharfe Ränder.

Manchmal liefert auch das UV-Licht genügend Beweise dafür, dass ein Stück Papier zu neu ist, um als antik durchzugehen, wie im Fall von der „Hitler-Tagebücher“ (siehe Seite 126–128). Wenn eine Vielfalt an Exemplaren zur Verfügung steht, wie im Falle der Carter-Pollard-Ermittlungen beim Wise-Heftchen (siehe Seite 107), ist die partielle Zerstörung eines Exemplars gerechtfertigt, um weitere Betrugsfälle aufdecken zu können.

Es gibt Möglichkeiten, festzustellen, ob die verwendete Tinte auch wirklich alt ist. Jene auf Qualitätspapier wirkt scharf, doch wenn das Papier erst bearbeitet werden musste, damit es alt aussieht, wird es saugfähig und egal welche Art von Tinte breitet sich leicht aus und sieht unter dem Mikroskop unscharf aus. Experten prüfen auch, ob und womit die überschüssige Tinte aufgesaugt wurde. Vor der Einführung des Löschpapiers verwendete man hierzu feinen Sand und von diesem sollten sich winzige Partikel nachweisen lassen. Auf die Verwendung von Löschpapier deutet ein sukzessiver Tintenschwund von einem Ende des Dokuments zum anderen hin, da die frischeste Tinte leichter absorbiert wird als jene, die zu trocknen begonnen hat. Die frischere Tine kann bei der Verwendung von Löschpapier auch leicht verwischt sein.

DOSSIER

NIE FALLEN ZWEI IDENTISCH AUS

Eine Untersuchung der Handschrift auf einem Dokument kann viele Hinweise liefern. Wie John Payne Collier verwenden viele Fälscher eine leichte Bleistiftkontur, die sie mit einem anderen Stift nachziehen, besonders wenn sie Unterschriften kopieren. Diese Spur wird selten komplett ausradiert und eine mikroskopische Untersuchung kann darüber Aufschluss geben. Andere Fälscher verwenden hierzu einen Leuchttisch. In diesem Fall wird leichtes Zögern der Stiftbewegung ersichtlich. Dennoch ist das sicherste Charakteristikum einer gefälschten Unterschrift, dass sie haargenau wie das Original aussieht. Ein exaktes Duplikat ist ein todsicherer Beweis, da zwei Unterschriften von ein und derselben Person nie identisch sind.

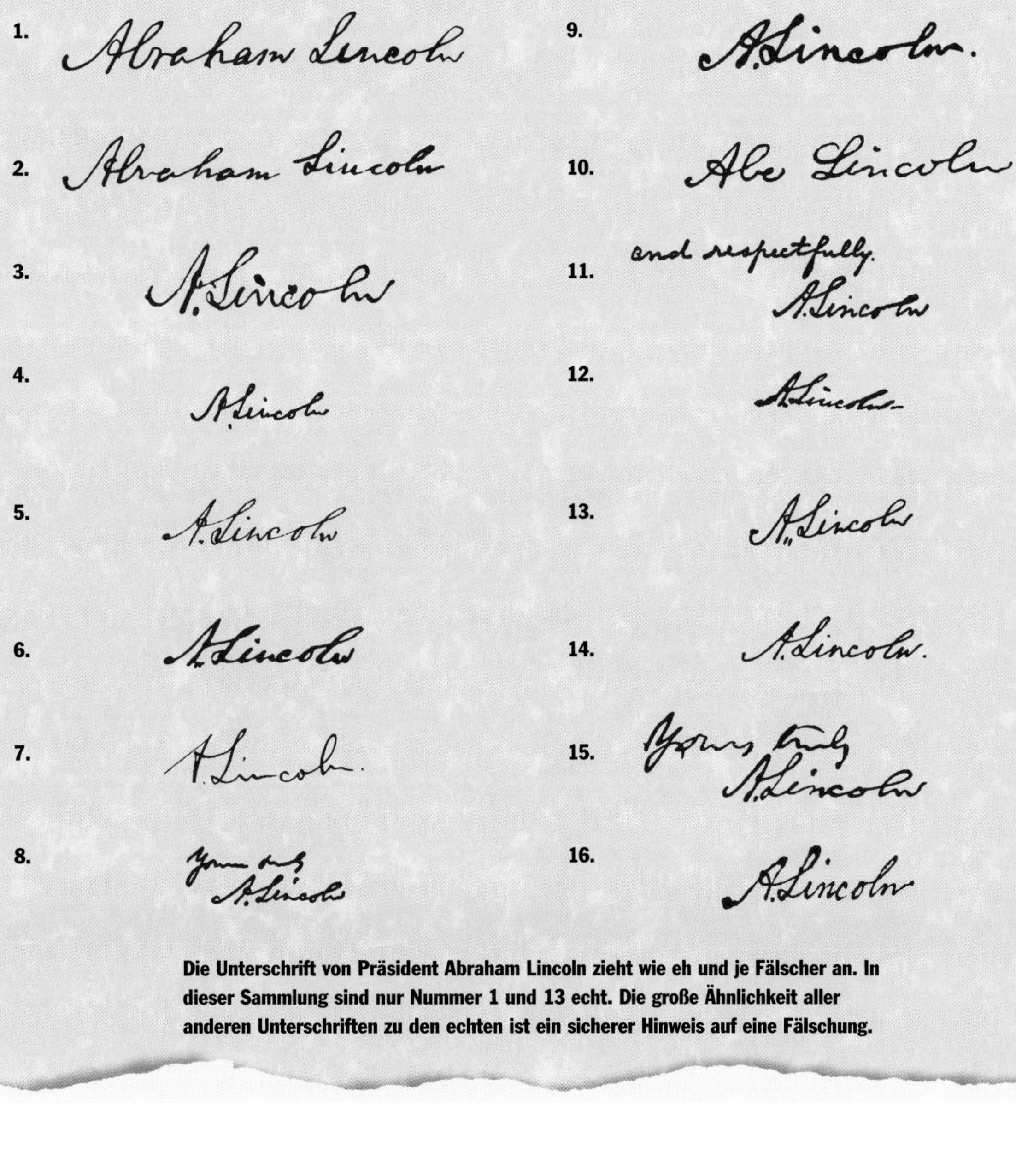

Die Unterschrift von Präsident Abraham Lincoln zieht wie eh und je Fälscher an. In dieser Sammlung sind nur Nummer 1 und 13 echt. Die große Ähnlichkeit aller anderen Unterschriften zu den echten ist ein sicherer Hinweis auf eine Fälschung.

Bei einer handgeschriebenen Fälschung, reicht es generell, das Dokument von einem Handschriftexperten untersuchen zu lassen, der die winzigsten Unterschiede in der Buchstabenstruktur in dem fraglichen und dem echten Dokument feststellen kann. Wenn es einen Verdächtigen gibt, können diese Charakteristika für gewöhnlich auch durch die Analyse seiner normalen Handschrift ermittelt werden. Dennoch: Im Fall von Clifford Irving (siehe Seite 121), der eine Reihe von Briefen und einen Vertrag fälschte, um sich das Recht zu sichern, die Biografie des Milliardärs Howard Hughes verfassen zu könnnen, wurden zwei Expertengruppen in die Irre geführt. Sie bestätigten, dass Irvings Schriftzug echt war.

ERFORDERLICHE MASSNAHMEN

Wenn ein Verdächtiger im Zusammenhang mit einer handschriftlichen Fälschung vernommen wird, ist es wichtig, auch Proben seiner eigenen Handschrift mit einzubeziehen. Dies gilt vor Gericht nicht als Selbstbeschuldigung, die der Angeklagte verweigern könnte.

Einige Polizeiabteilungen verwenden eigene Formulare für diesen Zweck, mit Zeilen für den Namen des Verdächtigen, seiner Adresse, seinem Geburtsdatum sowie seiner eigenen Unterschrift. Es wird auch eine Reihe von Vor- und Nachnamen geschrieben, da sie viele Groß- und Kleinbuchstaben und typische Buchstabenkombinationen enthalten. Auf der Rückseite des Formulars gibt es noch bestimmte Adressen und Zahlen, die der Verdächtige kopieren muss. Schließlich wird auch ein Diktat geschrieben. Dies ist erforderlich, um die Charakteristika seiner Schreibweise sowie der Interpunktion, der Verwendung der Seitenränder, den Abstand zwischen den Worten und die Art, wie individuelle Zeilen geschrieben werden, zu verdeutlichen.

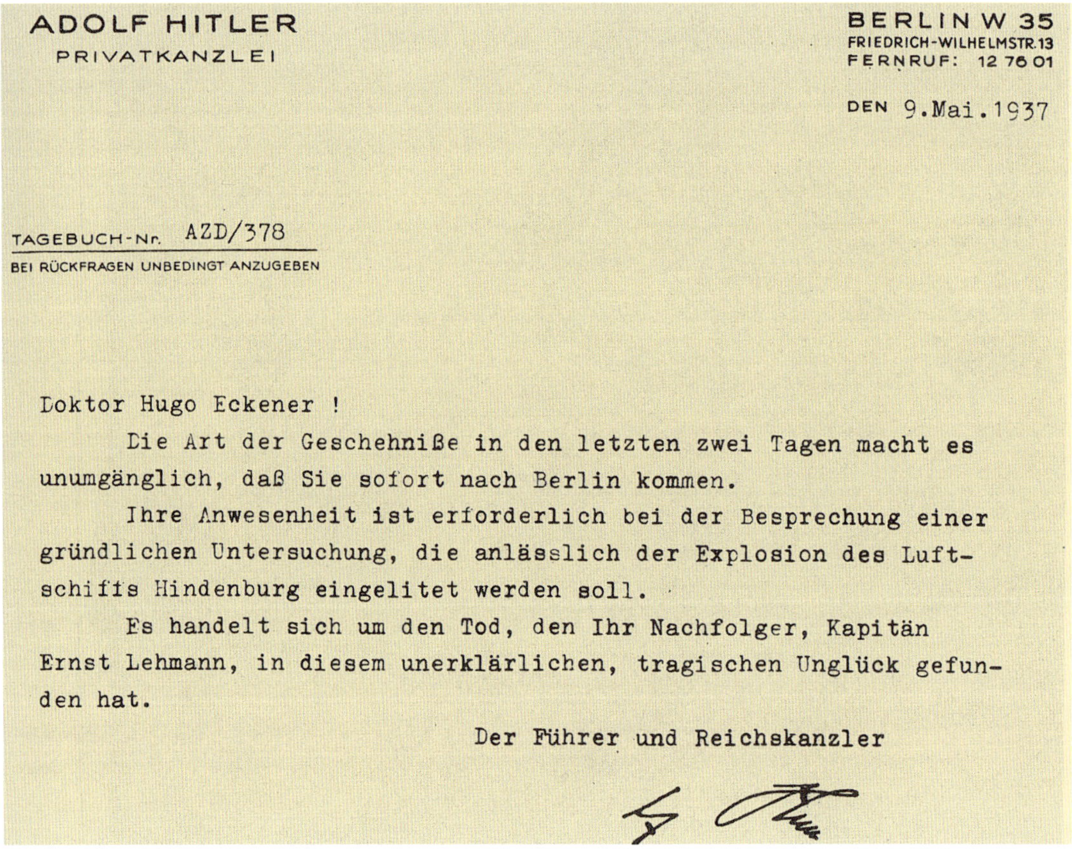

ADOLF HITLER
PRIVATKANZLEI

BERLIN W 35
FRIEDRICH-WILHELMSTR.13
FERNRUF: 12 76 01

DEN 9.Mai.1937

TAGEBUCH-Nr. AZD/378
BEI RÜCKFRAGEN UNBEDINGT ANZUGEBEN

Doktor Hugo Eckener !

Die Art der Geschehniße in den letzten zwei Tagen macht es unumgänglich, daß Sie sofort nach Berlin kommen.

Ihre Anwesenheit ist erforderlich bei der Besprechung einer gründlichen Untersuchung, die anlässlich der Explosion des Luftschiffs Hindenburg eingelitet werden soll.

Es handelt sich um den Tod, den Ihr Nachfolger, Kapitän Ernst Lehmann, in diesem unerklärlichen, tragischen Unglück gefunden hat.

Der Führer und Reichskanzler

Ein gefälschter Brief von Adolf Hitler. Der Fälscher hat Hitlers Unterschrift gemeinsam mit dem Briefkopf aufgedruckt. Dann tippte er den Brief in den Zwischenraum und verwendete dazu eine alte Schreibmaschine.

DOSSIER
JAGD AUF DEN KOLUMNISTEN

Der 1996 veröffentlichte Roman *Mit aller Macht* war keine Fälschung, doch niemand wollte ihn geschrieben haben. Don Foster, Professor am Vassar College, verglich auffällige Wörter mit Hilfe eines PC-Programms mit den Texten von 35 Journalisten, die unter den Verdächtigen waren. Er ermittelte korrekt, dass der Kolumnist Joe Klein der Autor war. Das FBI war beeindruckt und konsultierte den Professor in mehreren Fällen.

Der Kolumnist Joe Klein gibt vor der Presse zu, der Autor von *Mit aller Macht* zu sein.

DER „LONDON BUSINESS LETTER“

Wenn kein spezielles Formular zur Verfügung steht, kann der Verdächtige aufgefordert werden, dreimal ein Dokument, das als „London Business Letter“ bekannt ist, zu schreiben. Es enthält einen ziemlich sinnlosen Text, aber ebenfalls alle wichtigen Groß- und natürlich Kleinbuchstaben sowie verschiedenste Zahlen und Zeichen.

Der Nachteil daran ist, dass der Verdächtige versuchen kann, seine Handschrift zu verstellen. Erfahrene Experten können dies jedoch anhand von winzigen Indizien erkennen, die nicht kaschiert werden können. Wenn möglich, versuchen die Ermittler auch, Handschriftproben aus bereits bestehenden Dokumenten zu entnehmen. Die Palette reicht hier von Briefen bis hin zu Bewerbungsschreiben, die der Verdächtige geschrieben oder unterzeichnet hat.

Im Fall von mit einer Schreibmaschine geschriebenen Fälschungen hängt die Aufklärung vom Auffinden der Maschine

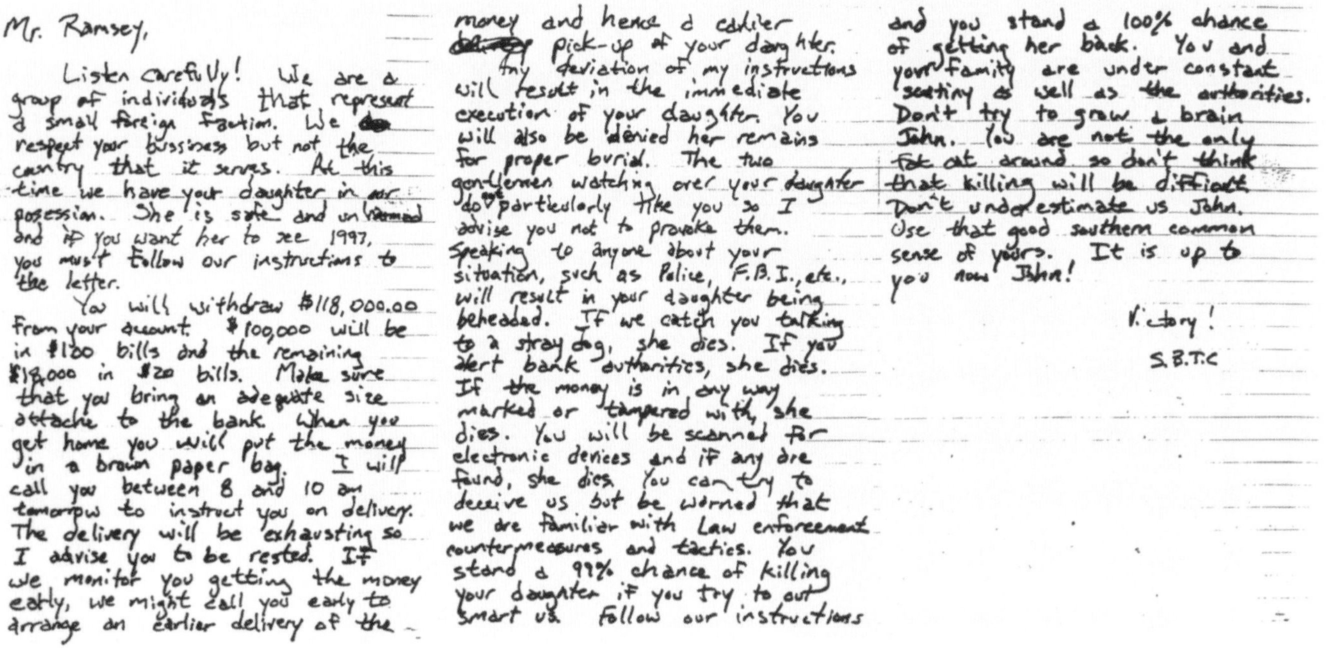

Mr. Ramsey,

Listen carefully! We are a group of individuals that represent a small foreign faction. We respect your bussiness but not the country that it serves. At this time we have your daughter in our posession. She is safe and unharmed and if you want her to see 1997, you must follow our instructions to the letter.

You will withdraw $118,000.00 from your account. $100,000 will be in $100 bills and the remaining $18,000 in $20 bills. Make sure that you bring an adequate size attache to the bank. When you get home you will put the money in a brown paper bag. I will call you between 8 and 10 am tomorrow to instruct you on delivery. The delivery will be exhausting so I advise you to be rested. If we monitor you getting the money early, we might call you early to arrange an earlier delivery of the money and hence a earlier pick-up of your daughter.

Any deviation of my instructions will result in the immediate execution of your daughter. You will also be denied her remains for proper burial. The two gentlemen watching over your daughter do particulorly like you so I advise you not to provoke them. Speaking to anyone about your situation, such as Police, F.B.I., etc., will result in your daughter being beheaded. If we catch you talking to a stray dog, she dies. If you alert bank authorities, she dies. If the money is in any way marked or tampered with, she dies. You will be scanned for electronic devices and if any are found, she dies. You can try to deceive us but be warned that we are familiar with Law enforcement countermeasures and tactics. You stand a 99% chance of killing your daughter if you try to out smart us. Follow our instructions and you stand a 100% chance of getting her back. You and your family are under constant scrutiny as well as the authorities. Don't try to grow a brain John. You are not the only fat cat around so don't think that killing will be difficult. Don't underestimate us John. Use that good southern common sense of yours. It is up to you now John!

Victory!

S.B.T.C

Der drei Seiten lange Brief, von dem die Mutter der ermordeten Sechsjährigen JonBenét Ramsey behauptete, sie habe ihn am Fuß der Trepep in ihrem Haus gefunden. Einige Experten halten ihn für eine Fälschung.

ab, mit der sie produziert wurden. Jede Marke hat ihre eigenen Charakteristika, doch was noch wichtiger ist: Einzelne Maschinen haben mit sehr großer Wahrscheinlichkeit abgenutzte oder zerstörte Drucktypen, die sehr leicht zu erkennen sind. Die Aufklärung von Fälschungen, die mit einem Textverarbeitungsprogramm oder mittels anderer Computermethoden hergestellt wurden, kann sich als schwierig oder gar unmöglich erweisen, da Computer keine solchen individuellen Merkmale aufweisen.

Schlussendlich können Experten den geschriebenen oder gedruckten Text mit dem Stil des vermeintlichen Autors vergleichen. Bestimmte Formulierungen oder Worte können zu modern sein oder auf Begebenheiten Bezug nehmen, die sich nach dem angeblichen Datum der Verfassung ereignet haben. Darüber hinaus können verwendete Wörter sowie die Art, wie sie zusammengesetzt wurden, mit bekannten Werken des vermeintlichen Autors und mit Dokumenten des Verdächtigen verglichen werden.

DER MORD AN JONBENÉT RAMSEY

Am 26. Dezember 1996 wurde im Weinkeller eines Hauses in Boulder, Colorado, die Leiche der sechsjährigen JonBenét Ramsey entdeckt. Ihre Mutter zeigte eine dreiseitige Nachricht vor, die sie angeblich auf der Kellerstiege einige Stunden zuvor gefunden hatte. Die Handschrift und der Stil der Nachricht wurden einer genauen Prüfung unterzogen. Dr. Andrew G. Hodges, der den Inhalt des Briefes untersuchte, glaubt an, wie er sie nennt, „Gedankenabdrücke". Er schrieb: „Ich suche in jedem Wort nach zwei Bedeutungen." Er glaubt, die zweite Bedeutung enthält eine Information, die unbewusst kodiert wurde. Wie auch einige andere Kommentatoren in diesem Fall, sagte Hodges, dass aufgrund bestimmter Wörter und Ausdrücke Grund zu der Annahme bestehe, dass Mrs. Ramsey selbst die Mörderin des Kindes sein könnte.

ELECTRONIC STATIC DETECTION APPARATUS

Wenn man vermutet, ein Dokument sei eine moderne Fälschung, kann ein Experte von einem neuen und einfachen Gerät Gebrauch machen: dem Electronic Static Detection Apparatus (ESDA). Es arbeitet mit der Tatsache, dass Druck, der auf Papier ausgeübt wird, dessen Kapazität erhöht, elektrostatische Aufladung zu halten. Dies kann sogar die kleinsten Einkerbungen enthüllen, die beim Schreiben auf einem Blatt, das über dem untersuchten Blatt gelegen hat, entstehen. Das Dokument wird auf einer ebenen Fläche aus porösem Metall platziert, darüber kommt ein Polyesterfilm, das Mylar. Die Vakuumabsaugung durch die Metallunterlage zieht die zwei Blätter eng zusammen und das „Sandwich" wird elektrisch entladen, wobei die Furchen aufgeladen bleiben. Wenn eine Mischung aus Toner und winzigen Glaspartikeln über das Mylar gestreut wird, werden die aufgeladenen Einkerbungen sichtbar.

DIE „AUTOBIOGRAFIE" VON HOWARD HUGHES

Bis zum heutigen Tag besteht Clifford Irving (geboren 1930) darauf, dass der Hughes-Betrug als Witz begann. Eines Morgens im Dezember 1970 reiste Irving mit einem Boot nach Ibiza, wo er mit seiner Familie lebte und auch erst ganz kurz zuvor das Buch *Fake!* über Elmyr de Hory (siehe Kapitel 2) verfasst hatte. Während eines Zwischenstopps in Mallorca traf er seinen Kollegen Dick Suskind.

Irving hatte eben erst einen Artikel über Howard Robard Hughes, den „unsichtbaren Milliardär", im *Newsweek*-Magazin gelesen. Hughes, der selbst ernannte „reichste Mann der Welt" lebte wie ein Einsiedler im obersten Stockwerk des Hotels Desert Inn in Las Vegas (das ihm gehörte), umgeben von einer aus Mormonen bestehenden „Palastgarde". Seit 15 Jahren hatte man ihn nicht

Der Autor Clifford Irving, der eine fiktive Autobiografie des öffentlichkeitsscheuen Milliardärs Howard Hughes verfasste. Der „Scherz" geriet schnell außer Kontrolle und Irving wurde schließlich des Betrugs überführt.

Gegen Ende seines Lebens wurde Howard Hughes ein richtiger Einsiedler, der die Verwaltung seines riesigen Vermögens der Hughes Tool Company überließ.

mehr in der Öffentlichkeit gesehen und seine vielen Geschäfte wickelte er ausschließlich über das Telefon und aufgezeichnete Memos ab. Er besaß auch ein Refugium auf einer Insel vor Nassau auf den Bahamas und es wird vermutet, dass er sich hier aufhielt, als Irving und Suskind sich auf Mallorca trafen und kreativ wurden.

„Unsichtbar?", sagte Suskind. „Ich wäre nicht überrascht, wenn er tot wäre." Inspiration überkam Irving: „Mal angenommen, ich ginge zu einem Verlag, sagen wir zu meinem, McGraw-Hill, und tischte ihm eine Geschichte auf, dass ich Hughes getroffen und den Auftrag für seine autorisierte Biografie erhalten hätte?"

Irvings erste Idee war „ein Scherz, ein genialer literarischer Streich, bei dem der Autor und der Verleger zusammenarbeiten", doch er meinte, dass dies unmöglich war. Dennoch beschloss er, seiner Herausgeberin Beverly Loo von McGraw-Hill, zu schreiben: „Ich schickte Howard Hughes ein Exemplar von *Fake!* und erhielt zu meiner Überraschung eine Dankeskarte mit Lob von ihm." Dann nahm er einen gelben amerikanischen Notizblock wie Hughes ihn verwendete und fälschte anhand einer Fotografie eines Schreibens in *Newsweek* drei Briefe.

Der erste, vom 10. Dezember 1970, war ein Dankesbrief. Der zweite, vom 8. Januar 1971, war nur eine kurze Nachricht: „Ich habe Ihren letzten Brief erhalten und werde die Angelegenheit ernsthaft überdenken." Der dritte, vom 20. Januar, war etwas länger. Unter anderem stand darin: „Mir wäre es nicht recht, zu sterben, ohne einige falsche Auffassungen über mein Leben beseitigt zu haben. Ich wäre dankbar, wenn Sie mich wissen lassen würden, wann und wie Sie meine Biografie zu verfassen gedenken."

KEIN WEG ZURÜCK

Einige Tage später flog Irving nach New York und zeigte die Briefe Beverly Loo und Albert Leventhal, einem Vizepräsidenten von McGraw-Hill. Sofort boten sie ihm 100.000 Dollar bei Vertragsunterzeichnung, 100.000 bei Lieferung eines vorläufigen Manuskripts und 300.000 für das komplette Werk an. So verpflichtete sich Irving zu einer folgenträchtigen Fälschung, die nun kein Scherz mehr war.

Über mehrere Jahre hinweg hatte Irving eine Affäre mit Nina van Pallandt, der weiblichen Hälfte des Folk-Duos Nina and Frederick. Die beiden wollten sich in Nassau treffen, wo Irving, so teilte er McGraw-Hill mit, Hughes treffen sollte. Leider bekam das Paar keinen Flug nach Nassau und reiste stattdessen nach Mexiko.

Am Flughafen in Mexiko City ließ sich Irving vor einem Flugzeug der Eastern Airlines fotografieren. Als er nach New York zurückkam, zückte er ein Notizbuch. In diesem behauptete er, zwei Treffen mit Huhges festgehalten zu haben (er sagte, dass sich Hughes „Señor Octavio“ nannte). Irving erklärte auch, das Foto sei zu Identifikationszwecken von einem der Huges-Männer gemacht worden. Er hatte auch einen Vertrag zwischen ihm und Hughes bei sich: natürlich gefälscht.

Der Anwalt von McGraw-Hill's akzeptierte den Vertrag, forderte aber eine Beglaubigung von Hughes' Unterschrift. Dies war natürlich unmöglich. Es schien das Ende des „Streiches“ zu sein, doch einige Tage später bekam Irving einen Anruf von Beverly Loo, die ihm erklärte, dass, nachdem die Unterschrift offensichtlich in seiner Gegenwart gesetzt worden sei, keine Beglaubigung nötig wäre.

Eine weitere gefälschte Hughes-Autobiografie. George Blagowidow, der Präsident von Best Books, Inc., steht neben Ausgaben von *My Life and Opinions* „von Howard Hughes“, herausgegeben von Robert P. Eaton, in Brentano's Buchladen in New York im Januar 1972.

Unter den Klauseln im Vertrag, über den Stillschweigen vereinbart wurde, gab es eine, die lautete: „Wie mündlich oder schriftlich von H. R. Hughes bestimmt, wird das Geld in einer Bank von H. R. Hughes deponiert werden …“ Irvings Frau Edith war Schweizerin und hatte einen Pass übrig. Ihr Mann fotografierte sie mit einer schwarzen Perücke, ersetzte das Foto, radierte ihre Unterschrift aus und sie signierte mit „H. R. Hughes“. Dann flog sie nach Zürich, wo sie unter diesem Namen ein Konto bei der Crédit Suisse eröffnete.

Beindruckt von den hohen Gagen, die Hughes für Nebenrechte verlangte, trat die Direktion von McGraw-Hill an *Life* heran und handelte 250.000 Dollar für den Abdruck als Serie aus. Irving erhielt die Erlaubnis, in den *Life*-Akten zu recherchieren und fotografierte heimlich 300 detaillierte und unveröffentlichte Korrespondentenberichte über Hughes. Den heißen Sommer des Jahres 1971 hindurch schwitzten er und Suskind beim Fälschen mehrerer Interviews mit dem öffentlichkeitsscheuen Magnaten.

Als die bevorstehende Veröffentlichung des Buches im Dezember angekündigt wurde, dementierte die Hughes Tool Company sofort dessen Echtheit.

Gegen Ende August drohte wieder ein Desaster. Beverly Loo rief an, um zu berichten, dass auch einem anderen Verlag die Autobiografie von Hughes angeboten worden war, wie „Robert Eaton erzählt worden“ wäre. Dieser war der Exmann der Schauspielerin Lana Turner. Die beiden Komplizen beschlossen, die beste Strategie sei der Angriff: Sie flogen nach Palm Beach (nahe genug, dass Hughes mit dem Hubschrauber aus Nassau anreisen könnte) und schickten von dort aus zwei Telegramme nach New York. Im ersten stand, dass Hughes über den *Life*-Deal Bescheid wisse und eine Erhöhung der Zahlungen auf eine Million Dollar verlange. Im zweiten wurde dementiert, dass das Eaton-Buch autorisiert wurde. Mitte September lieferten Irving und Suskind 999 maschingeschriebene Seiten an McGraw-Hill, die das Angebot auf 750.000 Dollar und „keinen Penny mehr“ erhöhten.

IRVINGS FÄLSCHUNGEN TÄUSCHEN DIE EXPERTEN

Im November, als Irving und Suskind dabei waren, ihr Buch zu beenden, rief Berverly Loo wieder in Panik an: Das *Ladies' Home Journal* plante, im Januar Auszüge aus dem Eaton-Buch zu veröffentlichen. Loo brauchte eine sofortige Bestätigung von Hughes, dass McGraw-Hill's der einzige Verleger einer autorisierten Version war. Irving schrieb einen Brief von „Hughes“, in dem er sich über die Inkompetenz von McGraw-Hill beschwerte. *Life* ließ ihn von einem Handschriftenexperten untersuchen. Dieser verglich ihn mit einem echten Schreiben des Milliardärs und kündigte an: „Man kann sagen, dass die beiden Handschriftproben von ein und derselben Person stammen. Die Chancen, dass jemand die Handschrift gefälscht hat, stehen weniger als eins zu einer Million.“

Als die bevorstehende Veröffentlichung im Dezember angekündigt wurde, dementierte die Hughes Tool Company sofort deren Echtheit. Darüber hinaus rief Hughes noch am gleichen Abend Frank McCulloch an, jenen *Life*-Reporter, der ihn in den 1950ern interviewt hatte. Am nächsten Morgen kamen Vertreter von McGraw-Hill sowie Irving und McCulloch zusammen. Der Journalist sagte, er habe die Nacht mit dem Lesen von Irvings Manuskript verbracht und „wenn ich vor Gericht wäre,

würde ich nach bestem Wissen und Gewissen behaupten, das der Stoff nur direkt von Hughes stammen kann". Die Verleger beschlossen also, die Briefe von „Hughes" von einer anderen Expertengruppe prüfen zu lassen. Diese sagten, an der Echtheit der Briefe bestehe kein Zweifel.

Selbstsicher und draufgängerisch unterzog sich Irving freiwillig einem Lügendetektortest. Da er zu Weihnachten zurück nach Ibiza fliegen musste, war er beim Test gestresst, seinen Flug zu verpassen, und hatte dazu schwer zu Mittag gegessen. Sein nervöser Zustand täuschte die Maschine und die Ergebnisse wurden vom Prüfer für „ergebnislos" erklärt.

Danach kündigte Hughes eine telefonische Pressekonferenz an: seine erste in 15 Jahren. Teilnehmen sollten ausgewählte Journalisten in einem TV-Studio in Los Angeles. Am nächsten Morgen sagte Irving zur Presse, er bezweifle, dass dies die Stimme von Hughes gewesen sei. Später verglich der Erfinder von „voiceprints", Lawrence Kersta, die Aufnahme mit einer vor 30 Jahren gehaltenen Rede des Milliardärs vor dem Unterausschuss des Senats und verkündete, die Stimme sei zweifellos die von Howard Hughes.

Intertel, Hughes' private Ermittlungseinheit, überredete die Bank Crédit Suisse – in einem Verstoß gegen das Schweizer Gesetz – zur Enthüllung der Identität von „H. R. Hughes". Bald spürte man Edith Irving in Ibiza auf und sie wurde im Februar, zusammen mit ihrem Mann und Suskind, zu einer Anhörung nach New York vorgeladen. Irvings letzte Hoffnung,

Clifford Irving, seiner Frau Edith und Dick Suskind werden Vergehen von Brieffälschung bis zu Betrug vorgeworfen.

dass Nina van Pallandt das Treffen mit Hughes in Nassau bestätigen würde, wurde zerstört, als sie aussagte, dass sie Irving nur in Mexiko getroffen hätte. Danach beschlossen die Komplizen, dass die Zeit für ein Geständnis reif war.

Am 16. Juni 1972 wurden Irving zu 30 und Suskind zu sechs Monaten Haft verurteilt. Edith bekam zwei Jahre, doch die Haftstrafe wurde nach zwei Monaten zur Bewährung ausgesetzt. Danach bekam sie aber zwei Jahre in einem Prozess in Zürich. Nach der Freilassung setzte Irving seine Karriere als Autor fort und schrieb *The Hoax*, ein Buch über seinen Betrug.

DIE „HITLER-TAGEBÜCHER"

Adolf Hitler starb 1945 in den Ruinen von Berlin und viele seiner Mitarbeiter wurden in Nürnberg im darauf folgenden Jahr hingerichtet. Trotzdem gibt es immer noch einen internationalen Markt für Nazi-Relikte. Einer, der von diesem Markt Profit schlug und fast mit der größten Dokumentenfälschung der Neuzeit davonkam, war Konrad „Konni" Kujau (1938–2000).

Kujau wurde auf dem Höhepunkt des Naziregimes im sächsischen Löbau geboren. Nach dem Ende des Zweiten Weltkrieges lebte er in der DDR, doch 1957 floh er nach Westdeutschland. Einige Jahre lang lebte er

Nazi-Memorabilia faszinieren Sammler immer noch – und inspirieren Fälscher auch noch 60 Jahre nach dem Zweiten Weltkrieg.

ein gefährliches Leben: Mehrere Male musste er ins Gefängnis, bis er mit seiner Frau Edith ein Fensterputzunternehmen in Stuttgart eröffnete. Um 1969 herum beschloss er, mit Nazi-Relikten zu handeln.

Durch seine Familie in Ostdeutschland gab er eine Anzeige auf: „Gesucht zu Forschungszwecken: alte Spielzeuge, Helme, Krüge, Pfeifen, Puppen etc." Um den Handel mit Nazi-Objekten zu verhindern, hatte die Regierung der DDR den Export von Gegenständen, die vor 1945 produziert worden waren, verboten. Trotzdem wurde Kujau bald mit geschmuggelten Relikten, wie er selbst sagte, „überschwemmt".

1974 war sein Geschäft voll mit Gewehren, Schwertern, Nazi-Medaillen, 150 Helmen, 50 Uniformen, 30 großen Fahnen und vielem mehr. Um höhere Preise zu erzielen, begann er, Dokumente zu fälschen, die die Stücke in seinem Bestand authentifizieren sollten. Zum Bespiel nahm er einen alten, verrosteten Helm aus dem Ersten Weltkrieg und fügte ihm ein Etikett bei, angeblich mit einer Unterschrift von Hitlers Stellvertreter Rudolf Hess: Darauf stand, dass Hitler den Helm 1917 getragen hätte.

Kujau entdeckte, dass er nicht nur Hitlers Handschrift kopieren konnte, sondern auch seine Bilder. Von 1975 bis 1980 kaufte Fritz Stiefel, wohlhabender Besitzer einer Maschinenbaufirma, 160 Zeichnungen, Ölgemälde und Aquarelle sowie 80 handgeschriebene Gedichte, Reden und Briefe, alles „von Hitlers Hand".

1978 öffnete Kujau ein Nazi-Parteijahrbuch von 1935 und kopierte die Chronologie der Termine des Führers. Er verwendete ein Schulheft, das er in Ostberlin gekauft hatte, und machte Einträge in Hitlers Handschrift. Stiefel kaufte es sofort.

An diesem Punkt der Geschichte betrat Gerd Heidemann die Bühne. Er arbeitete in Hamburg für das Magazin *Stern*, wo er Bekanntschaften mit ehemaligen Nazis geschlossen hatte. Im Januar 1980 traf er auch Stiefel, der ihm das Tagebuch zeigte und sagte, dass es angeblich weitere 26 Bände gäbe. Heidemann ließ sich die Telefonnummer des Händlers geben und rief ihn im Januar in Stuttgart an. Kujau bestätigte die Existenz der Tagebücher und fügte hinzu, es gebe noch mehr Bilder und Manuskripte sowie den dritten Teil von *Mein Kampf* (Hitlers Geschichte seiner jungen Jahre) und eine Oper, die Hitler in seiner Jugend geschrieben haben soll. Dies alles befinde sich im Besitz eines alten Generals in Ostdeutschland, könne aber in den Westen geschmuggelt werden, so Kujau.

Der in Ostdeutschland geborene Konni Kujau, der mit gefälschten Nazi-Andenken ein kleines Vermögen verdiente, wurde schließlich überführt, der Fälscher der „Hitler-Tagebücher" zu sein.

Eine Ausgabe des deutschen Magazins *Stern* aus 1983, wo Kujau mit einem seiner Andenken zu sehen ist; darin wurde er als „der Mann, der die Hitler-Tagebücher lieferte" dargestellt.

Aufgeregt bat Heidemann den *Stern*-Redakteur für Geschichte, Thomas Walde, um Mithilfe und legte ein Angebot über zwei Millionen Mark für die restlichen Tagebücher. Die Männer bereiteten ein Dossier über die Entdeckung vor und präsentierten es in einem geheimen Meeting mit der Direktion von Gruner & Jahr, den Inhabern von *Stern*. Die Direktion stimmte der Summe von 85.000 Mark je Tagebuchband plus 200.000 für das Manuskript von *Mein Kampf* zu. Weiters boten sie 500.000 Mark für den Rest von Kujaus Sammlung.

An jenem Abend flog Heidemann nach Stuttgart und überreichte Kujau 200.000 Mark in bar sowie eine Paradeuniform, die Göring gehört hatte und Kujau sogar mehr als das Geld freute. Innerhalb von zwei Wochen fertigte er die nächsten drei Bände. Er fixierte ein Wachssiegel des Deutschen Adlers an den Umschlägen sowie ein Etikett mit der Unterschrift von „Rudolf Hess", um die Authentizität zu sichern. Dann ging er grob mit ihnen um, damit sie alt und abgenutzt aussahen, und befleckte einige Seiten mit Tee. Dann flog er nach Hamburg und gab die Tagebücher Heidemann. Die Direktion von Gruner & Jahr zweifelte nicht an deren Echtheit und vereidigte alle involvierten Personen auf Verschwiegenheit.

Kujau entdeckte, dass er nicht nur Hitlers Handschrift kopieren konnte, sondern auch seine Bilder.

GROSSES GELD, BANALER INHALT

In den nächsten zwei Jahren fälschte Kujau die restlichen Tagebücher. Als er den Dreh heraus hatte, konnte er einen Band innerhalb weniger Stunden füllen. Meistens waren es Listen von langweiligen, offiziellen Treffen; andere Einträge waren triviale Notizen und Kommentare von wenig historischem Interesse, für die Gruner & Jahr 200 Mark pro Wort zahlte.

Typische Einträge: „Treffen mit Anführern der Sturmabteilung in Bayern, Orden verleihen" oder „Karten für die Olympischen Spiele für Eva nicht vergessen".

Alle paar Wochen rief Kujau Heidemann an, um ihn über den Schmuggel von weiteren Stücken aus Ostdeutschland zu informieren, woraufhin Heidemann mit großen Geldsummen nach Stuttgart flog. Was niemand wusste, war, dass er Kujau nur 50.000 Mark pro Band zahlte und 35.000 für sich behielt. Nach einer Weile sagte Heidemann, dass der Preis pro Band plötzlich auf 200.000 Mark gestiegen sei, da der fiktive General Bestechungsgelder bräuchte. In seiner Gier gefangen, stimmte der Verlag den höheren Zahlungen zu.

VERÖFFENTLICHUNG DES UNSINNS

Zunächst beschloss Gruner & Jahr, Auszüge aus den Tagebüchern im *Stern* zu publizieren, und zwar ab Januar 1983, aus Anlass des 50. Jahrestages der Machtergreifung Hitlers. Doch dann war die Versuchung, die Rechte zu verkaufen, doch zu groß: Im Februar 1983 trat man unter strenger Geheimhaltung an die Magazine *Newsweek* und *Time* in den USA, *Paris Match* in Frankreich und *El Pais* in Spanien heran.

EIN FRÜHER HINWEIS

Bis zu diesem Zeitpunkt wurde wenig unternommen, um die Dokumente authentifizieren zu lassen. Im Juli 1982 hatte Walde einige Proben an die forensische Abteilung der deutschen Polizei geschickt, wartete aber immer noch auf die Ergebnisse. Ende März 1983 berichtete aber ein Polizeiexperte, dass von den neun untersuchten Proben mindestens sechs Bleichmittel enthielten, die vor 1946 nicht in Verwendung waren.

24 APRIL 1983 No 8285 Price 40p

THE SUNDAY TIMES

WORLD EXCLUSIVE: How the diaries of the Fuehrer were found in an East German hayloft

The secrets of Hitler's war

The next extracts

MY FRIENDS AND ENEMIES

In the shadow of Adolf Hitler . . . Gert Heidemann, the reporter who discovered the diaries of the Fuehrer

Die fatale Titelseite der *Sunday Times* vom 24. April 1983. Obwohl die Tagebücher bereits als Fälschungen entlarvt worden waren, wurde die Veröffentlichung fortgesetzt und brachte – natürlich – stark steigende Verkaufszahlen.

Heidemann rief Kujau an, der herablassend sagte, er habe geglaubt, Bleichmittel gäbe es seit 1915. Weder Walde noch Heidemann informierten den *Stern* über den Bericht.

Die Rechte zu einer Serienpublikation wurden Times Newspapers in London angeboten. Am 1. April (ein wichtiges Datum, wie sich zeigen sollte) rief der Redaktionsassistent der *Times*, Hugh Trevor-Roper (Lord Dacre), den Autor von *Hitlers letzte Tage*, an und bat um seine Expertise. Dieser flog nach Zürich, wo die Bände in einem Banksafe deponiert waren, und sagte, er sei überzeugt von dem, was er gesehen hatte.

Rupert Murdoch, Inhaber von Times Newspapers, beschloss die Serie in *The Sunday Times* am 24. April zu beginnen. Der *Stern* sollte am nächsten Tag folgen, danach *Newsweek* und *Paris Match* am 27. April. Doch die Informationen über die bevorstehende Serie sickerten durch. David Irving, ein stark pro Hitler eingestellter Historiker, erklärte am Abend des 22. April auf BBC TV, die Tagebücher seien gefälscht.

Trevor-Roper hatte ebenfalls Bedenken und rief bei *The Times* an. Murdoch, der sich in den USA aufhielt, wurde sofort angerufen. Seine Reaktion war typisch: „Scheiß auf Dacre! Wir veröffentlichen!"

Die ersten Teile der „Hitler-Tagebücher" erschienen wie geplant in Großbritannien, Deutschland, Frankreich und den USA. Am 2. Mai jedoch erhielt der *Stern* schließlich einen detaillierten Bericht von der Berliner Polizei: Experten hatten Spuren eines synthetischen Stoffes gefunden, der serienmäßig nicht vor 1943 hergestellt wurde, sowie Polyestergummi aus dem Jahr 1953. Auch ein Handschriftexperte, der von *Newsweek* konsultiert worden war, vermutete einen Betrug.

Als Kujau die Nachrichten hörte, floh er aus Stuttgart, kapitulierte aber eine Woche später. Als er hörte, dass Heidemann vor Gruner & Jahr angab, dass er Kujau die volle Summe von 9,3 Millionen Mark gezahlt hatte, sagte er aus und behauptete, dass Heidemann die ganze Zeit gewusst hätte, dass die Tagebücher gefälscht waren.

Kujau wurde wegen des Erhalts von 1,5 Millionen Mark für Fälschungen angeklagt und zu vier Jahren und sechs Monaten Gefängnisstrafe verurteilt. Heidemann wurde wegen Diebstahls von 1,7 Millionen Mark angeklagt (obwohl der Staatsanwalt behauptete, es hätten bis zu 4,6 Millionen sein können) und bekam vier Jahre und acht Monate. Für weitere fünf Millionen Mark wurde niemand zur Rechenschaft gezogen. Gruner & Jahr schätzten den Gesamtverlust auf 19 Millionen Mark.

Das letzte Wort in der Affäre hatte Rupert Murdoch; die Auflage von *The Sunday Times* schnellte um 60.000 Exem-

DOSSIER
MUSSOLINIS TAGEBÜCHER

Hitlers Tagebücher waren nicht die einzigen Notizen eines faschistischen Diktators, die zum Verkauf angeboten wurden. 1957 produzierten eine italienische Frau und ihre 84-jährige Mutter die Tagebücher von Mussolini. Sogar dessen eigener Sohn, der sie zusammen mit einem Experten untersucht hatte, wurde in die Irre geführt. Der Experte meinte: „Dreißig Bände sind nicht die Arbeit eines Fälschers, sondern eines Genies."

Rupert Murdoch, der Inhaber von Times Newspapers, Anfang der 1980er-Jahre. Die Verkaufszahlen seiner Zeitungen stiegen stark an, obwohl die „Hitler-Tagebücher" gefälscht waren.

plare in die Höhe. „Letzten Endes sind wir in der Unterhaltungsindustrie", sagte er. „Die Auflage stieg und blieb oben. Wir haben kein Geld verloren."

MORMONISCHER BOMBENLEGER

Mark Hofmann wurde 1954 in eine streng gläubige Mormonenfamilie in Salt Lake City hineingeboren. An der Olympus High School war er kein herausragender Schüler, denn er interessierte sich mehr für das Sammeln von alten mormonischen Münzen. Nach seinem Abschluss 1973 wurde er als Missionar nach Bristol im Südwesten Englands geschickt, wo er die Reichtümer der Secondhand-Buchläden entdeckte und anfing, alte Bücher über den mormonischen Glauben zu kaufen.

Mark Hofmann 1984, auf dem Höhepunkt seiner Karriere als Händler und Sammler von Mormonen-Literatur. Er hält eine Erstausgabe des *Buches Mormon* in seinen Händen.

Als er nach Salt Lake City zurückkehrte, begann Hofmann, an der Utah State University Medizin zu studieren. Sechs Monate später, im April 1980, zeigte er einem Kollegen eine Ausgabe der King-James-Bibel aus dem Jahr 1688 sowie ein gefaltetes und gummiertes Blatt Papier, das er angeblich darin gefunden hatte. Mit stark verbleichter Tinte stand darauf geschrieben: „Diese Zeichen wurden von mir persönlich von den Goldplatten kopiert und Martin Harris überreicht ... Joseph Smith Jr."

Als die Gummierung entfernt und das Papier entfaltet wurde, zeigten sich Symbole und Zeichnungen. Die Beschreibung eines Papiers, das Martin Harris (siehe Kasten) 1828 nach New York zur Untersuchung gebracht hatte, passte genau darauf. Der Kirchenrat erklärte das Dokument für echt und belohnte Hofmann mit einer Erstausgabe vom *Buch Mormon* und 20.000 Dollar in alter, mormonischer Währung. Sofort verließ er die Uni und begann, mit seltenen Büchern zu handeln.

1981 wies Hofmann zwei weitere alte Mormonen-Dokumente vor und wurde wieder von der Kirche mit Gütern im Wert von über 20.000 Dollar belohnt. Ein Jahr später bot er eine auf liniertem Papier und mit Bleistift geschriebene Notiz an, die von Martin Harris unterschrieben war. Sie beschrieb die Vision, in der ihm die Goldplatten von Moroni gezeigt wurden. Kurz danach sagte Hofmann, er habe einen Brief aus dem Jahr 1829, angeblich von Joseph Smiths Mutter. Auch diese beiden Dokumente wurden von der Kirche authentifiziert und die Presse begann, Hofmann als einen „echten Indiana Jones" zu bezeichnen.

Innerhalb von drei Jahren kaufte und verkaufte Hofmann in großem Stil Bücher und handgeschriebene Dokumente. Er behauptete, dass er viele von ihnen von Briefmarkensammlern erworben hätte, die sich nicht für deren Inhalt interessierten. Ein- bis zweimal pro Monat flog er nach New York zu Auktionen bei Sotheby's oder Christie's, und wenn er Kapital für seine Käufe brauchte, konnte er stets Investoren unter Mormonen finden. Hofmann behauptete sogar, dass er auf der Spur des 116-seitigen *Buchs Mormon war*, das Martin Harris verloren hatte, war. 1985 vertraute Hofmann einigen engen Bekannten an, dass er das berühmteste

DOSSIER
DAS *BUCH MORMON*

Joseph Smith (1805–1844) wurde in eine arme Familie aus New England hineingeboren, die sich in Fayette im Staat New York niederließ. In späteren Jahren gründete Smith die Mormonenkirche, auch bekannt als Kirche Jesu Christi der Heiligen der Letzten Tage. Seine Kirchenlehren basierten auf der Bibel und dem *Buch Mormon*, das ihm, nach eingenen Angaben, ein Engel im September 1823 gegeben hatte. Der Engel namens Moroni zeigte Smith mehrere Goldplatten, die mit Zeichen in Form von Hieroglyphen graviert waren und unweit des Familienbauernhofs versteckt waren. Moroni soll gesagt haben, dass sie sich dort seit 1.400 Jahren befänden. Am 22. September 1827 übergab der Engel Smith die Platten sowie zwei magische Steine, Urim und Thummin, um die Hieroglyphen zu entschlüsseln.

Joseph Smith predigt den mormonischen Glauben bei einem Lagertreffen.

Am 26. März 1830 veröffentlichte Smith das *Buch Mormon*. Es berichtet von einem Propheten namens Lehi, der eine hebräische Gruppe um 600 v. Chr. aus Israel nach Amerika führte. Später entzweite sie sich; eine Gruppen folgte Lehis Sohn Nephi, die andere Lehis Bruder Laman. Wegen ihrer Boshaftigkeit bestrafte Gott die Lamaniten mit dunkler Haut und jahrhundertelang bekämpften sie die Nephiten. Schließlich wurden die Nephiten in einer Schlacht 421 ausgerottet. Der einzige Überlebende war Moroni, dessen Vater Mormon die Goldplatten graviert hatte. Das *Buch Lehi*, also die ersten 116 Seiten des Werkes, das Smith seinem ersten Schüler Martin Harris anvertraut hatte, ging verloren.

verlorengegangene Dokument der amerikanischen Geschichte gefunden hätte.

Es war das erste Dokument, das in den amerikanischen Kolonien 1639 gedruckt worden war: ein einzelnes, kleines Blatt Papier, *The Oath of a Freeman*, der Eid der ersten Bürger von Massachusetts. Etwa 50 wurden damals gedruckt und sie alle gingen verloren, doch der Text ist überliefert. Hofmann sagte, er hätte einige alte Papiere bei der Argosy Book Company in New York gekauft und der *Oath* sei unter ihnen gewesen. Er wies eine Ähnlichkeit mit einer späteren Publikation aus der

Rechts: **Mark Hofmann, ein offensichtlich erfolgreicher Händler antiker Manuskripte, steht vor dem Mormonen-Tabernakel in Salt Lake City, Utah.**

gleichen Druckerei auf, dem *Bay Psalm Book* aus 1640, das sich in der New York Public Library befand. Hofmann bot den *Oath* der Kongressbücherei für eine Million Dollar an.

Unter jenen, die den Ankauf von Hofmanns „Entdeckungen" für die mormonische Kirche unterstützt hatten, waren zwei Geschäftsführer der Finanzfirma Coordinated Financial Services (CFS): J. Gary Sheets und Steve Christensen. 1985 war CFS in großen finanziellen Schwierigkeiten und eben dabei, Konkurs anzumelden. Hofmann war ebenfalls tief verschuldet und dachte sich ein Szenario aus, wie er von seinen Problemen ablenken konnte.

Am 15. Oktober um 7 Uhr früh explodierte eine Paketbombe in Christensens Händen im Eingang zu seinem Büro. Um 9.45 Uhr tötete eine ähnliche Bombe Sheets Frau in ihrem Zuhause. Die Polizei nahm an, sie war für ihren Mann bestimmt gewesen. Agenten vom Bureau of Alcohol, Tobacco and Firearms vermuteten, dass das Motiv die Rache für den Firmenkonkurs war. Am 16. Oktober, kurz nach 14.30 Uhr, wurde Hofmann schwer verletzt: eine dritte Bombe explodierte, als er sein Auto auf der Main Street in der Nähe des Mormon Tabernakels öffnen wollte.

Mit seinen schweren Verletzungen schien Hofmann ein unschuldiges Opfer zu sein, doch die Ermittler, die den Bombenbauer suchten, fanden die Klischeeanstalt, wo der Druckstock für den *Oath* hergestellt worden war. Der Beweis war schlüssig. Nach einer einleitenden Anhörung im Mai 1986 stand Hofmann wegen Mordes und Betrug vor Gericht. Im Januar 1987 gestand er gegenüber zwei Staatsanwälten und am 23. Januar wiederholte er sein Geständnis im Gerichtssaal. Er wurde zu lebenslanger Haft verurteilt.

WEITERE HOFMANN-FÄLSCHUNGEN

Es wird wohl ein Geheimnis blieben, wie viele von den angeblich echten Büchern, die Hofmann verkauft hatte, Fälschungen waren. 1997 tauchte bei Sotheby's ein bis dato unbekanntes Gedicht von Emily Dickinson (1830–1886) auf, das von der Jones Library in ihrer Heimatstadt Amherst gekauft wurde. Es stellte sich als eine von Hofmanns Fälschungen heraus.

WIE DER BETRUG AUFFLOG

Als Hofmann den Entschluss fasste, den *Oath* zu fälschen, musste er als Erstes eine „Ausrüstung" organisieren. Er druckte ein einziges Exemplar einer unbedeutenden Ballade in alter Schrift auf ein altes Blatt Papier und betitelte sie *Oath of a Freeman*. Danach beschilderte er das Stück mit 25 Dollar und ließ es in einem Ausverkaufskorb der Argosy Company verschwinden. Er wählte weitere vier Dokumente und ging damit zur Kassa, wo er eine detaillierte Rechnung über 51,42 Dollar erhielt, die er auch bezahlte. Damit stellte er die „Herkunft" für den Eid sicher.

Gegenüber: Hofmanns Fälschung des *Oath of a Freeman*, dem ersten in englischer Sprache gedruckten Dokument in der westlichen Welt.

THE OATH OF A FREEMAN.

I · AB · being (by Gods providence) an Inhabitant,
and Freeman, within the iuriſdictiō of this
Common-wealth, doe freely acknowledge my
ſelfe to bee ſubject to the governement thereof;
and therefore doe heere ſweare, by the great
& dreadfull name of the Everliving-God, that
I will be true & faithfull to the ſame, & will
accordingly yield aſſiſtance & ſupport therunto,
with my perſon & eſtate, as in equity I am bo-
und: and will alſo truely indeavour to maintaine
and preſerve all the libertyes & privilidges there-
of; ſubmitting my ſelfe to the wholeſome lawes,
& ordres made & ſtabliſhed by the ſame; and fu-
rther, that I will not plot, nor practice any evill
againſt it, nor conſent to any that ſhall ſoe do,
butt will timely diſcover, & reveall the ſame to
lawefull authoritee nowe here ſtabliſhed, for the
ſpeedie preventing thereof. Moreover, I doe
ſolemnly binde my ſelfe, in the ſight of God,
that when I ſhalbe called, to give my voyce
touching any ſuch matter of this ſtate, (in wh·
ich freemen are to deale) I will give my vote
& ſuffrage as I ſhall judge in myne owne con-
ſcience may beſt conduce & tend to the publick
weale of the body, without reſpect of perſonn·
es, or favour of any man. Soe help mee God in
the Lord Ieſus Chriſt.

Danach machte Hofmann Fotokopien von mehreren Seiten aus einem Faksimile des *Bay Psalm Book*, schnitt daraus Buchstaben aus und setzte sie zu dem Text des Eids zusammen. Er umrandete diesen mit „Blumen“, die er ebenfalls aus dem *Bay Psalm Book* kopiert hatte.

Hofmann kopierte das zusammengesetzte Dokument nochmals und gab die Kopie einem Druckvorlagenhersteller, bei dem er einen Druckstock aus Zink bestellte. Da das Original mit einzelnen, aus Metall gegossenen Bleilettern gedruckt worden war, machte Hofmann die Buchstaben ein wenig unregelmäßig, indem er die Kanten abrundete oder die Oberfläche abrieb.

Bei der Herstellung der Tinte verbrannte er ein Stück Lederumschlag von einem Buch aus dem 17. Jahrhundert, sodass man bei der $_{14}$C-Methode auf ein Alter von mindestens 300 Jahren kommen würde. Er mischte die Asche mit Leinöl und verwendete ein Blatt Papier aus derselben Zeit. Um das Dokument älter aussehen zu lassen, ließ er Schimmel darauf wachsen, wodurch gelb-braune Flecken entstanden, die als Stockflecken bekannt sind. Um die Fälschung zu vervollständigen, legte er das Papier in eine Funkenentladungskammer, die Ozon produzierte: Die Tinte oxidierte und wurde immer blasser.

Nachdem viele Experten für historische Dokumente nicht imstande waren, zu beurteilen, ob der *Eid* echt oder gefälscht war, wurde er zur University of California geschickt, wo er in einem riesigen Teilchenbeschleuniger mittels Neutronenaktivierungsanalyse untersucht. Im Frühling 1986 berichteten die Wissenschaftler, dass nach einem Vergleich des *Eids* mit einem echten Exemplar des *Bay Psalm Book* die Tinte ähnlich zu sein schien und dass keine Anzeichen für eine Fälschung gefunden werden konnten.

William Flynn, ein Dokumentenprüfer vom Arizona State Crime Laboratory wurde gefragt, ob irgendwelche von Hofmanns Stücken Fälschungen sein könnten. Er sah sie sich unter einem Mikroskop an und war perplex, als er winzige Risse an der Tintenoberfläche entdeckte, was bei echten alten Dokumenten nicht der Fall war. Außerdem schien die Tinte in das Papier zu sickern, als ob es in eine Lösung getaucht und getrocknet worden wäre.

Flynn stellte Tinte nach einer alten Formel her, doch wenn er damit schrieb, war das Ergebnis glatt und schwarz und nicht bleich-braun wie bei Hofmanns Dokumenten. Nach einer Behandlung mit verdünnter Natronlaugenlösung hatte die Tinte die richtige Farbe, doch sie war nicht rissig. Dann versuchte er es mit Tinte, zu der er Gummiarabikum hinzugefügt hatte, um sie dickflüssiger zu machen und sie schneller

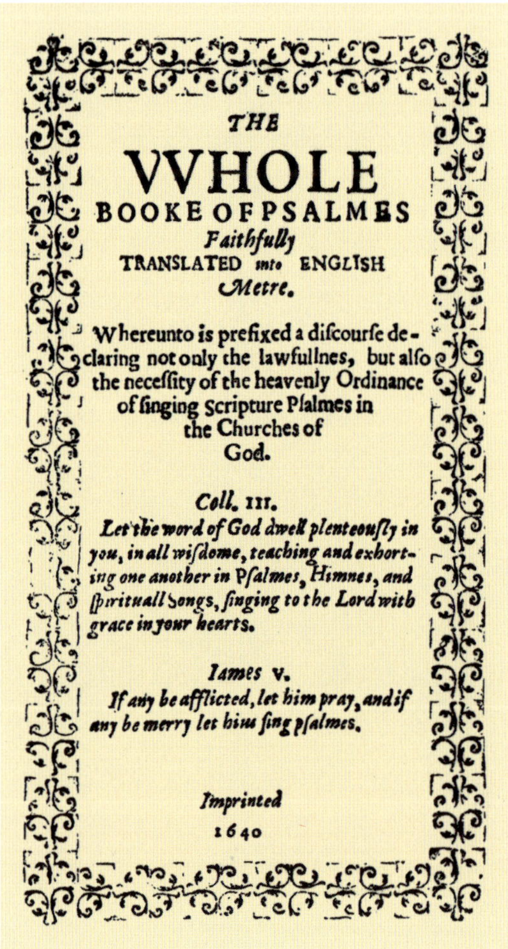

THE

VVHOLE

BOOKE OF PSALMES

Faithfully

TRANSLATED *into* ENGLISH

Metre.

Whereunto is prefixed a diſcourſe declaring not only the lawfullnes, but alſo the neceſſity of the heavenly Ordinance of ſinging Scripture Pſalmes in the Churches of God.

Coll. III.

Let the word of God dwell plenteouſly in you, in all wiſdome, teaching and exhorting one another in Pſalmes, Himnes, and ſpirituall Songs, ſinging to the Lord with grace in your hearts.

James V.

If any be afflicted, let him pray, and if any be merry let him ſing pſalmes.

Imprinted

1640

Das Titelblatt des *Bay Psalm Book*. Hofmann machte Fotokopien eines modernen Faksimiles als Vorlage für die Schrifttypen, die er für seine Fälschung des *Oath of a Freeman* verwendete.

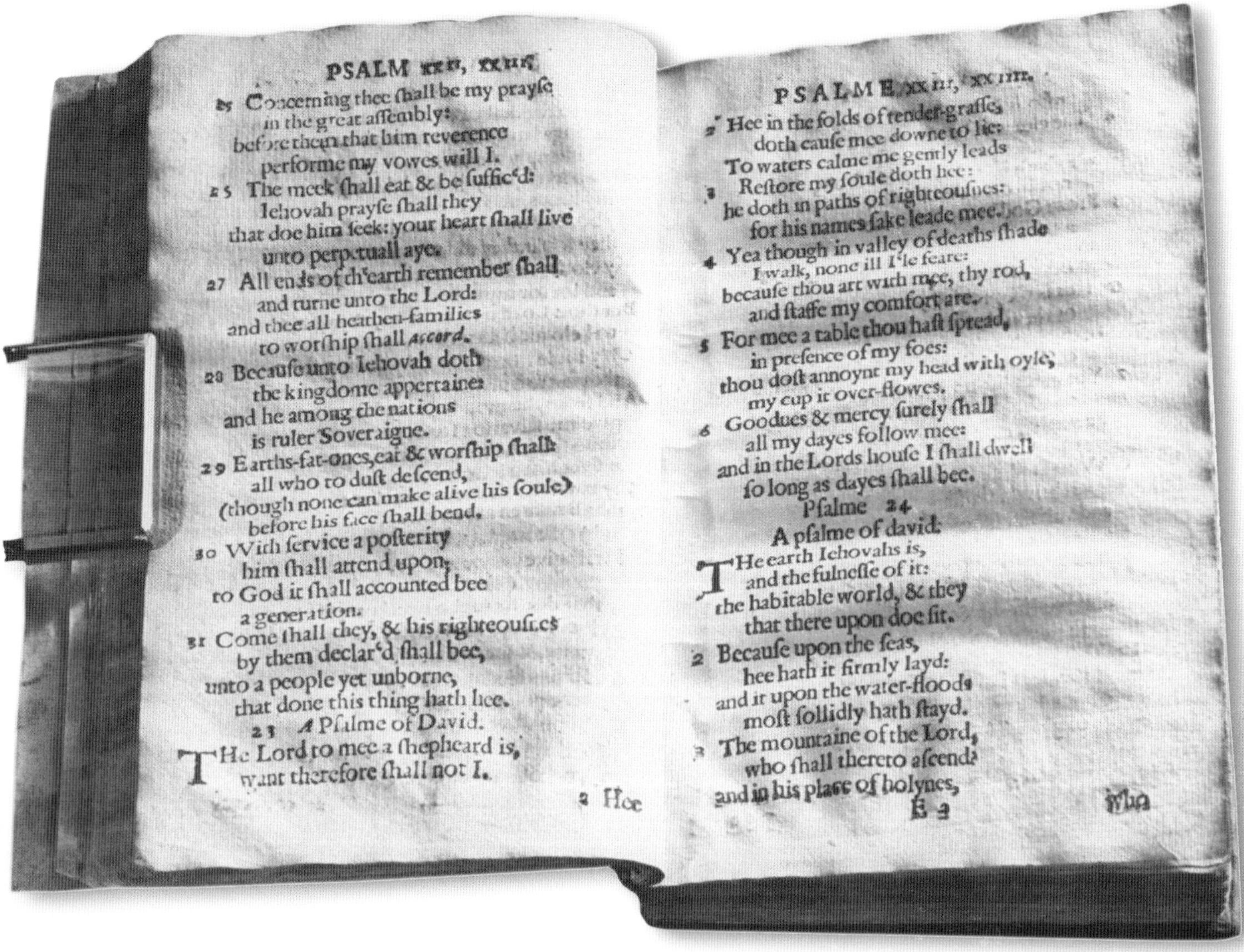

PSALM XXII, XXIII
25 Concerning thee shall be my prayse
in the great assembly:
before them that him reverence
performe my vowes will I.
26 The meek shall eat & be suffic'd:
Iehovah prayse shall they
that doe him seek: your heart shall live
unto perpetuall aye.
27 All ends of th'earth remember shall
and turne unto the Lord:
and thee all heathen-families
to worship shall accord.
28 Because to Iehovah doth
the kingdome appertaine:
and he among the nations
is ruler Soveraigne.
29 Earths-fat-ones, eat & worship shall:
all who to dust descend,
(though none can make alive his soule)
before his face shall bend.
30 With service a posterity
him shall attend upon,
to God it shall accounted bee
a generation.
31 Come shall they, & his righteousnes
by them declar'd shall bee,
unto a people yet unborne,
that done this thing hath hee.
23 A Psalme of David.
THe Lord to mee a shepheard is,
want therefore shall not I.
2 Hee

PSALME XXIII, XXIIII.
2 Hee in the folds of tender-grasse,
doth cause mee downe to lie:
To waters calme me gently leads
3 Restore my soule doth hee:
he doth in paths of righteousnes:
for his names sake leade mee.
4 Yea though in valley of deaths shade
I walk, none ill I'le feare:
because thou art with mee, thy rod,
and staffe my comfort are.
5 For mee a table thou hast spread,
in presence of my foes:
thou dost annoynt my head with oyle,
my cup it over-flowes.
6 Goodnes & mercy surely shall
all my dayes follow mee:
and in the Lords house I shall dwell
so long as dayes shall bee.
Psalme 24.
A psalme of david.
THe earth Iehovahs is,
and the fulnesse of it:
the habitable world, & they
that there upon doe sit.
2 Because upon the seas,
hee hath it firmly layd:
and it upon the water-floods
most sollidly hath stayd.
3 The mountaine of the Lord,
who shall thereto ascend?
and in his place of holynes,
E 2 who

Zwei Seiten des echten *Bay Psalm Book,* auf denen man die Typen aus dem 17. Jahrhundert erkennt, die Hofmann für seine Fälschung verwendete.

trocknen zu lassen. Nach einer Behandlung mit Natronlauge wurde sie tatsächlich rissig. So schloss Flynn, dass 21 von den 79 von Hofmann an die mormonische Kirche verkauften Dokumenten suspekt waren.

DER TÖDLICHE FEHLER

Es war der Staatsanwalt Theodore Cannon, der 17 Jahre lang im Buchdruck gearbeitet hatte, der bewies, dass der *Eid* eine Fälschung war. Jeder Druckletter sitzt auf einem Bleistock, der höher ist als die Distanz zwischem dem obersten Punkt des höchsten Zeichens und dem untersten Punkt des niedrigsten Zeichens. Die längsten Zeichen in einer Zeile können den höchsten Zeichen in der nächsten Zeile daher nicht näher kommen als die durch den Stock definierte Distanz. Bei Hofmanns Dokumenten konnte man mit bloßem Auge sehen, dass dies nicht der Fall war.

Hinzu kam die Frage der „Blumenumrandung“. Als die Bleilettern zu einem Text zusammengesetzt wurden, mussten sie von langen Metallleisten zusammengehalten werden, bevor dieser umrandet werden konnte. Hofmann hatte dies nicht bedacht und daher gab es nicht genügend Leerraum zwischen dem Text und der Umrandung. So war bewiesen, dass Hofmanns Ausgabe des *Oath* nie mittels Bleisatz hergestellt worden sein konnte.

KAPITEL 4

NEUE URGESCHICHTE

Die Herstellung eines Objektes, das scheinbar viele Jahrhunderte als ist, ist verlockend. Da seine Existenz nirgendwo verzeichnet ist, ist seine Herkunft nur schwer in Frage zu stellen.

Menschen, die prähistorische Fälschungen produzieren, behaupten meist, sie hätten sie ausgegraben – manchmal zusammen mit echten Stücken. Tatsächlich wurden einige der aufregendsten Entdeckungen jedoch in Gebieten gemacht, wo man zuvor nichts vermutet hatte, wie die heutigen Amateur-Archäologen mit ihren Metalldetektoren gezeigt haben. Auch diese Fälscher haben komplexe Motive, nicht immer ist es finanzieller Profit. Häufig – wie bei Rouchomovsky und „Flint Jack" (siehe unten) – stellen sie ihre Fälschungen aus reiner Lust an ihrem Können her. Andere – wie erfolglose Künstler, die sich der Fälschung zuwenden – möchten die Experten narren. Wieder andere wollen ihr persönliches Prestige aufbauen und wieder andere machen es aus Spaß an der Sache.

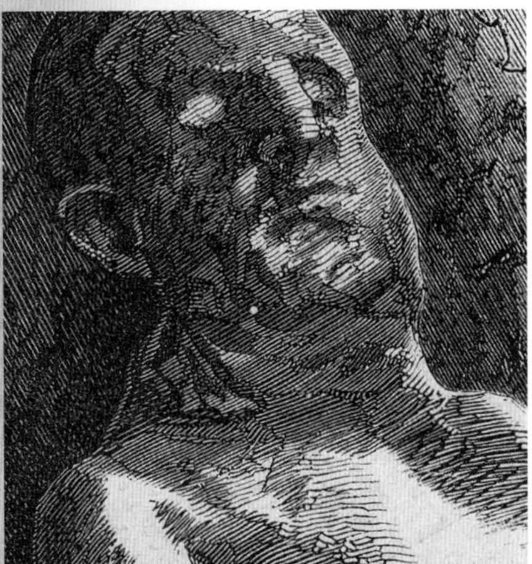

Gegenüber: Die Klippen von Qumran, Israel, wo die Schriftrollen des Toten Meeres gefunden wurden. Ähnliche Rollen, die Moses Shapira 1883 zum Kauf anbot, entpuppten sich als Fälschungen.

Links: Der Riese von Cardiff, ein Kunstbild aus einer Zeitung.

DAS „MISSING LINK“

Es gibt kein berühmteres Beispiel für eine prähistorische Fälschung als den Piltdown-Schädel. Charles Darwin (1809–1882) hatte 1871 das Buch *Über die Herkunft des Menschen* publiziert, in dem er seine Theorie darlegte, wonach sich die Menschheit langsam aus affenähnlichen Vorfahren entwickelt habe. 15 Jahre zuvor hatte man im Neandertal nahe Düsseldorf ein menschenähnliches Skelett gefunden. Zwei weitere wurden 1866 in Spy, Belgien, entdeckt; hominide Fossilien fand man auch auf Java 1891 und in Deutschland 1907. Aber keiner dieser Funde wies Schädelcharakteristika ähnlich denen moderner Menschen auf und in den ersten Jahren des 20. Jahrhunderts versuchten die Anthropologen krampfhaft, das fehlende Bindeglied zu finden, das die Evolutionstheorie beweisen würde.

1908 fiel dem Amateur-Geologen und Rechtsanwalt Charles Dawson (1864–1916) ein zerbrochener menschlicher Schädel in die Hände, der in einer Kiesgrube bei Piltdown in Südostengland gefunden wurde. Zusammen mit Arthur Smith Woodward, dem Leiter des britischen Geologie-Museums, grub Dawson in der Nähe den Kiefer eines affenähnlichen Wesens aus.

Im Dezember 1912 stellten die beiden den Schädel des „Piltdown-Mannes“ auf einer Sitzung der Geologischen Gesellschaft in London aus. Woodward erklärte, der Schädel sei definitiv menschlich; der Kieferknochen könnte der eines Affen sein, aber die Backenzähne seien abgeschliffen, wie es nur bei Menschen vorkäme. Man hätte auch eine Steinaxt, ein Knochengerät und tierische Reste gefunden, was darauf hindeutete, dass der Fund ca. 500.000 Jahre alt sei.

Obwohl dieses „Fehlende Glied“, nach ihm selbst benannt, Dawson Ruhm einbrachte, meldeten andere Anthropologen Zweifel an und erklärten, die beiden Schädelteile gehörten zu unterschiedlichen Spezies aus unterschiedlichen Zeiten. Die Zweifler verstummten jedoch, als man zwei Meilen von Piltdown entfernt 1915 einen weiteren, ähnlichen Schädel fand. Einige Monate später starb Dawson.

Auch die Axt war gefärbt und die Knochengeräte zeigten Spuren einer Bearbeitung mit Metallwerkzeugen. Nun wurde klar: Der „Piltdown-Mann“ hatte nie existiert.

In den folgenden Jahren wurden weitere primitive Schädel in verschiedenen Gegenden der Welt gefunden. Manche wurden viel früher als die Piltdown-Exemplare datiert und eines wurde klar: Über eine Million Jahre hinweg entwickelten die Hominiden einen menschenähnlichen Kiefer mit entsprechenden Zähnen und erst später den größeren Schädel. Der Piltdown-Mensch war keinenfalls das „Missing Link“.

KEIN MENSCH, EIN ORANG-UTAN

1949 klärte sich alles auf. Kenneth Oakley vom British Museum erhielt die Genehmigung, zu untersuchen, wie viel Fluor die Schädel aus der Umgebung aufgenommen hatten. Seine Ergebnisse zeigten, dass die Schädel viel jünger waren als die Tierreste, neben denen man sie gefunden hatte. Ein zweiter Test ergab, dass die Kiefer jünger waren als die Schädel. Die Schädel waren mit Eisensulfat gefärbt, der Kiefer gehörte einem Orang-Utan und war mit Kaliumdichromat gefärbt, die Zähne waren abgefeilt worden. Auch die Axt war gefärbt und die Knochengeräte wiesen Spuren von einer Bearbeitung mit Metallwerkzeugen auf. Nun lag die Wahrheit auf der Hand: Der Piltdown-Mensch hatte nie existiert. 1953 wurden die Fakten über die Fälschung ordnungsgemäß publiziert.

1959 wurde das Ausmaß der Fälschung noch genauer belegt, als die Radiokarbonmethode ein viel jüngeres Alter für den ersten Schädel ergab. Statt aus der Urgeschichte zu stammen, war der Schädel bloß 600 Jahre alt. Außerdem wusste man, dass Opfer der Pest von 1348–1350 in einer Pestgrube hinter der Kiesgrube beerdigt worden waren. Es schien sehr wahrscheinlich, dass der Piltdown-Mensch eines jener unglücklichen Pestopfer gewesen war.

WER WAR ALSO DER FÄLSCHER?

Lange Zeit glaubte man, Dawson sei der Missetäter gewesen. Er hatte offen zugegeben, einige Fragmente in Dichromat-Lösung gelegt zu haben, im Glauben, dies würde sie härten. Dies erklärte aber nicht die übrigen fraglichen Punkte. Es konnte gut sein, dass Dawson selbst das erste Opfer eines Streiches war. Sicherlich war er leichtgläubig genug. Dawson präsentierte in örtlichen Museen andere Funde, die ihm gebracht worden waren; sie entpuppten sich allesamt als offenkundige Fälschungen.

Verdächtigt wurde häufig der französische Jesuitenpater und Paläontologe Pierre Teilhard de Chardin (1881–1955), der Dawson und Woodward 1912 bis 1913 assistiert hatte. Teilhard hatte jenen echten Hundezahn gefunden, der dazu beigetragen hatte, den menschlichen Ursprung des Piltdown-

Der junge französische Paläontologe Pierre Teilhard de Chardin (ganz links) und Arthur Smith Woodward (neben ihm) mit Arbeitern in der Grabung von Piltdown 1912.

Sir Arthur Keith im Museum des Royal College of Surgeons in London. Er war auf den Piltdown-Schwindel hereingefallen und blieb zeitlebens von der Echtheit der Fundstücke überzeugt.

Schädels zu erhärten und den er ebenso leicht dorthin gelegt haben konnte, wo er ihn dann fand. Er hatte aber einen ausgezeichneten Ruf als Paläontologe und Philosoph, sodass so eine bewusste Täuschung für ihn kaum vorstellbar scheint.

Erst um 1980 tauchten die Namen von zwei weiteren potenziellen Fälschern auf. Der eine war der *Public Analyst* von Sussex, Samuel Woodhead, der 1941 starb. Der andere war John Hewitt, Chemie-Professor an der Universität London, der rund 40 Jahre später (vielleicht im Spaß?) zwei Damen bei einem Mittagessen gestand, der Schuldige gewesen zu sein. Viele andere wurden verdächtigt, darunter sogar Sir Arthur Conan Doyle, dessen Roman *Die verlorene Welt* über das Überleben prähistorischer Wesen im südamerikanischen Dschungel 1912 erschien. Einige Verdächtigte behaupteten, den Namen des Fälschers zu kennen, behielten ihn aber für sich.

PERGAMENTSCHNITZEL

Ernste Zweifel gibt es an der Karriere von Moses Wilhelm Shapira (1830–1884). Handelte er bewusst mit gefälschter antiker Töpferware oder war er unschuldig? Kamen die Pergamentreste, die er kaufte, aus der gleichen Quelle wie die 63 Jahre später gefundenen Qumran-Schriftrollen oder waren sie Fälschungen? Was wurde aus ihnen?

Shapira stammt aus einer polnisch-jüdischen Familie aus der heutigen Ukraine.

Sein Vater wanderte nach Jerusalem aus und Moses folgte ihm mit 25 Jahren. In Jerusalem konvertierte er zum Christentum und eröffnete 1861 einen Souvenirladen.

1868 fand man in Dhiban, Palästina, östlich des Toten Meeres, einen 1 m hohen schwarzen Basaltstein. In der Hoffnung, für jedes Stück einen guten Preis zu erzielen, hatten ihn Anwohner in Stücke gebrochen, die im Louvre wieder zusammengesetzt wurden. Zeichen auf dem Stein beschrieben die Moabiter, ein Volk, das um das 9. Jahrhundert v. Chr. im alten syrischen Königreich lebte. Weitere Informationen über dieses Volk stammten fast nur aus der Bibel. Immerhin konnten die Historiker so das Alphabet und die Sprache der Moabiter rekonstruieren.

Die Entdeckung steigerte das Interesse an den Moabitern und 1873 verkaufte Shapira moabitische Tonfiguren, Köpfe, Schüsseln und erotische Gegenstände, die angeblich alle aus der gleichen Gegend wie der Stein kamen. Einige Teile trugen sogar moabitische Inschriften. Shapira verkaufte ungefähr 1.700 dieser Fälschungen an das Berliner Museum und finanzierte damit weitere Grabungen. Ein französischer Forscher und Diplomat namens Charles Clermont-Ganneau fand jedoch heraus, dass der arabische Töpfer Salim al-Kari die Tongegenstände gefälscht hatte, möglicherweise im Auftrag von Shapira. Shapira beteuerte jedoch seine Unschuld und machte den Töpfer für alles verantwortlich.

DER RUF IST RUINIERT

Diese Enthüllungen warfen ihren Schatten auf die folgenden Ereignisse. Eigenen Angaben zu folge kaufte Shapira 1878 15 etwa 9x18 cm große Pergamentstreifen, die aus einer Höhle am Toten Meer stammten. Beschrieben waren sie in sehr altem Hebräisch aus der Zeit vor dem 6. Jahrhundert v. Chr. Shapira meinte, der Text müsse biblisch sein, und schickte die Streifen zur Beurteilung nach Berlin. Der deutsche Experte erinnerte sich jedoch an die Verwicklung Shapiras in die Tonscherbenaffäre und lehnte die Zusammenarbeit ab.

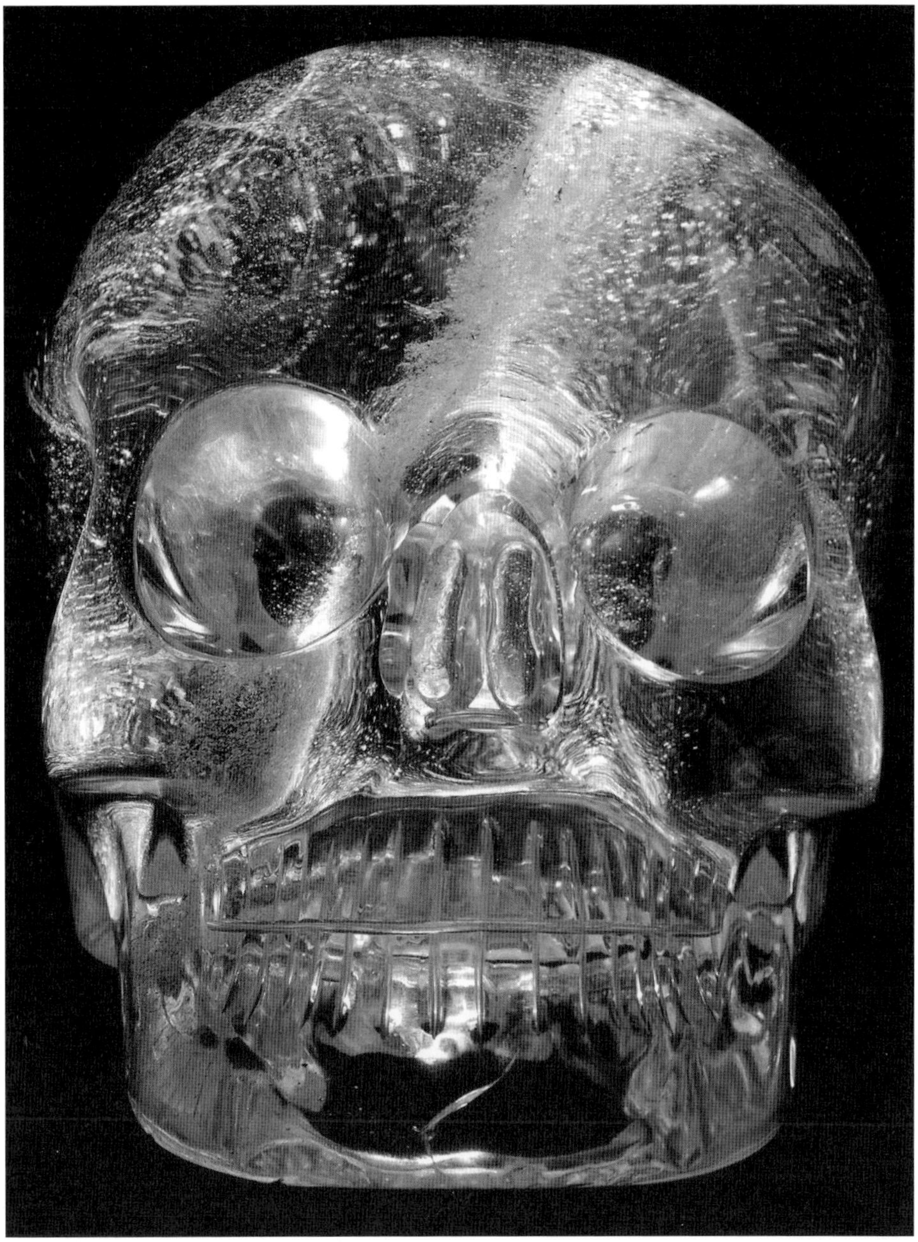

Dieser angeblich von den Azteken geformte Totenkopf des British Museum stand über 30 Jahre lang im Verdacht, gefälscht zu sein. Die Bestätigung kam im Januar 2005, als britische Experten elektronenmikroskopisch nachwiesen, dass er mit der Schleifscheibe eines Juweliers bearbeitet worden war.

Daraufhin übersetzte Shapira die Texte selbst und war 1883 fertig. Er fand heraus, dass der Text ein Teil des Deuteronomium aus der Bibel und 300–400 Jahre älter war als die *Septuaginta*, die griechische Übersetzung der Schriften aus dem 3. Jahrhundert v. Chr., der Quelle, aus der die meisten späteren Bibelübersetzungen schöpften. Die Texte waren zwar ähnlich, unterschieden sich jedoch in zahlreichen Details.

UNTERSUCHUNG DER STREIFEN

Shapira bot die Streifen dem British Museum für 1 Mio Pfund an. Während man auf die Antwort des Experten Christian Ginsburg wartete, stellte das Museum zwei Streifen aus, die viele Besucher anzogen, darunter auch Clermont-Ganneau, den Franzosen, der die Moabiter-Töpfereien als Fälschungen entlarvt hatte. Shapira hatte Clermont-Ganneau eine eingehende Inspektion der Streifen verweigert. Trotzdem verfasste Letzterer ebenfalls eine Expertise. Beide Experten kamen zum gleichen Schluss: Die Pergamente seien gefälscht. Alle Streifen hatten eine sauber geschnittene Oberkante und enthielten Schreibfehler, die darauf hindeuteten, dass der Text einem Schreiber diktiert worden war, der das archaische Hebräisch nicht kannte. Clermont-Ganneau behauptete später, dass eines der Pergamentstücke von einer echten jemenitischen Rolle abgeschnitten war, die Shapira zuvor dem Museum verkauft hatte.

Shapira war hoch verschuldet und der letzte Rest seiner Reputation zerstört. 1884 nahm er sich im Hotel Bloemendaal in Rotterdam das Leben. Zwei Jahre später ließ Sotheby die Pergamentstreifen in London versteigern, wobei sie einen Preis von zehn Guineen erzielten. 1887 fielen sie wahrscheinlich einem Feuer im Hause des Besitzers zum Opfer, obwohl sie später angeblich in Australien gesehen wurden.

Seit 1947 hat man beachtliche Mengen an Pergamentrollen in den Höhlen von Qumran am Toten Meer entdeckt. Alle sind in der gleichen alten Schrift wie die Shapira-Streifen geschrieben und etliche haben einseitig einen scharf geschnittenen Rand. Wie Letztere weichen ihre Texte in vielen Details von den gültigen Versionen ab, trotzdem glauben die Experten an ihre Echtheit. Waren die Shapira-Streifen nun Fälschungen oder ging ein wertvoller Beitrag zur Bibelforschung verloren? Wurde ein unschuldiger Mensch in den verzweifelten Selbstmord getrieben?

Waren die Shapira-Streifen nun Fälschungen oder ging ein wertvoller Beitrag zur Bibelforschung verloren? Wurde ein unschuldiger Mensch in den verzweifelten Selbstmord getrieben?

DIE TIARA DES SAITAPHARNES

Im 19. Jahrhundert setzte eine Zeit der archäologischen Entdeckungen in Südrussland, entlang der Nordküste des Schwarzen Meeres, ein. Man fand Reste der Skythen, die hier im 7. Jahrhundert v. Chr. gelebt hatten. Davor hatte man die Skythen für einen Mythos gehalten, obwohl griechische Siedler in der Gegend gewesen waren. Andererseits weiß man jetzt, dass die Griechen den Skythen die Goldschmiedekunst brachten. Jahrhunderte später war jeder, der den Ausgrabungen beiwohnen konnte, von den erstaunlichen Fertigkeiten der skythischen Goldschmiede zutiefst beeindruckt.

1895 kam der bemerkenswerteste Fund auf den Markt. Ein reich dekorierter goldener Helm war es, der als königliche Tiara entsprechend ausgestattet war. Der obere Teil enthielt Reliefs mit Szenen aus Homers *Ilias*, darunter Jagdszenen, Pferdebändigungen und Tierkämpfe. Eine Inschrift in griechischen Buchstaben identifizierte ihn als Kopfbedeckung, die einst dem Skythenkönig Saitapharnes von den Einwohnern der Stadt Olbia verliehen worden war.

Der damalige Besitzer der Tiara war ein russischer Getreidehändler namens Schapschelle Gokhman. Er bot sie zuerst zu einem hohem Preis in Wien an, aber skeptische Archäologen weigerten sich, ihre Echtheit zu bestätigen. Das British Museum lehnte den Kauf ebenfalls ab. Schließlich kaufte der Louvre in Paris die Tiara zum schwindelerregenden Preis von 400.000 Francs.

"SIE SOLLTEN ERST MAL MEINEN SARKOPHAG SEHEN!"

Viele Gelehrte bestritten die Echtheit der Tiara. Sie wiesen darauf hin, dass einige Reliefszenen anscheinend von anderen Objekten kopiert worden waren und dass die Motive aus verschiedenen Perioden der Antike stammten. Die Kontroverse hielt bis 1903 an, bis ein französischer Künstler vom Montmartre behauptete, er habe die Tiara gefälscht. Dies führte zu einem Leserbrief eines in Paris lebenden russischen Goldschmiedes an die Zeitschrift *Le Matin*, in der dieser behauptete, dass das Objekt von seinem guten Freund Israel Rouchomovsky gefertigt worden sei, der als Goldschmied in Odessa am Schwarzen Meer lebe.

Rouchomovsky wurde nach Paris geholt und von einer Kommission unter der Leitung von Charles Clairmont-Ganneau befragt, der schon Moses Shapira in Misskredit gebracht hatte. Rouchomovsky gab freimütig zu, dass er die Tiara für Gokhman gefertigt habe, wobei er Bücher und alte Fragmente zu seiner Inspiration verwendet habe. Er untermauerte seine Ausführungen, indem er eine Kopie eines Teils der Tiara herstellte. „Die Tiara ist kein Kunstwerk, sie ist grob gestaltet. Sie sollten mal meinen Sarkophag sehen!“, erklärte er.

Rouchomovsky nutzte die Publicity aus, die seine Erklärung ausgelöst hatte, und stellte einige seiner Fälschungen im Pariser Salon aus. Seine Arbeit wurde sogar prämiert. Lustigerweise waren unter den Fälschungen auch ein Trinkhorn und ein Brustpanzer – die sechs Jahre zuvor als angeblich echte Stücke am Markt waren. Von ihm und Gokhman hörte man später nie wieder.

Die Enthüllung, dass die Tiara der Saitapharnes modern war, gab Anlass zu so mancher Satire wie dieser, in der der König mit seiner Tiara auf dem Kopf 1896 dem Grab entsteigt.

Die Familie Fradin richtete in Glozel ein kleines Museum ein, um all die mysteriösen Stücke auszustellen, die man über die Jahre ausgegraben hatte.

DAS RÄTSEL VON GLOZEL

Im März 1924 pflügte der 24-jährige Emile Fradin einen Acker seines Vaters in der Nähe des Dörfchen Glozel in der Auvergne in Zentralfrankreich. Plötzlich stolperte die Kuh, die den Pflug zog, in ein ovales Loch. Als man den Zugang freilegte, zeigte sich ein ca. 2,5 m langes Loch, das innen gepflastert war. Darin lagen Töpfe, Täfelchen, Backsteine und Klumpen aus Glas. Die Backsteine waren mit einer dünnen, glasartigen Schicht überzogen. Anscheinend hatte die Kuh einen mittelalterlichen Brennofen freigelegt, zumal es ähnliche Brennöfen in der Gegend gab. Die Fradin-Familie wähnte sich dagegen sicher, eine alte Grabstätte gefunden zu haben.

Die Kunde von dieser Entdeckung erreichte auch Dr. Albert Morlet, einen Chirurgen und Amateur-Archäologen aus Vichy. Er erwarb die Rechte, die Fundstätte näher zu untersuchen; er und Emile Fradin entdeckten bald viele außerordentliche Objekte, darunter Töpfe, Hermaphroditen-Figuren, Schriften in Ton und Pfeilspitzen aus Feuerstein. In Kieselsteine und Knochenstücke waren Tiermotive eingraviert, von denen manche schon seit Jahrhunderten ausgestorben waren. Am rätselhaftesten aber waren Lehmtäfelchen mit merkwürdigen Inschriften. Da gab es die Buchstaben aus dem modernen Alphabet neben einer Menge Extrasymbole; alles zusammen 133 Schriftzeichen.

ZU SCHÖN UM WAHR ZU SEIN?

Der Wirrwarr von Objekten, die Dr. Morlet vorfand, sowie der Umstand, dass sie stilistisch völlig verschiedenen archäologischen Perioden angehörten, ließ vermuten, dass entweder er selbst oder jemand mit Zugang zu solchen Stücken den Fundort „gesalzen" hatte. Andererseits war Salomon Reinach, einer der führenden französischen Archäologen seiner Zeit, überzeugt, dass die Lehmtafeln, die laut Morlet 10.000 Jahre alt waren, seine Theorie untermauerten, dass sich die Schrift in Europa entwickelt habe.

1927 entsandte der Internationale Anthropologenkongress eine Kommission, um den Fundort zu überprüfen. Sie berichtete, dass es dort nichts Altes gäbe. Es gäbe Anzeichen, dass Kiesel und Knochen mit Stahlwerkzeugen bearbeitet worden waren, und einige Tontöpfe waren so weich, dass sie sich in Wasser auflösen würden. Unbeeindruckt organisierte Reinach 1928 eine weitere Grabung. Nach drei Tagen Arbeit in offensichtlich unberührter Erde förderte er etliche Objekte zu Tage, darunter wieder eine Tontafel. Dass die Tafel von Wurzeln umsponnen war, galt als Beweis dafür, dass sie nicht erst kürzlich dort vergraben worden war. Morlet setzte seine Grabungen fort und die Fradins richteten ein kleines Museum für ihre Funde ein. Langsam nahm jedoch das Interesse an der Ausgrabung ab. Bis 30 Jahre nach dem Zweiten Weltkrieg ruhte die Kontroverse.

Um 1974 hatte sich die Thermolumineszenz zur Altersbestimmung von alten Tonwaren etabliert. Wissenschaftler aus Schottland, Dänemark und Frankreich führten an etlichen Stücken aus Glozel Untersuchungen durch. Sie ergaben einen Zeitrahmen von 700 v. bis 100 n. Chr., die Funde waren also viel jünger als Dr. Morlet gemeint hatte. Die Messungen stimmten mit dem Alter überein, das die Karbonmethode für einen Knochen ergeben hatte. Ein anderes Fragment wurde auf 1200–1350 v. Chr. datiert, aber hier handelte es sich möglicherweise um ein Ziegelstück aus dem Brennofen.

1983 wurde in Glozel unter höchster Geheimhaltung erneut gegraben, und zwar 500 m von der ersten Fundstelle entfernt. Man fand nur einige Stücke, doch seltsamerweise trugen einige die mysteriöse Schrift. Bis heute ist das Rätsel ungelöst.

Die Senke im Feld von Glozel, in der die ersten Fundstücke lagen.

DOSSIER
DIE ELEMENTE DES RÄTSELS VON GLOZEL

- Die „Echtheitsvertreter“ von Glozel betrachten die Thermoluminiszenz-Messungen als Beweis dafür, dass die Stücke wirklich alt sind.
- Wenn aber die Datierung korrekt ist, wie konnten dann die Knochen mit Zeichnungen von lange ausgestorbenen Tieren verziert sein?
- Dr. Morlet war Amateur-Archäologe und hatte damit sicherlich Zugang zu Fundstücken aus verschiedenen Zeitperioden.
- Die ersten Glozel-Ausgrabungen waren buchstäblich frei für alle. Es gab keine Aufsicht und jeder konnte behaupten, er habe einen Fund ausgegraben – selbst wenn er ihn zur Fundstelle mitgebracht hatte.

Mitglieder der 1927 vom Internationalen Anthropologenkongress eingesetzten Kommission besichtigen den Fundort Glozel, wo Dr. Morlet die Tafeln mit den seltsamen Inschriften entdeckte.

DER FÄLSCHERPRINZ

Er hatte viele Spitznamen, darunter „Fossil Willy", „Shirtless", „Snake Billy" und „Bones". Am bekanntesten war er jedoch unter „Flint Jack" („Feuerstein-Jack"). Sein richtiger Name war Edward Simpson und geboren wurde er 1815 in Sleights in der Nähe von Whitby, Yorkshire, England.

Als Simpson 14 Jahre alt war, nahm ihn ein Amateur-Geologe und Historiker mit auf die Suche nach Fossilien. Später arbeitete er als Assistent eines Arztes, der ebenfalls an Fossilien interessiert war. Als dieser starb, fing „Jack" selbst an, Fossilien zu sammeln, die er an Händler verkaufte. 1843 zeigte ihm ein Händler eine Pfeilspitze aus Feuerstein und fragte, ob er sie kopieren könnte. Jack verstand offenbar instinktiv, wie man aus Feuersteinen Pfeilspitzen machte. Die Kopie gelang so gut, dass er nicht widerstehen konnte und viele weitere anfertigte. Sie verkauften sich wie warme Brötchen.

Bald erweiterte Jack sein Arbeitsfeld, indem er alte Urnen anfertigte, die er angeblich aus Grabhügeln im Hochmoor geborgen hatte. Er meißelte eine Inschrift auf einen „römischen" Meilenstein, den er dann in einem Feld vergrub, um ihn später wieder auszugraben und zu verkaufen. In einer archäologischen Zeitschrift erschien 1867 ein Artikel, in welchem ein guter Bekannter einen Bericht über Jack veröffentlichte. Er nannte ihn den wahren „Prinzen der Fälscher – Feuersteine in jeder Form, Meißel, Steinhämmer, alte Töpfe, Steine mit Inschriften, Fibeln, Malsteine, Waffen, kurz, alles, was man sich nur vorstellen kann –, dessen Funde gebildete Leute so täuschen, dass man sie in jedem Sammlerschrank findet!"

1846 fing Jack schwer zu trinken an und durchwanderte England kreuz und quer wie ein Landstreicher. Er kam nach London, wo er sowohl echte wie gefälschte Fossilien und Ergänzungen verkaufte. Auf die Frage, ob er das British Museum genarrt habe, antwortete er: „Natürlich! Die haben viele meiner Sachen – und gute noch dazu!“

EIN WANDERNDER SCHWINDLER

Nach seiner Rückkehr in den Norden arbeitete Jack in York im Städtischen Museum, wo es ihn aber nicht lange hielt. 1852 kehrte er nach London zurück, wo er für James Tennant, Professor für Geologie am Kings College, London, etliche Schaustücke für den Unterricht herstellte. Er zog stets umher und verkaufte seine Produkte überall, um seinen Alkoholbedarf zu finanzieren. Am 6. Januar 1862 war das Auditorium bei einem Treffen der Geologischen Gesellschaft in London überrascht, einen „wettergegerbten Mann von etwa 45 Jahren in zerlumpten Kleidern und schweren Stiefeln“ auf dem Podium zu sehen. Man war vielleicht noch mehr überrascht, als Jack über eine Stunde lang seine Kunst in der Herstellung von Feuerstein-Geräten demonstrierte.

Schließlich musste Jack sein Bier durch Diebstahl finanzieren. 1867 wurde er zu einem Jahr Gefängnis in Bedford verurteilt. Natürlich verließen den Alkoholiker auch seine Fähigkeiten. Er saß mindestens noch eine weitere Strafe ab, bevor er einige Jahre später im Armenhaus verstarb.

Fast ein Jahrhundert nach dem Höhepunkt seines Ruhmes meinte ein Autor, der über Archäologie schrieb, „Flint Jack“ hätte einen idealen modernen Museumsassistenten abgegeben. „Wenn das Interesse an prähistorischen Stücken nicht so groß gewesen wäre, hätte er vielleicht seine Begabung nie entdeckt und sein Talent nicht so weit fortgebildet; auch wären seine Intentionen nicht missverstanden und sein Talent nicht ausgenutzt worden, wenn die Einstellung der meisten Antiquare anders gewesen wäre.“

RIESEN IN DER ERDE

Im Frühling 1868 besuchte ein plumper Zigarrendreher namens George Hull aus Binghamton, New York, seine Schwester in Ackley, Iowa. Eines Abends hörte er einen zornigen Prediger die Bibel, Genesis 6, 4, zitieren: „In jenen Tagen gab es auf der Erde die Riesen.“ Wie er später erzählte, hielt ihn dieser Satz fast die ganze Nacht wach. Er war auf eine glänzende Idee gekommen.

HERSTELLUNG EINES RIESEN

In einem Steinbruch bei Fort Dodge fand Hull einen festen Gipsblock, 3,65 m lang, 1,20 m breit und 55 cm hoch. Er wog über zwei Tonnen, aber Hull schaffte es, den

„Flint Jack“, wie er vor der Geologischen Gesellschaft 1862 in London auftrat: „Ein wettergegerbter Mann ... in zerlumpten Kleidern und schweren Stiefeln.“

Beispiele von Pfeilspitzen aus Feuerstein, die von „Flint Jack" meisterlich bearbeitet wurden.

Block nach Chicago zu transportieren. Zerbrochene Wagen und eingestürzte Brücken säumten seinen Weg. Auf dem Grundstück des Steinmetzen Edward Burghardt wurde aus dem Gipsblock die Statue eines riesigen kahlköpfigen Mannes gehauen. Der Körper war gekrümmt, als ob der Mann unter großen Qualen gestorben wäre; Hull selbst saß für den Kopf Modell. Dunkle Streifen im Gips sahen wie Venen aus, die Poren der Haut ließen sich durch das Bearbeiten der Figur mit Stahlstiften simulieren, die in Holzblöcke eingeschlagen waren.

Hull behandelte die Statue mit Schwefelsäure, um sie vor dem Transport zur Farm seines Vetters William „Stubby" Newell zu „altern". Diese Farm lag etwa 13 Meilen von Syracuse, New York, entfernt. Newell kämpfte seit Jahren verzweifelt um ihre Erhaltung. Gemeinsam vergruben sie den Riesen mit Hilfe von zwei zum Schweigen verpflichteten Gehilfen in einem flachen Grab hinter der Scheune, deckten ihn zu und ließen ihn dort fast ein Jahr lang liegen.

Laut Plan sollte Newells Arbeiter auf der Farm einen Brunnen ausheben und den Körper entdecken lassen. Doch bevor es so weit war, wurde in der Nähe zufällig ein anderer Fund gemacht. Ein Farmer förderte beim Pflügen einige Knochen zutage, die von Wissenschaftlern der Cornell-Universität als echt angesehen wurden. Damit war das Szenario für den Auftritt des Cardiff-Riesen gestellt.

Am Freitag, dem 15. Oktober 1869, fanden die Brunnengräber bei ihrer Arbeit die Statue. Die Neuigkeit verbreitete sich in Windeseile. Newell errichtete sofort ein Zelt über dem „Grab" und nahm von den Schaulustigen 50 Cent für einen Blick auf die Figur. Innerhalb einer Woche reisten die Leute sogar von New York an; der Eintrittspreis wurde auf 1 Dollar erhöht. Newell tauschte seinen Overall gegen einen Cut und hielt Vorträge über die Entdeckung des Riesen.

EINE GEBANNTE MENGE

„Wenn man ihn ansah, konnte man sich des Gefühls nicht erwehren, dass man neben einem großen, höheren Wesen stand. Die Menge, die sich um ihn gruppierte, schien fast sprachlos. Niemand scherzte." So der Bericht eines Reporters.

Nach einem Monat brachte man den Riesen nach Syracuse und stellte ihn aus. Herausragende Wissenschaftler stritten darüber, ob es eine alte Statue oder ein versteinerter Mensch war. Dr. Andrew D. White, erster Präsident der Cornell-Universität, hatte ein Stück analysieren lassen und erfahren, dass die Figur aus reinem Gips bestand; aber er teilte sein Wissen nicht mit.

Wenn man ihn ansah, konnte man sich des Gefühls nicht erwehren, dass man vor einem großen, höheren Wesen stand.

—ZEITUNGSBERICHT ÜBER DEN CARDIFF-RIESEN

FÄLSCHUNG EINER FÄLSCHUNG

Für den angesehenen Bildhauer aus New York, Erasmus Dow Palmer bestand kein Zweifel: „Fälschung!" Dieses Urteil kam dem Schausteller Phineas T. Barnum zu Ohren, der am Broadway ein Museum mit

Der Körper des Cardiff-Riesen wurde im Mai 1948 im Bauernmuseum von Cooperstown, New York, ausgestellt. Er liegt dort in einem „Grab", genau wie man ihn fand.

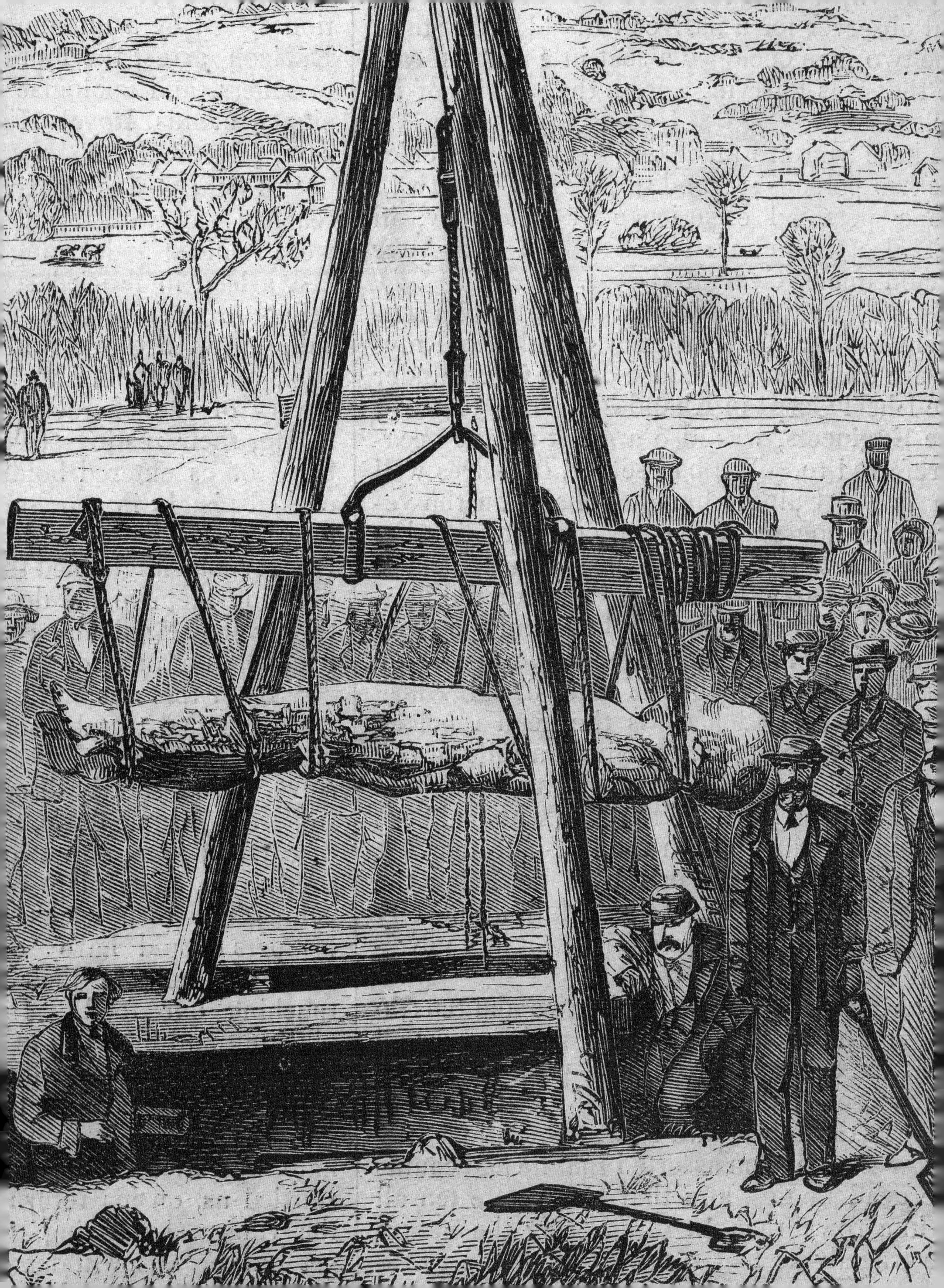

Größe und Gewicht des Cardiff Riesen werden aus dieser Zeichnung deutlich, auf der man sieht, wie die Figur im August 1869 aus William Newells Acker gehoben wurde.

DOSSIER
RÜCKKEHR IN EIN FLACHES GRAB

Nach der Aufdeckung ihrer wahren Geschichte nannten die Zeitungen die Statue „Old Hoaxey" („Alter Jux"). Unter diesem Namen tauchte sie Jahr für Jahr auf Jahrmärkten auf. 1901 war sie eine Attraktion auf der Panamerika-Ausstellung in Buffalo, New York, 1934 auf der Messe des Staates New York in Syracuse. Schließlich kaufte die Historische Gesellschaft von New York die Figur und stellte sie im Bauernmuseum in Cooperstown aus, wo sie in einem flachen Grab liegt, genau wie man sie 81 Jahre zuvor gefunden hatte.

Tierschau betrieb und überzeugt war, dass eine Fälschung der Fälschung genau das war, was ihm fehlte. Als der Cardiff-Riese zur Belebung des Weihnachtsgeschäftes nach New York gebracht wurde, war die Nachbildung bereits in Barnums Museum zu bestaunen. Doch die Existenz zweier Riesen, nur wenige Blocks voneinander entfernt, wurde für beide zum guten Geschäft.

Im Januar wurde die Statue nach Boston gebracht, wo der bekannte Essayist Ralph Waldo Emerson erklärte: „Erstaunlich ..., zweifelsohne ein echter versteinerter Mensch!" Aber Dr. Oliver Wendell Holmes, der berühmte Bostoner Anatom, tat etwas, woran vorher niemand gedacht hatte. Er bohrte ein Loch hinter das linke Ohr des Riesen und traf nur auf Stein, ohne eine Spur von fossilem Gehirn.

Der Cardiff-Riese setzte seine Reisen fort. Er galt nun nicht länger als Fossil, aber immer noch als Statue von hohem Altertumswert. Dann fing die Presse an, sich für seine Vorgeschichte zu interessieren und verfolgte ihn zurück nach Chicago. Als George Hull mit den Fakten konfrontiert wurde, lachte er nur und gab alles zu.

Mit einem kleinen Vermögen in der Hand und von der Leichtgläubigkeit der Öffentlichkeit ermutigt, beschloss Hull, seinen Coup verbessert zu wiederholen. Aus einer Mischung aus gemahlenem Stein, Ton, Knochen, Blut und Fleisch ließ er sich eine Figur formen, die er mehrere Wochen lang in einem Brennofen erhitzte. Mit Hilfe eines gewissen William Conant wurde die Figur 1877 in der Nähe des Ortes Beulah bei Pueblo, Colorado, vergraben. Einige Monate später „fanden" Conant und sein Sohn einen aus der Erde stehenden Fuß und gruben einen versteinerten Körper von ca. 2,7 m Länge aus. Sein Kopf war klein und affenartig, die Arme ungewöhnlich lang. Die Zeitungen nannten ihn bald den „Steinernen Muldoon", nach einem damals berühmten Kraftathleten.

„Es gibt keinen Zweifel an der Echtheit dieser Statue", erklärte die *Daily Times* von Denver. „Der Stein zeigt die Spuren der Zeit und die Umstände des Fundes schließen eine Widerholung der plumpen Fälschung mit dem Cardiff-Riesen aus." Schon fünf Monate später kam heraus, wie sehr man sich getäuscht hatte, als die Figur in New York ausgestellt wurde. Ein Gläubiger von Hull erzählte seine Geschichte der *New York Tribune*, was das Ende des Steinernen Muldoon bedeutete.

PASSPORT

KAPITEL 5

HOCHSTAPLER

Die Geschichte ist voller Menschen, die in andere Identitäten schlüpften. In einer der ältesten Geschichten täuschte Isaac seinen Vater Abraham, indem er sich als sein Bruder Esau ausgab.

Ein Hochstapler kann viele Motive haben. Vielleicht bekommt er seinen Traumjob nur, wenn er Zeugnisse fälscht oder behauptet, vom anderen Geschlecht zu sein. Dann gibt es noch entlastete Kriminelle, die wieder den rechten Weg gehen, oder Betrüger, die ihre Spuren verwischen wollen. Andere wiederum wollen Geld machen. Jemand, dem eine Ähnlichkeit mit einer anderen Person nachgesagt wird, kann diese Tatsache ausnutzen. Und manchmal machen es Gauner nur aus Spaß an der Täuschung. Es sind häufiger Frauen, die unter gewissen Umständen, freiwillig oder gezwungen, ihr Geschlecht „ändern“. Viele Frauen dienten in der Armee als „Männer“.

Gegenüber: Ein gefälscher Reisepass und Falschgeld, versteckt in einem ausgehöhlten Buch – der Einfallsreichtum von Kriminellen ist unglaublich.

Links: Wer war Kaspar Hauser? Er tauchte als Jugendlicher, der kaum sprechen konnte, im Mai 1828 in den Straßen von Nürnberg auf. Wilden Gerüchten zufolge war er mit dem Königshaus Baden verwandt.

Der junge „Dr. James Barry". Tatsächlich trat das erstaunlich frühreife Mädchen im Alter von nur 14 Jahren als qualifizierter Arzt der britischen Armee bei.

Eine der faszinierendsten Geschichten ist die von „James Barry" (1799–1865). Als sechsjähriges Kind kam sie mit ihrer Mutter von Irland nach London. Gescheit und frühreif, verkleidete sie sich als Junge und inskribierte Medizin an der schottischen Edinburgh University. Sie wurde angeblich im Alter von zwölf Jahren promoviert.

Nachdem sie für einen Chirurgen in London gearbeitet hatte, meldete sich „Dr. Barry" 1813 als Arzt bei der britischen Armee. 1816 wurde sie nach Südafrika abkommandiert und zum persönlichen Arzt des Gouverneurs ernannt. Sie arbeitete unermüdlich für die Genesung der Patienten in Militärspitälern, wie Florence Nightingale es ihr Jahre später gleichtun sollte. Die beiden Frauen trafen einander schließlich während des Krimkriegs (1854–1856).

Miss Nightingale beschrieb später, wie „Dr. Barry" ihr eine Moralpredigt hielt. „Ich muss sagen, sie war die abgehärtetste

Person, die ich je bei der Armee getroffen habe."

1822 avancierte Barry zum medizinischen Inspektor der Armee Es gab Gerüchte über ihr Geschlecht, das nur ein einziges Mal entdeckt wurde. In den 1840ern schlief sie einmal unbedeckt ein, und als sie aufwachte, sah sie zwei Offiziere am Rande ihres Betts. Beide mussten sich zur Verschwiegenheit verpflichten.

Ihr letztes Kommando war in Kanada als Generalinspektor von Spitälern. Als sie 1865 in London starb, sollte ein Chirurg und Offizierskollege ihren Tod bestätigen.

„Hände und Arme schienen das Geschlecht nicht gewechselt zu haben, sie konnten eher einen Stuhl tragen als einen Fächer."

— HORACE WALPOLE (1717–1797)
ENGLISCHER SCHRIFTSTELLER

Eine Frau hatte die Leiche hereingebracht und schrie auf: „Das gibt's doch nicht – das ist ja eine Frau!"

DER TRANSVESTITEN-SPION

Ein ungewöhnlicher Fall einen Mannes, der erfolgreich als Frau durchging, ist der des Chevalier d'Eon (1728–1810). Er wurde als Charles Geneviève Louis André d'Eon de Beaumont im französischen Tonnerre geboren. Die meiste Zeit seiner Kindheit verbrachte d'Eon in Kleidern seiner Schwestern. Die Mutter fand, sie passten zu seinem schlanken Körper, seinen blonden Haaren und den blauen Augen. Als Student am Collège Mazarin in Paris brillierte d'Eon in Sprachen, danach wurde er Sekretär im Pariser Finanzministerium.

D'Eon wettete mit seinen Freunden, dass er Madame de Pompadour, die Geliebte von Ludwig XV., überzeugen könnte, dass er eine Frau war: mit Erfolg. Sogar der König selbst wurde getäuscht und heuerte d'Eon als einen seiner persönlichen Spione an.

1755 wollte Ludwig Beziehungen zu Russland aufbauen und war entschlossen, die zukünftige Katharina die Große zu kontaktieren. Bald darauf betraten zwei Personen den russischen Hof: ein gewisser Chevalier Douglass, der sagte, er sei aus Schweden angereist, um die Bergbauaussichten zu überprüfen, und seine „Nichte," die hübsche, kleine Lia de Beaumont. „Sie" hatte ein Exemplar von Montesquieus *Vom Geist der Gesetze* bei sich, doch im Umschlag versteckt befand sich ein Brief an die zukünftige Zarin. D'Eon konnte beim Plau-

Links: Diese Aufnahme zeigt Barry kurz vor ihrem Tod im Alter von 66. Ihr wahres Geschlecht wurde erst nach ihrem Tod enthüllt.

„Sie kam mir wie ein Mann in Frauenkleidern vor."

—JAMES BOSWELL (1740–1795)

dern mit den Dienstmädchen am russischen Hof Informationen einholen und schaffte es auch, Katharina selbst zu bezaubern. Als Folge dieses Besuchs wurden die russisch-französischen Beziehungen wieder hergestellt und ein drohender Vertrag mit England nicht unterzeichnet.

Als Zeichen der Anerkennung wurde d'Eon von Ludwig XV. zum Ritter geschlagen, danach zum Anführer eines Dragonerregiments gemacht, worauf er nach London als Obersekretär der französischen Botschaft ging, wo er die Briten ausspionierte. Er verkrachte sich jedoch mit einem neu ernannten Botschafter und versuchte, den neuen König Ludwig XVI., zu erpressen. Schließlich wurde er gezwungen, der Bedingung zuzustimmen, sich für den Rest seines Lebens in Frauenkleider zu hüllen.

London brummte vor Geschichten über die wahre Natur des Ritters. Die *Morning Post* berichtete am 11. November 1775: „Die Stadt wählt eine neue Methode zur Bestimmung des Geschlechts von Ritter d'Eon; die Wahrscheinlichkeit ist sieben zu vier, dass es sich um eine Frau handelt, und ein Gentleman hat es sich vorgenommen, die Frage innerhalb von 15 Tagen zu klären." Doch weder er noch ein anderer hat es zu d'Eons Lebzeiten geschafft.

1777 kehrte d'Eon nach Frankreich zurück, wo er die meiste Zeit mit seiner Mutter verbrachte, ehe er 1785 wieder nach England ging. Er war ein erstklassiger Fechter, und um Geld zu verdienen, nahm an Fechtvorführungen teil, in denen er sich als Frau ausgab, manchmal als Johanna von Orléans verkleidet. Schließlich wurde er verwundet und konnte nicht mehr fechten.

Gegenüber: Der Chevalier d'Eon in mittleren Jahren; er trägt einen Orden, wurde jedoch vom französischen König gezwungen, bist zu seinem Tod Frauenkleider zu tragen.

DOSSIER PÄPSTIN JOHANNA

Die Geschichte der Päpstin Johanna wurde zum ersten Mal im 13. Jahrhundert niedergeschrieben und 400 Jahre lang in Europa geglaubt. Man sagte, dass sie in Deutschland geboren wurde und in Rom unter dem Namen Johannes Anglicus im Mönchsgewand auftauchte. Schließlich wurde sie zum Papst Johannes VIII. gewählt. Der Legende nach offenbarte sich ihr wahres Geschlecht, als sie während einer Prozession bei der Geburt ihres Kindes starb. 1674 verlautete der protestantische Gelehrte David Blondel, die Geschichte sei ein Mythos, und 1863 wurde schließlich bewiesen, dass es sich um nicht mehr als um eine Legende handelte.

Die Legende von der Päpstin Johanna, verewigt in *La Papesse*, der zweiten Karte im traditionellen Tarotkartensatz.

Am 21. Mai 1810 starb d'Eon mit 83 Jahren in London. Endlich konnte ein Arzt feststellen, dass er weder eine Frau noch ein Hermaphrodit, sondern ein Mann war. Er gilt als „Schutzpatron der Transvestiten".

FALSCHE ZEUGNISSE

Einer der unverfrorensten Schurken des 20. Jahrhunderts, der eine ganze Reihe von falschen Identitäten annahm, war „Stanley Clifford Weyman" (siehe S. 190–193). Zu den verschiedensten Anlässen verkörperte er Offiziere des US-Militärs und gab sich auch als Anwalt und Journalist aus. Am liebsten verwendete Weyman aber falsche Zeugnisse, um einen qualifizierten Mediziner zu spielen. Ein anderer Schwindler, der sich als Arzt ausgab – und es fast zum kanadischen Nationalhelden schaffte – war Fernand Waldo Demara. 1961 erlangte er internationalen Ruhm, als seine Lebensgeschichte als Stoff für den Film *Ein charmanter Hochstapler* mit Tony Curtis in der Hauptrolle diente.

Der „Charmante Hochstapler" Fernand Demara im Alter von 30 Jahren in der Uniform der Royal Canadian Navy, während er sich als medizinischer Leutnant Dr. Joseph Cyr ausgab.

Demara wurde am 21. Dezember 1921 in Lawrence, Massachusetts, geboren. Schon in frühester Jugend fühlte er sich von römisch-katholischen Glauben angesprochen und trat als Teenager in ein Trappistenkloster ein. Die strenge Disziplin der Trappisten war jedoch zu viel für einen lebhaften jungen Mann. Nach zwei Jahren Kloster empfahl man Demara für ein Priesterseminar bei den Barmherzigen Brüdern in Boston. Doch er rebellierte auch gegen deren, relativ gemächliche, Disziplin. Aus der Bruderschaft vertrieben, meldete er sich freiwillig bei der US-Army.

Im Alter von 19 Jahren war Demaras Irrweg bereits sein Lebensmuster. Er stahl persönliche Akten und Aufzeichnungen eines Kollegen aus dem Militär, verließ die Army und ging als Anthony Ingolia in ein anderes Trappistenkloster. Leider holte ihn sein Ruf bald ein und er ging unter seinem echten Namen als Fred W. Demara zur Navy, nachdem die USA im Dezember 1941 in den Zweiten Weltkrieg eingetreten waren.

Demara wollte sich nicht auf einem Schiff stationieren lassen und bewarb sich daher sofort für eine Ausbildung in einer Krankenpflegeschule. Mit Erfolg bestand er die Grundkurse, wurde aber zu einer höheren Ausbildung nicht zugelassen, da seine Schulbildung nicht ausreichte. Stattdessen wurde Demara als Sanitäter zu einem Marinebataillon bei Norfolk in Virginia geschickt. Dort stahl er einen ganzen Stapel offizielles Büropapier. Er wählte den Namen eines qualifizierten Mediziners aus dem Jahrbuch der Iowa State University und forderte in dessen Namen Kopien seiner Zeugnisse an. Als sie ankamen, setzte

1963 stellte sich Demara (links) dem Bezirksstaatsanwalt von Los Angeles, Manley Bowler, wobei es um einen Autodiebstahl in einem kalifornischen Pfadfinderlager ging.

er seine eigenen Daten ein, kopierte sie und bewarb sich um eine Stelle bei der Navy.

VIELE IDENTITÄTEN

In der Zeit bis zur Entscheidung begriff Demara, dass er einen einfachen Weg zur Beschaffung von falschen Zeugnissen gefunden hatte. Bald hatte er Papiere, die ihn als Robert Linton French, Doktor der Psychologie aus Stanford und früherer Yale-Forschungsstipendiat, identifizierten. Während eines Aufenthalts zu Hause in Lawrence stahl er einen Stapel Blankopapier von seinem Pfarrer und aus dem Büro von Kardinal O'Connor in Boston. Als Demara wieder nach Norfolk zurückkehrte, teilte man ihm mit, dass er eingesetzt werden würde, sobald seine Daten überprüft seien. „Ich erkannte, dass mein Nutzen für das Militär vorbei war", gab er später zu. An jenem Abend ging er ans Ende eines Kais und hängte seine Uniform an einem Pfosten auf mit der Nachricht: „Ich habe mich zum Narren gemacht. Dies ist der einzige Ausweg. Verzeiht mir!"

Der nunmehr doppelte Deserteur tauchte dann in der Abtei Unserer lieben Frau von Gethsemani in Kentucky als Dr. Robert French auf und trat als Novize ein. Doch ein weiteres Mal fand er die Disziplin der Trappisten unerträglich und ging in die Benediktinerabtei Subiaco in den Ozark Mountains von Arkansas.

Hier übertrieb er: Er präsentierte unter anderem einen gefälschten Brief von Kardinal O'Connor und eine gefälschte Konfirmationsbestätigung, unterzeichnet von seiner Exzellenz (später Kardinal) Francis J. Spellman. Nach einigen Wochen trödelten in der Abtei Briefe aus Boston ein, die seine

DOSSIER
VERFOLGT VON SEINEM ICH

Nach seiner Demaskierung verkaufte Demara seine Geschichte an das *Life* Magazin für 2.500 Dollar, danach versuchte er es mit der Anonymität. Eine Zeit lang arbeitete er in einem Institut für Erziehungsberatung, danach – unter dem Namen Ben W. Jones – als Buchhalter und später als Wachebeamter in einem Gefängnis in Texas. Doch das im *Life* veröffentlichte Foto holte ihn immer wieder ein und er musste jedes Mal schleunigst verschwinden. Als Frank Kingston kümmerte er sich um Kinder mit Down-Syndrom, als Jefferson Baird Thorne unterrichtete er Englisch, Französisch und Latein in Massachusetts und als Martin Godgart war er ein Schulassistent auf einer kleinen Insel bei Maine. Seine Karriere beendete unter seinem eigenen Namen als Seelsorger der Kranken und Sterbenden in einem Spital in Kalifornien, wo er mit 61 an einem Herzinfarkt starb.

Fälschungen entlarvten, und wieder einmal saß Dr. French auf der Straße.

FROMME PSYCHOLOGIE

Danach unterrichtete Demara Psychologie in einer Kirchenschule in Chicago, verbrachte einige Wochen in einem Kloster in Milwaukee und wurde zum Dekan der Philosophie am Gannon College in Pennsylvania ernannt. Er plante eine „Gesellschaft der frommen Laien für die Ausbildung katholischer Jugend", doch ein Streit mit seinem Vorgesetzten beleidigte seine Ehre, also ging er.

In Olympia im Staate Washington gründete er in einer Benediktinerabtei ein „Psychologiezentrum für Studenten" und machte sich daran, seinen Bekanntheitsgrad unter angesehenen Stadtbürgern zu steigern. Bald bekam er den Ehrentitel Sheriff-Stellvertreter, wurde zum öffentlichen Notar ernannt und bewarb sich sogar als Friedensrichter. Doch seine Vergangenheit holte ihn bald ein: Er wurde vom FBI verhaftet, als Deserteur der Marine eingelocht und zu sechs Jahren Haft verurteilt.

GEHEUCHELTE ÄRZTESCHAFT

Nachdem man ihn nach 18 Monaten auf Bewährung freigelassen hatte, war er wieder jemand anderer: Als Dr. C. B. Hamman, Zoologe mit Schwerpunkt Krebsforschung, arbeitete er in einer katholischen Schule in Maine. Dort stahl er die Zeugnisse von Dr. Joseph Cyr, einem Bekannten.

Unter dessen Namen ging Demara Richtung Norden nach St. John in New Brunswick, wo er als Chirurg in der Royal Canadian Navy beauftragt wurde. Dann verliebte er sich. Er plante, so schnell wie möglich zu heiraten und sich als Arzt in Kanada niederzulassen. Doch der Koreakrieg (1950–1953) wütete und Demara wurde auf den Zerstörer *Cayuga* abkommandiert, der im Juni 1951 Richtung koreanische Gewässer segelte.

Zunächst musste der „Chirurg" nur Zähne ziehen oder Erkältungen behandeln, doch eines Tages tauchte eine Dschunke mit verwundeten südkoreanischen Soldaten an der Seite der *Cayuga* auf. Ein Soldat hatte eine Kugel bei seinem Herzen stecken und Demara hatte keine Wahl und musste ohne jegliche Ahnung von Chirurgie operieren. Der Eingriff war wie durch ein Wunder erfolgreich, weitere zwei Operationen verliefen ebenfalls gut.

Die Öffentlichkeitsabteilung der kanadischen Kriegsflotte brachte eine detaillierte Geschichte über „Dr. Cyr" heraus und sein befehlshabender Offizier schlug ihn für eine ehrenvolle Erwähnung vor. Der echte Dr. Joseph Cyr hörte jedoch davon und Demaras Karierre als Mediziner nahm ein Ende – wie auch die Träume von der Heirat und dem trauten Heim.

„CATCH ME IF YOU CAN"

Der wahrscheinlich frechste aller Hochstapler war Frank W. Abagnale, dessen frühe Jahre in dem Buch *Catch Me If You Can*

Der stets korpulente Demara legte in seinen späteren Jahren einiges an Gewicht zu. Erfüllung fand er schließlich als Krankheits- und Sterbebegleiter in einem kalifornischen Krankenhaus.

Heute, nachdem seine Karriere als internationaler Trickbetrüger schon lange hinter ihm liegt, ist Frank W. Abagnale Jr. ein angesehener Berater in Fragen der finanziellen Sicherheit. Doch in seiner Jugend kannte ihn die Polizei in 26 Bundesstaaten nur als „Skywayman“ (etwa: „Himmelsstürmer“).

(1980) beschrieben und 2002 unter dem gleichen Titel verfilmt wurden. Geboren wurde er 1948 in Bronxville in New York. Im Alter von 16 Jahren (er wirkte schon sehr erwachsen) verließ er sein Zuhause, änderte das Geburtsjahr auf seinem Führerschein auf 1938 und beschloss, sich als ein PanAm-Pilot auszugeben. Er rief die Fluggesellschaft an, fragte welche Firma die Pilotenuniformen schneiderte, und besorgte sich den dunkelblauen Anzug. Danach ging er zum Beauftragten von PanAm am Kennedy Airport und sagte, sein zweijähriges Kind hätte seine Plakette versteckt. So bekam er ein Paar Flügel und ein Abzeichen für seinen Hut.

Jetzt musste Abagnale mehr über die Fluggesellschaft wissen, einen Ausweis und eine Pilotenlizenz besorgen. Die erste Aufgabe meisterte er mit Recherchen in einer Bücherei und durch das Ausfragen eines Piloten in der Reporterrolle für ein Highschool-Magazin. Er besorgte sich einen Ausweis mit seinem Foto, das PanAm-Logo kam aus einem Baukasten mit Modellflugzeugen. Um das Problem mit der Lizenz zu lösen, fand er eine Firma in Milwaukee, die ihm eine Silberplatte im FAA-Standard (Federal Aviation Administration) mit all den nötigen persönlichen Daten gravierte. Von dieser machte er eine verkleinerte Fotokopie auf einem entsprechenden Blatt Papier. Jetzt war er als „Frank Williams“ ein echter Pilot: mit allem außer Erfahrung.

Abagnale hielt sich anschließend eine Zeit lang auf dem La Guardia Airport auf, wo er den Jargon lernte und alles über „deadheading“ (Flüge für Piloten, die sich auf dem Weg zum Einsatzflughafen oder zur Heimatbasis befinden) erfuhr. Er eröffnete ein Bankkonto unter seinem neuen Namen und stellte bald fest, dass das Einlösen von ungedeckten Schecks in der neuen Uniform kein Problem war. Von diesem Zeitpunkt an flog er gratis quer durch die USA. Er schlief in Hotels, in denen das Flugpersonal übernachtete, verrechnete seine Übernachtungen PanAm und ließ eine Menge an ungedeckten Schecks hinter sich.

KINDERARZT IM WÄSCHESCHRANK

Nach zwei Jahren Wanderleben hatte Abagnale das Bedürfnis, sich auszuruhen, und mietete eine Wohnung in Atlanta, wo er in die Rolle eines Kinderarztes schlüpfte. Alles ging gut, bis sich herausstellte, dass ein neuer Nachbar Oberarzt der Kinderabteilung im Smithers Hospital im nahe gelegenen Marietta war. Bald war er dort wohl bekannt und man fragte ihn, ob er

vorübergehend die Nachtschicht auf der Kinderstation leiten könne.

Abagnale stellte sich der Herausforderung. Wie Stanley Weyman, der auch einen Mediziner spielte (siehe S. 192), überlebte er, indem er andere Ärzte die Diagnosen stellen ließ: Mit denen war er immer einverstanden. Manchmal versteckte er sich auch in einem Wäscheschrank.

Dann war es Zeit, weiterzuziehen. Als „Robert E. Conrad", Harvard-Absolvent in Jura, bestand er die Anwaltsprüfung in einem der Südstaaten und ging zur Generalstaatsanwaltschaft. Doch dann erschien ein echter Harvard-Absolvent und Abagnale musste schnell fortziehen.

Als „Frank Adams", ein ehemaliger Pilot der Trans World Airlines mit einem Doktortitel in Soziologie von der Columbia University, unterrichtete er an der Sommerschule der Brigham Young University in Provo in Utah. Danach, auf dem Weg nach San Francisco, machte er Halt im kalifornischen Eureka. Obwohl er in seinen früheren drei Inkarnationen genug gutes Geld verdient hatte, fiel Adams die große Anzahl der Banken in der Stadt auf, und so beschloss er, PanAm-Gehaltschecks zu fälschen.

DAVONKOMMEN

Das große Problem mit gefälschten Schecks ist, dass sie sehr schnell entdeckt werden

Leonardo DiCaprio spielte in *Catch Me If You Can* den 20-jährigen Frank Abagnale. In dieser Szene hat er seine hübschen Schülerinnen versammelt und lässt sie glauben, sie würden zu Flugbegleiterinnen ausgebildet.

„Frank Abagnale konnte einen Scheck der Konföderierten Staaten auf Toilettenpapier ausstellen, ihn mit ‚An. G. Schmiert' unterzeichnen und ihn mit einem Führerschein aus Hongkong bei jeder Bank einlösen."

—EHEMALIGER POLIZEICHEF VON HOUSTON

können. Um dies zu vermeiden, machte sich Frank Abagnale seine Kenntnis von Details zunutze, die normalen Kassierern bei Banken nicht bekannt sind. Die Zahlenfolge in der linken unteren Ecke eines Schecks, zum Beispiel 1130 0119 546 085, erklärte er so: In den USA gibt es zwölf Bezirke (Federal Reserve Districts). Die Ziffer „11" bezeichnet den elften, zu dem Texas gehört. Die „3" bedeutet, dass der Scheck in Houston gedruckt wurde, und die „0" deutet auf die sofortige Verfügbarkeit von Guthaben hin. Die „0" im zweiten Teil identifiziert das Verrechnungshaus in Houston und „119" die Bankfiliale. Die restlichen Zahlen sind die Kontonummer.

Wenn ein Scheck das Verrechnungshaus erreicht, wird er vom Computer sortiert und in diesem Fall abgewiesen, da die Kontonummer San Francisco repräsentiert. Er wird also nach San Francisco geschickt, wo er wieder von Computer abgelehnt und von der Bank nach Houston geschickt wird. Es dauert also eine Woche, bevor der Betrug aufgedeckt wird: für den Fälscher Zeit genug, das Weite zu suchen.

EINE LIEBESAFFÄRE MIT FOLGEN

Innerhalb kurzer Zeit hatte Abagnale etwa 75.000 Dollar in echten Banknoten kassiert und verliebte sich in eine junge Frau in San Francisco. Dummerweise gestand er ihr seine wahre Identität und sie verständigte die Polizei. Und wieder einmal war er auf der Flucht: diesmal nach Las Vegas. Dort lernte er eine Grafikerin kennen, die für eine Firma arbeitete, die Schecks druckte, und die ihm alles erzählte, was er wissen wollte. Am nächsten Tag kaufte er einen Fotoapparat und eine kleine Offsetdruckmaschine und druckte 500 echt aussehende PanAm-Schecks.

DER LANGE ARM DES GESETZES

Abagnale eröffnete Bankkonten unter dem Namen Frank Adams überall in den Vereinigten Staaten. Er behauptet heute, dass er 1967 (als er immerhin erst 19 Jahre alt war!) ein illegales Barguthaben im Wert von einer halben Million Dollar angesammelt hatte. Er verbrachte einige Zeit in Mexiko und flog dann nach Paris, wo er eine lokale Druckerei überredete, einen echten PanAm-Scheck zu duplizieren. Doch Abagnale wusste nicht, dass das FBI etwa ein Jahr lang seine Spur verfolgt hatte: Er wurde in Boston verhaftet. Die Polizei hatte aber die Anweisung, ihn nur für die Zeit des Verhörs festzuhalten, und so wurde er gegen Kaution freigelassen, bevor ein FBI-Agent anreisen konnte.

Alle vermuteten, er würde die erste Maschine nach Miami nehmen, doch er blieb in Boston. Am nächsten Morgen besorgte er sich die Uniform eines Bank-Sicherheitsbediensteten und am Abend stand er von dem Nachttresor, aus dem ihm alle Depositen übergeben wurden. Mit dem Geld flog er nach Tel Aviv, danach nach Istanbul und nach Athen. Während der Flüge und beim Ein- und Auschecken in den Hotels trug er natürlich seine PanAm-Uniform. Doch schon bald merkte er, dass ein einsamer Pilot ohne die dazugehörige Crew Verdacht schöpfen ließ.

Sein Plan war einfach. Abagnale gab sich als ein PanAm-Angestellter aus und schrieb Stellen für eine Stewardessenausbildung

Gegenüber: Im Oktober 1906 tauchte Wilhelm Voigt (1849–1922), ein ehemaliger Schuster, in der Stadt Köpenick in Deutschland auf; er trug die Uniform eines Hauptmanns der 1. Preußischen Garde. Er befahl einigen Soldaten, ihm zu folgen, ließ den Bürgermeister und seinen Sekretär verhaften und schickte die beiden unter Eskorte in die Hauptstadt. Er wurde bald festgenommen und inhaftiert, doch nach 18 Monaten begnadigt. Hier sieht man ihn bei einer erfolgreichen Theatertour in London.

aus. Nachdem er die acht hübschesten und offensten Studentinnen ausgewählt hatte, ließ er für sie acht Uniformen schneidern und nahm die Mädchen für den Sommer nach Europa mit. Überall rechnete er als Pilot ab oder verwendete seine gefälschten Schecks.

ENDLICH HINTER GITTERN

Als er wieder Erholung brauchte, ließ er sich in Montpellier im Süden Frankreichs nieder. Dort wurde er von der französischen Polizei gefunden und verhaftet. Er wurde in 26 Ländern gesucht, doch Frankreich beanspruchte das erste Verfahren; Abagnale

DOSSIER
WILDDIEB WIRD WILDHÜTER

Nachdem er fünf Jahre abgesessen hatte, wurde Abagnale eine Umwandlung seiner Strafe angeboten, wenn er seine Erfahrungen mit der Banksicherheit der amerikanischen Regierung zur Verfügung stellen würde. Heute ist er einer der weltweit führenden Instanzen auf dem Gebiet Finanzsicherheit und arbeitet seit 30 Jahren mit dem FBI zusammen. Er unterrichtete auch an der FBI Academy in Quantico in Virginia.

Gegenüber: Lambert Simnes Behauptung, der König von England zu sein, wurde nach wenigen Monaten entkräftet. Er war bloß der Sohn eines Konditors aus Oxford und seine einzige Strafe bestand darin, dass ihn der rechtmäßige König Heinrich VII. in den königlichen Küchen arbeiten ließ. Hier sieht man ihn, wie er den Bratspieß dreht.

wurde für schuldig befunden und zu einem Jahr Haft verurteilt. Von dort wurde er nach Schweden abgeschoben, wo er wegen Geldbeschaffung auf der Basis von falschen Angaben sechs Monate in Malmö absitzen musste.

Während all dieser Zeit hatte das FBI auf Abagnale gewartet. Nach zwei Fluchtversuchen wurde er schließlich in New York festgenommen und zu zwölf Jahren Haft verurteilt.

VERMEINTLICHER ADEL

Im Laufe der Jahrhunderte gab es viele, die behaupteten, dem Adel anzugehören. Doch es waren diejenigen, die sich als Herrscher eines Landes ausgaben, die für den größten Aufruhr sorgten.

Henry Tudor wurde 1485 als Heinrich VII. König von England. In England herrschte damals das Chaos, da rivalisierende Armeen jahrelang um die Thronfolge kämpften. Der Bürgerkrieg nahm jedoch ein Ende, es wurde ein Waffenstillstand vereinbart und Henry wurde vom Parlament akzeptiert. Mehrere Jahre lang wurde seine Herrschaft jedoch von falschen Thronanwärtern gestört.

Die beiden jungen Söhne des früheren Königs Edward IV. wurden ermordet (einer von ihnen im Tower of London), doch es gab Gerüchte, sie seien noch am Leben. 1487 nahm Robert Symonds, ein Kleriker aus Oxford, den Sohn eines Bäckers, Lambert Simnel (1475–1535), nach Irland mit. Ursprünglich war es Symonds Plan, anzukündigen, dass Lambert einer der Prinzenmörder war. Doch aufgrund einer Falschmeldung über den Tod von Edward, Graf von Warwick, der ebenfalls im Tower gefangen gehalten wurde, änderte er seine Meinung. Lambert wurde in Irland als Graf von Warwick angenommen und in der Kathedrale von Dublin zum englischen König „Edward VI." gekrönt.

Henry enthüllte den Betrug, indem er den echten Grafen vorführte, doch die Konspiration ging weiter. Mit einer Truppe von 2.000 deutschen Soldaten landete Simnel 1487 in Lancashire in Nordengland. Bei der Schlacht von Stoke wurde er jedoch geschlagen. Symonds wurde gefangen genommen und gegenüber Simnel zeigte Henry seine Verachtung, indem er ihn in der königlichen Küche einstellte.

AUCH RICHARDS TANTE BETROGEN

Einige Jahre später kam ein noch viel ernsterer Fall von Thronbedrohung auf. Perkin Warbeck (1474–1499) war ein Diener, der 1491 nach Cork in Irland kam. Die Einheimischen waren von seinen Kleidern und seinem Auftreten so beeindruckt, dass sie annahmen, er sei königlicher Abstam-

Die Einheimischen waren von Warbecks Kleidern und Auftreten so beeindruckt, dass sie glaubten, er sei königlicher Abstammung.

mung. Man legte ihm nahe, sich als Richard, Herzog von York, auszurufen. Von diesem dachte man, er sei 1483 im Tower of London auf Befehl König Richards III. ermordet worden.

Richards Tante, Margarethe von Burgund, akzeptierte Warbecks Anspruch, ebenso wie auch Maximilian I., Kaiser des Heiligen Römischen Reiches, und James von Schottland. In den Jahren 1495 bis 1497 versuchte Warbeck erfolglos, dreimal in England einzufallen. Im letzten Versuch landete er in Cornwall und rief sich selbst zu König Richard IV. aus. Seine Anhänger wurden jedoch geschlagen und er musste sich ergeben. Er wurde zusammen mit Edward, dem Grafen von Warwick, im Tower of London gefangen gehalten. Als man einen Brief mit einem Fluchtplan fand, wurden beide Gefangene des Verrats angeklagt und im November 1499 hingerichtet.

Perkin Warbeck hatte zwar ein autoritäreres Auftreten als Lambert Simnel, hatte aber mit seinem Thronanspruch auch keinen Erfolg.

DER FALSCHE DEMETRIUS

Im nächsten Jahrhundert regierte 50 Jahre lang der berüchtigte Zar Ivan „der Schreckliche“ über Russland. Bekannt für sein brutales Temperament, hatte er einmal seinen ältesten Sohn in einem Streit getötet. Ivans zweiter Sohn Fjodor wurde 1584, nach dem Tod seines Vaters, Zar. Er hatte aber noch einen Bruder: den 16 Monate alten Dimitri. Dieser war Epileptiker und starb im Alter von acht Jahren. Die Berichte über seinen Tod waren jedoch widersprüchlich. Da Fjodor kinderlos war, wurde nach seinem Tod 1598 sein Schwager Boris Godunov zum Zar ausgerufen.

1603 kündigte ein junger Russe namens Juri Otrepiew in Polen an, dass er Dimitri sei. Er nahm den katholischen Glauben an und bekam Unterstützung vom Papst, der dachte, Dimitri könne die tausendjährige Spaltung zwischen Rom und dem russisch-orthodoxen Glauben heilen. Der polnische König half ebenfalls dem „falschen Demetrius“, wie er in die Geschichte einging, und versprach ihm Land entlang der russischen Grenze.

Otrepiew marschierte 1604 mit 4.000 Männern in Russland ein. Er gewann die erste Schlacht, wurde danach aber mehrere Male geschlagen. Im April 1605 starb Zar Boris, seine Witwe und sein Sohn wurden ermordet und noch im gleichen Monat wurde Dimitri in Moskau gekrönt. Doch er brachte eine Armee von Fremden ins Land und dies erhitzte die Gemüter. Im Mai des darauf folgenden Jahres wurde Dimitri von den Verschwörern rund um Prinz Wassili Schuiski, zusammen mit über 2.000 seiner Anhänger, ermordet. Schuiski wurde der neue Zar.

ZWEI WEITERE „DIMITRIS"

Doch dies war noch nicht das Ende der Affäre. Ein zweiter „falscher Demetrius" tauchte 1608 auf. Er baute ein befestigtes Lager bei Moskau und konspirierte mit jenen, die mit Schuiski unzufrieden waren.

Ein Fantasieporträt des ersten „Pseudo-Dimitri", mit dem der Anspruch, der wahre Zar Russlands zu sein, 1603 unterstrichen werden sollte. Sein wirklicher Name war Juri Otrepiew. Hier wird er in den kostbaren Gewändern eines polnischen Edelmannes dargestellt.

Gegenüber: Die vier Töchter des russischen Zaren Nikolaus II. Stehend von links nach rechts: Maria, Anastasia und Olga; Tatjana sitzt.

1610 wurde er jedoch geschlagen. Kurz darauf wurde Schuiski gestürzt und drei Jahre lang gab es keinen Zar in Russland. Ein weiterer „falscher Demetrius" versuchte die Lücke zu füllen, doch er wurde 1612 gefangen genommen und in Moskau hingerichtet.

TOCHTER DES ZAREN?

Nach der Russischen Revolution 1917 wurde der russische Zar Nikolaus II. zusammen mit seiner Frau, seinen fünf Kindern, deren Arzt und Dienern in einem Haus in Jekaterinburg in Sibirien gefangen gehalten. Die Kinder waren der Zarewitsch Alexej und die Großherzoginnen Olga, Tatjana, Maria und Anastasia. In der Nacht des 16. Juli 1918 wurden elf Menschen von einem Exekutionskommando im Keller des Hauses getötet. Sechs Monate später schrieb Nicholas Sokolow einen Bericht über den Mord. Seine Ermittlungen ergaben, dass die Leichen, unter denen sich die Zarenfamilie befunden hatte, in einem stillgelegten Bergwerk mit Schwefelsäure begossen und verbrannt worden waren.

Es gab jedoch Gerüchte, dass nicht alle Familienmitglieder umkamen: Alexej und Anastasia sollten noch am Leben sein. Im Februar 1920 rettete die Polizei in Berlin ein Mädchen, das in einen Kanal gesprungen war. Zwei Jahre verbrachte sie in einer psychiatrischen Anstalt, wo sie kaum sprach. Die Behörden glaubten, sie sei russischer Abstammung, und erlaubten Baron Arthur von Kleist, der Russisch sprach, sie mit nach Hause zu nehmen. Nach zwei Monaten eröffnete sie ihm, dass sie Anastasia sei.

Sie erzählte, dass sie während des Massakers das Bewusstsein verloren hatte. Als sie wieder zu sich kam, stellte sich heraus, dass ein Mitglied des Exekutionskommandos sie gerettet hatte. Sie ging mit dessen Familie nach Rumänien, danach allein nach Berlin.

DIE ROMANOWS ERMITTELN

Die Nachricht, dass Anastasia am Leben sein könnte, lockte viele Besucher in das Haus des Barons, bis sie schließlich vor deren Fragen weglief. Fünf Jahre lang wanderte sie umher und wurde auch mehrfach in Krankenhäuser eingewiesen. 1925 wurde die Mutter des ermordeten Zaren, Dagmar von Dänemark, verständlicherweise beunruhigt und ordnete Ermittlungen an. Mehrere Leute, die Anastasia gekannt hatten, erklärten, dass die junge Frau nicht die Großherzogin war. Die Tochter des Familienarztes jedoch war überzeugt, dass sie diejenige war, die sie als Mädchen in Russland gekannt hatte.

Die ermordete Zarin war eine Deutsche und hatte viele Verwandte unter dem dortigen Adel. Ein Streit brach aus, als Herzog Ernst Ludwig von Hessen-Darmstadt den

DOSSIER
EINE NATIONALE WITZFIGUR

Das Schicksal von Gaunern fällt in jüngerer Zeit nicht mehr so gewalttätig aus. Harry Domela (siehe S. 183), der unschuldig für den Enkel des abgedankten deutschen Kaisers gehalten wurde, löste nicht viel mehr als Gelächter aus. Er verbrachte ein paar Monate im Gefängnis, wurde aber ein reicher Mann.

Privatdetektiv Martin Knopf anheuerte, um der Sache auf den Grund zu gehen. Dessen Ermittlungen ergaben, dass das Mädchen Franziska Schanzkowska hieß und eine polnische Fabrikarbeiterin in Berlin gewesen war, die 1920 verschwand.

Es gab jedoch viele, „Anastasia“ eingeschlossen, die sich weigerten, dies anzuerkennen. 1928 lud eine andere Cousine der echten Anastasia die junge Frau in die USA ein. Die beiden zerstritten sich aber und der Komponist Sergei Rachmaninow besorgte

Die junge Frau, die behauptete, Anastasia zu sein, tauchte im Februar 1920 in Berlin auf. In den darauf folgenden Jahren wurde sie mehrmals in Krankenhäuser eingewiesen: Dieses Foto wurde 1925 in einem Berliner Spital aufgenommen. 1928 nahm sie das Pseudonym „Anna Anderson“ an.

Anastasia eine Unterkunft in einem Hotel in Long Island. Um der neugierigen Öffentlichkeit zu entgehen, checkte sie dort unter dem Namen „Anna Anderson“ ein, unter dem sie in den nächsten 40 Jahren bekannt war.

Über 60 Jahre setzten sich die Streitereien fort, vor allem wegen eines unbegründeten Berichts, dass eine große Menge an russischem Gold in der Bank von England deponiert sei. Doch Anna, die 1931 nach Deutschland zurückkam, behauptete, sie hätte Anspruch auf nur einen Teil des Vermögens des Zaren in Deutschland, dessen Wert heute 10.000 Dollar betragen würde. 1970 entschied das deutsche Gericht, dass es weder fähig war, auf Annas Forderung einzugehen, noch sie abzulehnen.

Die Knochen des Zaren und seiner Frau wurden mittels DNA-Analyse untersucht und das Rätseln um Anna Anderson wurde endlich beendet.

1956 entstand in Hollywood der Film *Anastasia* mit Ingrid Bergman in der Hauptrolle. Ein weiter Streifen *Anastasia – die letzte Zarentochter* wurde 1957 in Deutschland gedreht. 1969 heiratete Anna Anderson den emeritierten Professor Dr. John Manhan, sodass sie legal in den USA leben konnte. Sie starb 1984 und ihre Leiche wurde eingeäschert.

LÖSUNG DES RÄTSELS

1989 fand der russische Filmemacher Gely Ryabov acht Kilometer von dem Bergwerk, in dem die Zarenfamilie Sokolow zufolge begraben worden war, Knochen und Reste von Kleidern. Zwei Jahre später erteilte der russische Präsident Boris Jelzin die Erlaubnis zur Exhumierung. Die freigelegten Knochen und Schädel deuteten auf zwei weibliche und fünf männliche Skelette hin. Welche zwei fehlten? Russische Wissenschaftler einigten sich darauf, dass es jene von Alexej und Maria waren, doch ein Team von der University of Florida kam zum Schluss, dass der Schädel von Anastasia fehlte.

Die Knochen des Zaren und seiner Frau wurden mittels DNA-Analyse untersucht und das Rätseln um Anna Anderson wurde endlich beendet. Obwohl ihr Körper eingeäschert worden war, gab es in einem Krankenhaus in den USA nach einer Operation noch eine Gewebeprobe von ihr. 1994 ergaben Untersuchungen, dass sie nicht der Zarenfamilie angehörte: Die von der polnischen Familie Schanzkowska gelieferten Proben zeigten, dass es sich tatsächlich um die vermisste Franziska handelte.

DER „ROTE BARON“ VON ARIZONA

Ein falscher Thronanspruch hat nur selten Erfolg, doch das Aneignen eines falschen Titels wird oft als Mittel eingesetzt, einen Hauch von Respektabilität zu erlangen. Der Kunstfälscher Elmyr de Hory (siehe S. 78 bis 84) war während seines Aufenthalts in Hollywood als „Baron“ de Hory bekannt und „Graf“ Viktor Lustig (siehe S. 202 bis 209) avancierte von einem kleinen Falschspieler zu einem der größten Schwindler des 20. Jahrhunderts. Arthur Orton, der in England Anspruch auf den Titel Zwölfter Baronet Titchborne erhob, hatte jedoch weniger Glück (siehe S. 186–190).

Ein anderer „Baron“, der weite Teile des damaligen Arizona-Territoriums für sich beanspruchte, war James Addison Reavis (1843–1914), ein ehemaliger Straßenbahnschaffner aus St. Louis. Das Land, das er haben wollte, war so groß wie halb Indiana und umfasste Phoenix und sechs Städte. Darunter waren auch die Southern Pacific Railroad, das reiche Silver-King-Bergwerk und Eisenerzvorkommen in Millionenwert.

Nach dem Krieg mit Mexiko (1846 bis 1848) wurde das Gebiet von New Mexico, das ganz Arizona nördlich des Gila-Flusses umfasste, den Vereinigten Staaten überlassen und das Land südlich des Gila 1853 gekauft. Friedensbedingungen sahen vor, dass jede staatliche Landzuteilung, die von Spanien aus erfolgt war, als Mexiko noch eine spanische Kolonie war, respektiert werden sollte. 1884 tauchte Reavis – „Don Jayme, Baron Peralta de Arizonac y Caballero de los Colorados" – auf.

„WEG VON MEINEM LAND!"

Reavis hatte alle Dokumente, die seinen Anspruch bestätigten. Er sagte, dass er den Titel von dem jungen Doktor George Willing gekauft hatte, dieser hätte ihn wiederum von einem mittellosen Mexikaner Miguel Peralta für 1.000 Dollar erworben. Reavis brachte überall Plakate an, auf denen er alle, die sich auf „seinem" Land befanden, auf unerlaubtes Betreten hinwies. Seine Ansprüche an Southern Pacific und Silver King ließ er rechtlich bestätigen.

1887 reiste Reavis nach Tucson, in Begleitung seiner Frau, „Baronin Sofia Loreta Micaela Peralta". Er hatte sie – in Wirklichkeit ein Dienstmädchen namens Carmelita – im Haus des Farmers John Slaughter entdeckt und sofort als die vermisste Peralta-Erbin identifiziert. Reavis legte einen Stapel Dokumente vor, um dies zu beweisen, einschließlich des Testaments ihres Großvaters.

Durch seine Abmachungen mit Southern Pacific und Silver King und den Verkauf von Verzichtserklärungen an bestehende Pächter wurde Reavis ein reicher Mann. Die Presse beschimpfte ihn zwar für seine feudalen Anmaßungen, doch lokale Unternehmer und nationale Konzerne waren froh, mit ihm Geschäfte zu machen. Unterdessen sah sich der Generalbevollmächtigte der Landvermessung, Royal Johnson, Reavis' Ansprüche genauer an. Bis 1890 dauerte es, bis sein Bericht vorlag.

Reavis fälschte Dokumente und ließ sie hinterher zertifizieren. Ermittler fanden Pergamente, auf denen einige Stellen ausradiert oder ergänzt worden waren. Auch das Papier selbst war nicht ganz von der richtigen Sorte.

Obwohl Reavis darin nicht des Betrugs beschuldigt wurde, sollen in den Dokumenten einige Widersprüche gewesen sein, sodass seine Ansprüche nicht für eine Bewilligung seitens der Regierung ausreichten.

FALSCHE PAPIERE KÜNDIGEN SEINEN UNTERGANG AN

1891 wurde ein Gericht für private Landzuteilungen mit allen Ansprüchen auf das ehemals spanisches Land beauftragt. Unter den Anwälten, die Reavis' Geschichte untersuchten, war Severo Mallet-Prevost, der Spanisch sprach. Zwischen 1893 und 1895 folgte er der Spur des „Barons" durch den Südwesten. Er ging auch nach Spanien und durchsuchte Archive in Sevilla und Madrid. Dort fand er Beweise dafür, dass Reavis sich gefälschter und später zertifizierter Dokumente bediente. Er fand Pergamente, die radierte Stellen und Ergänzungen aufwiesen, und das Papier war auch nicht ganz das richtige.

In manchen Dokumenten waren nur die ersten und die letzten paar Seiten echt, doch die dazwischen waren eindeutig neu. Statt Eisentinte wurde eine mit Hartriegel-Farbstoff verwendet und es gab auch Spuren einer Metallfeder, während die Originale mit einem Federkiel geschrieben wurden. Als die Tinte mir dem Hartriegel-Farbstoff chemisch entfernt wurde, kamen die ursprünglichen, später ausradierten Inhalte zum Vorschein.

Reavis' Anspruch wurde abgewiesen, er wurde angezeigt und im Januar 1895 zu sechs Jahren Haft in Santa Fe verurteilt. Die „Baronin", die man als unschuldiges Opfer verstand, blieb noch mehrere Jahre nach seiner Entlassung auf Bewährung an seiner Seite. Einem Bürger von Phoenix zufolge, der Reavis in seinen letzten Jahren kannte, verbrachte er ganze Tage in der Bücherei, wo er immer wieder Zeitungsberichte über die Zeit seiner Größe las.

VOM SCHMUGGEL ZU DROGEN

In der ersten Woche des Dezembers 1938 wurde die Wall Street schwer erschüttert. Frank Donald Coster, Präsident von

Das britische Magazin *Wide World* erschien 1898 mit der Schlagzeile „Die Wahrheit ist seltsamer als die Fiktion" auf dem Titelblatt. Doch die Fortsetzung der Abenteuer von „Louis de Rougemont" (abgebildet) wurde bald beendet. De Rougemont wurde angeblich 1844 in Frankreich geboren. Er behauptete, Erstaunliches erlebt zu haben, darunter auch 20 Jahre lang Führer eines Kanibalenstammes in Australien gewesen zu sein. Doch von seinen echten Erfahrungen in Australien ist nur bekannt, dass er als Butler gearbeitet hat.

1956 nannte sich Cyril Henry Hoskins, der Sohn eines Installateurs aus Devonshire, Lobsang Rampa und behauptete, er wäre ein tibetischer Lama. Er veröffentlichte das Buch *Das dritte Auge*, das ein internationaler Erfolg wurde. Er wurde als Betrüger entlarvt, schrieb jedoch 16 weitere Bücher.

McKesson & Robbins Inc., einer angesehenen Pharmafirma mit Anlagen im Wert von 80 Millionen Dollar und einem Jahresumsatz von etwa 160 Millionen, wurde des Betrugs beschuldigt. Mindestens 18 Millionen Dollar konnten nicht ausgewiesen werden.

Coster lebte mit seiner Familie in Fairfield in Conneticut und war als ein erfolgreicher Geschäftsmann bekannt. Er war Dirktor von drei Treuhandgesellschaften, Mitglied im Banker Club und im New Yorker Yacht Club und ein prominenter Methodist. Die Anklage gegen das Vorzeigemitglied der Gesellschaft schien fast unglaublich.

Das FBI enthüllte aber eine Reihe von überraschenden Fakten. Eigentlicht wurde Coster 1877 als Filippo Musica in Neapel geboren und zog mit sechs mit seiner Familie nach Amerika. Drei leitende Angestellte von McKesson & Robbins wurden ebenfalls entlarvt: „George Dietrich" war sein Bruder Giorgio, „Robert Dietrich" sein Bruder Roberto und „George Venard" sein Bruder Arturo.

Nach und nach wurde die Geschichte um Filippo Musica enthüllt. Sein Vater Antonio, ein Friseur, wurde von seinem Sohn überzeugt, ins Perückengeschäft mit Echthaar einzusteigen. Das Geschäft blühte. Filippo begann, das Leben eines reichen Playboys zu leben, doch das Geld dafür hatte er von Anleihen, die er aufgrund von nicht existierenden Lagerbeständen bekam. Im März 1913 beantragte er einen Kredit von 370.000 Dollar gegen 216 Kisten von erstklassigem Naturhaar, doch die Ermittler fanden nur ein paar Kisten im Gesamtwert von 213 Dollar. Die ganze Familie verschwand aus der Stadt, wurde aber einige Tage später in New Orleans an Bord eines Bootes nach Costa Rica gefunden.

FILIPPO MACHT EINEN DEAL

Die vier Brüder wurden des Betrugs angeklagt, doch Filippo handelte einen Deal mit dem New Yorker Staatsanwalt aus: Er bekannte sich schuldig und lieferte Informationen über Geschäftspartner und Freunde. Als Informant war er so nützlich, dass er nicht nur einer Gefängnisstrafe entkam, sondern auch als Ermittler der Generalstaatsanwaltschaft unter dem Namen William Johnson angeheuert wurde.

1919 tauchte Musica als „Costa" wieder auf. Nach dem Beschluss des Prohibitionsgesetzes gründete er die Adelphi Pharmaceutical Manufacturing Corporation. Legal durfte die Firma 19.000 Liter Alkohol im Monat erwerben, die Musica sofort an Schmuggler verkaufte. Innerhalb weniger

DOSSIER
TOCHTER EINES MILLIARDÄRS?

Cassie Chadwick, besser bekannt als „Betsy Bigley“, hatte eine Karriere, die mit jener von Thérèse Humbert (siehe S. 199) konkurrieren kann. Sie wurde in der späten 1850ern als Elizabeth Bigley in Kanada geboren und zog in die USA, wo sie sich als erfolgreiche Hellseherin etablierte: Sie heuerte private Detektive an, um sich Informationen über ihre Klienten zu verschaffen. 1897 heiratete sie Dr. Leroy Chadwick in Cleveland in Ohio und bereitete ihren gewagtesten Schwindel vor. Sie überzeugte den Anwalt James Dillon, dass sie die uneheliche Tochter des Industriellen Andrew Carnegie war, und zeigte ihm gefälschte Eigenwechsel, um das zu beweisen. Mit diesen und den „vertraulichen“ Gerüchten über ihren Reichtum, die Dillon verbreitete, konnte sie sieben Jahre lang in Saus und Braus leben, bis ein Bankier sie zur Rückzahlung eines Kredites aufforderte. Entlarvt wurde sie im November 1904 und im März 1905 verurteilte man sie zu 14 Jahren Freiheitsstrafe wegen Betrugs in sieben Anklagepunkten. Sie starb zwei Jahe später im Gefängnis im Alter von 48 Jahren.

Das einzige bekannte Bild von Betsy Bigley.

Jahre war „F. Donald Coster“ ein respektierter Makler bei Clark & Hubbard sowie Inhaber einer anderen Pharmafirma, der Girard Company, mit „George and Robert Dietrich“ als Partnern. Der Zwischenhändler „George Venard“ vertrieb den Alkohol an Schmuggler.

SCHWINDELNDER GESCHÄFTSMANN

Mit der Hilfe des Wall-Street-Investoren Julian Thompson kaufte „Coster“ die Mehrheitsbeteiligung an McKesson & Robbins, fusionierte mit der Girard Company und machte Thompson zum Finanzvorstand. Die Geschäfte liefen gut. Coster ließ die Firma den Börsencrash von 1929 und die darauf folgende Depression überleben. Doch er schaffte dies nur, weil er behauptete, er habe Arzneirohstoffe im Wert von zwei Millionen Dollar.

Angesichts einer kurzen Wirtschaftsflaute 1937 stimmte der Vorstand von McKesson & Robbins dafür, das Vermögen zu realisieren, und Coster stand vor einer Entlarvung. Bis zum Herbst 1938 schaffte er es, die Wahrheit zu vertuschen. Dann, nach einer Auseinandersetzung mit Thompson, meldete er den Konkurs an. Am 6. De-

DOSSIER
AUSBORGEN DER IDENTITÄT AUS DEM JENSEITS

Beim Ausstellen von Pässen entdeckten Kriminelle schnell eine Gesetzeslücke. Wenn man einige Friedhöfe durchforstet, findet man schnell ein Grab eines Kindes, dessen Geburtsdatum ungefähr dem eigenen entspricht. Danach gibt man sich als ein Amateurgenealoge aus, der seinen Stammbaum recherchiert, und bittet ein entsprechendes Amt um die Geburtsurkunde des toten Kindes. Diese, zusammen mit einem echten, amtlichen Foto von einem selbst, reicht meistens aus, um einen Pass zu bekommen.

zember wurden die Aktien von McKesson & Robbins aus dem Verkehr gezogen und ein ganzer Stab von Fahndern begann zu ermitteln.

Am Morgen des 16. Dezember, als zwei FBI-Agenten unterwegs waren, um Filippo Musica zu verhaften, schoss sich dieser in den Kopf. Er hatte seine wahre Identität fast 20 Jahre lang geheim gehalten und es gab noch eine letzte Überraschung nach seinem Tod. In Fairfield kannte man ihn als Methodisten, doch die Polizei fand bei seiner Leiche einen kleinen Lederbeutel mit einem Kreuz. Eingraviert stand darauf: „Ich bin Katholik, im Falle eines Unfalls, bitte einen Priester verständigen."

Glücklicherweise war McKesson & Robbins ein so wichtiger Teil der Pharmaindustrie, dass andere Firmen alles daran setzten, das Unternehmen flüssig zu halten. Die von Musica gestohlene Summe belief sich auf 2,9 Millionen Dollar, doch lediglich 51.000 – der Wert seiner Yacht und einer Immobilie – konnten zurückgeholt werden.

IDENTITÄTSDIEBSTAHL

Das Erschwindeln der Identität einer anderen Person, wie diese Geschichten zeigen, ist so alt wie die Geschichte der Menschheit. Die meisten dieser Fälle waren Versuche einer Einzelperson, jemand bedeutenderer und reicherer zu werden. Heutzutage ist jedoch jeder von uns der Gefahr eines Identitätsdiebstahls, der Ruinierung seines Rufs und der Plünderung seiner Finanzen ausgesetzt.

Als jedem Bürger ein Pass gewährt wurde, schien dieses Dokument das ideale Mittel zu sein, Verbrecher am Überschreiten von Landesgrenzen zu hindern und Möchtegern-Immigranten auf der Spur zu bleiben. Selbstverständlich wurden hunderttausende Pässe gefälscht und die Kontrollen werden im Allgemeinen nur sehr oberflächlich durchgeführt. Einwanderungsbeamte bauen viel mehr auf ihren Instinkt, wenn zweifelhafte Personen vor ihren Augen die Grenze überschreiten. Viele Fälschungen sind verhältnismäßig plump, während ausgeklügelte Details im Design der echten Pässe es in zunehmendem Maße schwieriger machen, sie zu fälschen. Weit einfacher ist es, einen echten Pass mit einem falschen Namen zu benutzen.

In *Catch Me If You Can* beschrieb Frank Abagnale, wie er an den Pass eines toten Kindes herankam, wie auch der fiktive Mörder im Roman von Frederick Forsyth

Laut Scotland Yard ersetzt der Identitätsdiebstahl den Drogenschmuggel als Kriminaltat Nummer eins bei Unterwelt und Terroristen.

Der Schakal. Es gab aber noch einfachere Methoden. Edward Bunker, der resozialisierte Sträfling, der in *Reservoir Dogs* „Mr. Blue“ spielte, beschreibt in seiner Autobiografie, wie er nach Kanada floh und sich dort ohne Probleme einen kanadischen Pass besorgte.

Seit der Verabschiedung von Antiterror-Gesetzen in vielen Ländern in den ersten Jahren des 21. Jahrhunderts ist es nicht mehr so leicht, illegal einen Pass zu bekommen. Es ist aber auch nicht unmöglich.

STEHLEN VON PERSONALDATEN

Die wachsende Verwendung der elektronischen Verarbeitung und Übermittlung von Daten eröffnet Identitätsdieben eine ganze Reihe neuer Wege. Laut Scotland Yard hat der Identitätsdiebstahl inzwischen den Drogenschmuggel als Kriminaltat Nummer eins bei Unterwelt und Terroristen gleichermaßen abgelöst.

Mit der Hilfe von Hackern peilen Kriminelle Kunden von legalen Firmen an, um ihre Daten zu stehlen. Ein E-Mail, zum Beispiel von einer Schein-Kreditkartenfirma, informiert einen Kunden über eine Rücküberweisung auf sein Konto. Für eine Auszahlung muss dieser zuerst ein Online-

Trotz der zahlreichen Sicherheitsmaßnahmen der Kreditkartenfirmen zum Schutz ihrer Kunden, kann eine Karte schnell von einem betrügerischen Laden- oder Restaurantbesitzer „geklont“ werden. Erst viel später merkt das ahnungslose Opfer die nicht autorisierten Ausgaben.

formular ausfüllen. Man weiß nicht, wie viele Menschen darauf reinfallen. Ein anderer Trick ist es, einen Lotteriegewinn bekannt zu geben. Um diesen zu bekommen, müssen die „Gewinner“ ihre Personaldaten angeben.

Um gegen dieses wachsende Problem vorzugehen, gründeten Firmen wie Microsoft, eBay, Amazon und Visa eine Koalition zur Bekämpfung von Identitätsdiebstahl im Internet (Coalition on Online Identity Theft). Banken und Regierungen weisen

DOSSIER
IDENTITÄTSSCHUTZ IN DEN USA

Frank Abagnale (der es wissen muss) meint, dass die Strafen und Entschädigungen für gestohlene Werte so gering sind, dass man nur selbst vorsorgen kann. Für US-Amerikaner publizierte er daher 14 Tipps zur Prävention des Identitätsdiebstahls:

1. Hüten Sie Ihre Social Security Number (SSN). Sie ist der Schlüssel zu Kreditauskünften und -konten und primäres Ziel für Kriminelle.
2. Eine Kreditauskunft enthält Ihre SSN, frühere und jetzige Arbeitgeber sowie eine Liste aller bestehenden und aufgelösten Kontennummern. Ein Kreditgeber muss nur Ihren Namen und Ihre Kreditwürdigkeit für sich behalten. Nach einem Antrag, der eine Kreditauskunft erfordert, bitten Sie um das Entfernen Ihrer SSN und um die Rückgabe der Originalauskunft, sobald eine Entscheidung feststeht.
3. Zerreißen Sie alte Kreditkarten- und Kontoauszüge sowie „Junk-Mail“-Angebote, bevor Sie sie wegwerfen.
4. Entfernen Sie Ihre Daten von den Werbelisten der Kreditauskunfteien.
5. Nehmen Sie das Service von Organisationen in Anspruch, die Mail- und Telefonschutzlisten führen. Dieses wird auch von Banken und anderen Firmen genutzt.
6. Tragen Sie Kreditkarten oder Ausweise nur mit sich, wenn Sie sie brauchen.
7. Fotokopieren Sie den Inhalt Ihrer Brieftasche – beidseitig –, damit Sie über alle Nummern verfügen, falls diese gestohlen wird.
8. Geben Sie keine Zahlungen und Schecks von zu Hause auf, da man sie aus Ihrem Briefkasten stehlen kann. Gehen Sie damit zur Post.
9. Lassen Sie Ihre SSN nicht auf Ihre Schecks drucken.
10. Überprüfen Sie regelmäßig auch Ihre Sozialleistungen und alle Transferleistungen auf Betrug.
11. Überprüfen Sie stets Ihre Kreditkartenrechnungen, bevor Sie sie zahlen.
12. Lösen Sie ungenutzte Kreditkartenkonten auf.
13. Geben Sie nie Ihre Kartennummer und persönliche Informationen am Telefon durch, außer Sie rufen an und vertrauen dem Gesprächspartner.
14. Machen Sie Gebrauch von einer Kreditauskunftskontrolle. Sie werden verständigt, wenn unter Ihrem Namen eine Kreditkarte beantragt wird.

aber darauf hin, dass Vorsicht immer noch der beste Schutz ist.

DER ENKEL DES KAISERS

Einige Gauner haben kein besonderes Motiv und handeln aus Überlebensnot: Sie gewinnen wenig, schaden aber niemandem und rufen Belustigung hervor, wenn sie die Leichgläubigkeit der Behörden bloßstellen. Wenige waren dabei erfolgreicher als Harry Domela, der sich in den 1920ern als der Enkel des ehemaligen deutschen Kaisers Wilhelm von Hohenzollern ausgab.

Harold Domela wurde 1904 im heutigen Lettland geboren. Er war der Sohn einer Mittelschichtfamilie, doch sein Vater starb, als Harold noch ein Kind war. Als die Deutschen 1915 in Lettland einfielen, kam der elfjährige Harry in ein Waisenhaus.

Im Chaos nach dem Waffenstillstandsabkommen von 1918 wurden in der Hoffnung auf eine Wiedervereinigung der ehemaligen preußischen Länder deutsche Freikorps eingerichtet, denen Harry mit 15 Jahren beitrat. Später wurden sie nach Deutschland zurückgeholt, um dort Arbeiteraufstände niederzuschlagen. Bald darauf löste man sie wieder auf.

„GEBEN SIE MIR DEN PRINZEN!“

Harry verbrachte einige Jahre auf Wanderschaft in Deutschland und saß als Landstreicher ohne Papiere mehrere kurze Gefängnisstrafen ab. Schließlich checkte er in seinem einzigen Anzug als „Baron von Korff“ in einem Hotel in Erfurt ein. Von seiner Privatsuite aus rief er den Prinzen Louis Ferdinand an, einen der Söhne des ehemaligen Kaisers Wilhelm II., der 1918 abgedankt hatte. Der Prinz war nicht erreichbar, doch das Telefonat machte den Hotelmanager neugierig.

Ihm fiel die Ähnlichkeit des „Barons von Korff“ mit einem Porträt von Prinz Wilhelm, dem Sohn von Prinz Ferdinand, auf. Domela dementierte, doch seine Proteste wurden mit einem diskreten, wissenden Lächeln angehört – selbstverständlich musste er für seine Suite nichts zahlen.

Die Nachricht verbreitete sich in der Gegend. Bald machte Domela eine kaiserliche Tour durch die Städte der Umgebung. Sein Name tauchte in allen Zeitungen auf, obwohl manche behaupteten, es sei unangemessen, dass die Reichswehr in der jungen Republik Respekt für die enttrohnte Kaiserfamilie zeigte. Domela ging schließlich zum Kommandanten der lokalen

Als von Kopf bis Fuß königliche Erscheinung wurde Harry Domela von den Bürgern von Erfurt in Thüringen gefeiert. Er nannte sich selbst „Baron von Korff“, wurde jedoch bald für Prinz Wilhelm von Hohenzollern gehalten.

Sogar während er im Gefängnis auf seinen Betrugsprozess wartete, wurde Harry Domela beauftragt, über seine Taten zu berichten. Als er entlassen wurde, war er ein Bestsellerautor.

Kaserne und forderte eine Unterbindug der Berichterstattung. Er hoffte, noch ein paar Tage in Erfurt als Privatperson verbringen zu können, sagte er.

Von Erfurt ging Domela nach Weimar, wo er wieder er um die Unterdrückung der Zeitungsberichte über seine Ankunft bat. Die Sache flog trotzdem auf und wieder wurde er von hohen Tieren gefeiert. Dennoch entschied er, dass es Zeit war, wieder der mittellose Harry Domela zu werden, bevor er entlarvt würde, und kaufte die billigste Fahrkarte nach Berlin.

Als Domelas Zug im Januar 1927 langsam in Richtung Berlin rollte, wussten die Zeitungen schon, dass Polzeiermittlungen ergeben hatten, dass Prinz Wilhelm sich im letzten Jahr nicht mal in der Nähe von Erfurt oder Weimar aufgehalten hatte.

Domela stieg aus dem Zug und wurde von folgenden Schlagzeilen empfangen:

FALSCHER HOHENZOLLERN-PRINZ TÄUSCHT EINGEFLEISCHTE MONARCHISTEN.
WO IST „PRINZ WILHELM?“
GANZ DEUTSCHLAND SUCHT DEN PRINZEN DER HOCHSTAPLER.
UNSERE REPUBLIK – WIEDER DAS GESPÖTT DER WELT.

DER „PRINZ“ WIRD GEFASST

Überall in der Stadt fanden die Menschen Domelas Täuschung sehr lustig, doch sein Foto war in allen Zeitungen und er wusste, bald würde er erkannt werden. Er nahm einen anderen Zug Richtung französische Grenze, wo er ein Rekrutierungsplakat der

Der echte Prinz Wilhelm von Hohenzollern bei einem Empfang, nicht lange nach der Kinoeröffnung von Harry Domela in Berlin. Der erste gezeigte Film war *Der falsche Prinz.*

Fremdenlegion sah. Verzweifelt meldete er sich, doch unmittelbar danach wurde er verhaftet. Im Juli wurde er zum Prozess nach Köln gebracht, wo Zeugen, einer nach dem anderen, behaupteten, sie seien nicht betrogen worden. Im Gegenteil: „Seine Hoheit" hatte die Einnahmen von Hotels und Restaurants und die Spenden für karitative Organisationen erhöht und für mehr Wohlstand gesorgt.

Domela wurde zu sieben Monaten Haft verurteilt. Da er aber genau sieben Monate auf seinen Prozess gewartet hatte, wurde er freigelassen. Ein Berliner Verlag bot ihm 25.000 Mark für das Niederschreiben seiner Geschichte an. Die 70.000 Exemplare des Buchs waren schnell verkauft. Domela trat auf der Bühne in der Komödie *Alt-Heidelberg* auf und die Autorenrechte für sein Buch machten ihn reich. Er kaufte ein kleines Kino in Berlin, das 1930 mit dem Film *Der Falsche Prinz* eröffnet wurde.

Das weitere Schicksal von Harry Domela ist ungewiss. Einem Bericht zufolge soll er in einem Konzentrationslager umgekommen sein, in einem anderen wird behauptet, dass er nach Südafrika ausgewandert sei.

FAMILIENTREFFEN

In den 1950er-Jahren erinnerte sich die Ex-Kronprinzessin Cecilie, die Mutter des echten Prinzen Wilhelm, wie Domela 1927 in ihrem Haus auftauchte, nachdem er aus dem Gefängnis entlassen worden war. „Ich konnte doch nicht ablehnen, oder? Er hatte uns keinen Schaden zugefügt … Als der Kronprinz und ich von seinen Taten hörten, brachen wir in Gelächter aus. Also habe ich ihn zum Tee eingeladen. Er sagte, er konnte nicht zur Ruhe kommen, bis er diese ‚Mama' persönlich getroffen hatte. Es war eine höchst amüsante Teeparty. Doch eines wunderte mich schon: Wie konnte ihn auch nur irgendjemand für Wilhelm halten?"

DER FALL TICHBORNE

Roger Tichborne war der älteste Sohn von James, Bruder des zehnten Baronets Tichborne, mit Anwesen in Hampshire in England. Roger wurde 1829 geboren, ging in eine exklusive katholische Schule und rückte mit 20 in die Dragonergarde ein.

Der zehnte Baronet starb und sein Nachfolger war sein Cousin Sir Edward Doughty, der ebenfalls keine Erben hatte. Nach Doughtys Tod stellte sich heraus, dass dessen Neffe Roger den Anspruch auf den Titel hätte. 1852 verliebte er sich in Katharine, Sir Edwards Tochter. In der katholischen Kirche waren Ehen zwischen Cousins ersten Grades verboten und so ordnete Sir Edward an, dass sich das Paar drei Jahre lang nicht sehen sollte. Wenn sie nach dieser Zeit immer noch heiraten wollten, würde er eine Dispens beantragen.

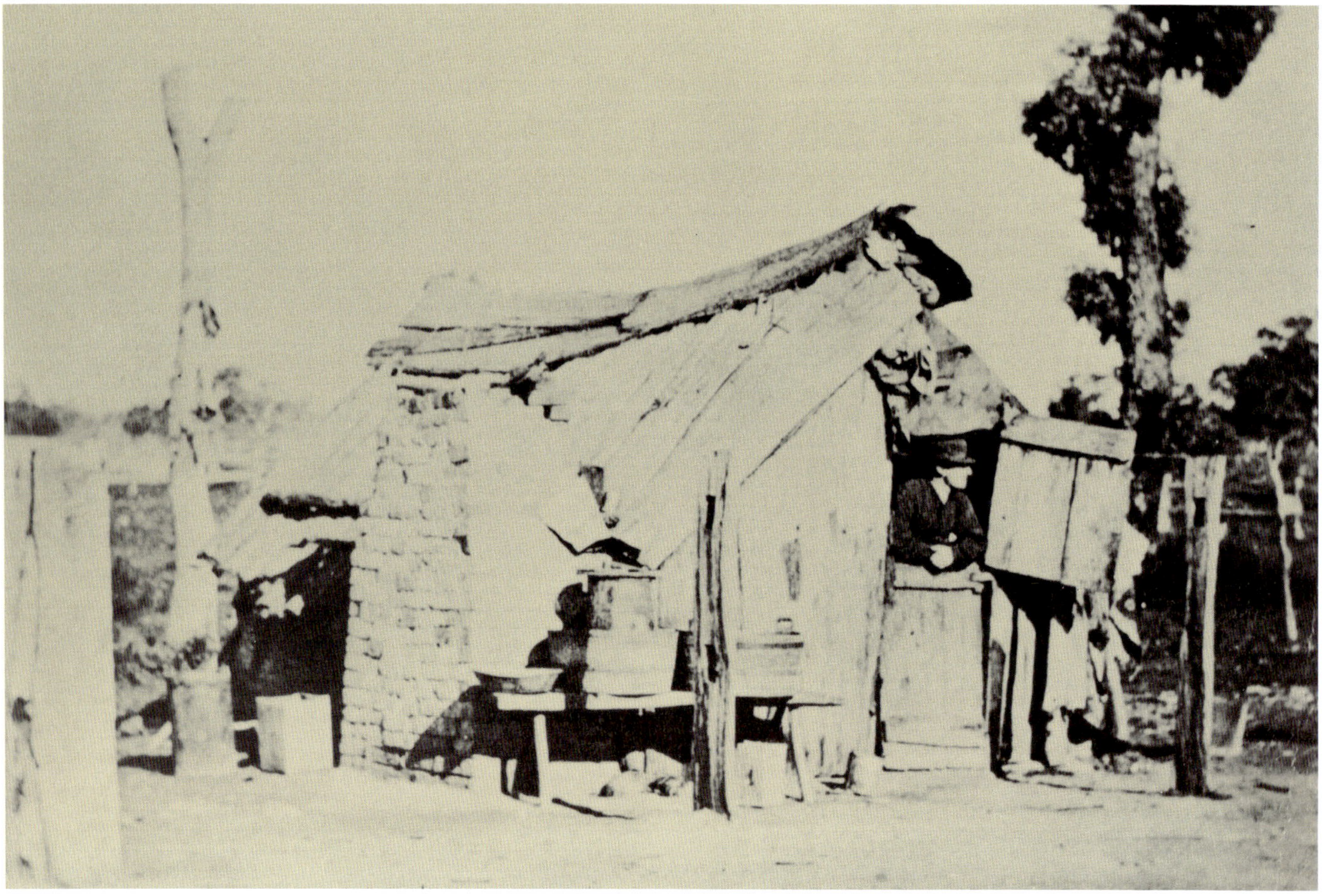

Die verfallene Hütte im australischen Wagga Wagga, in der der lokale Metzger Thomas Castro mit seiner Familie lebte.

Jener Roger Tichborne, der 1852 verschwunden war, war dünn und hatte ein langes, trauriges Gesicht. Castro, angeblich 37 Jahre alt, war rundlich und schien mittleren Alters zu sein.

Ganz im viktorianischen Stil verließ Roger die Armee und ging nach Südamerika. Nach zehn Monaten segelte er an Bord der *Bella*, eines kleinen britischen Schiffs, von Rio de Janeiro nach New York. Doch die *Bella* sank bei einem Sturm und von ihr blieb nicht viel mehr übrig als das Logbuch, das 650 Kilometer vom Land entfernt im Wasser trieb.

1855 wurde Roger am britischen Hof für tot erklärt, und als Sir Edward starb, wurde Rogers jüngerer Bruder Alfred sein Erbe. Alfred lebte aber nur ein paar Jahre und hinterließ seinem Baby Henry den Titel des zwölften Baronets.

DER METZGER VON WAGGA WAGGA

Rogers Mutter Henriette weigerte sich zu glauben, dass er tot sei, und fing an, in Zeitungen zu inserieren, um Informationen zu finden. 1865 bekam sie einen Brief von einem Anwalt aus der kleinen australischen Stadt Wagga Wagga. Darin stand, dass Roger in der Nähe unter dem Namen Thomas Castro lebte. Castro war ein ungebildeter Metzger in Wagga Wagga, der mit einer Analphabetin verheiratet war. Im Januar 1866 schrieb er an Henriette mit der Anrede „Meine geliebte Mutter“. Sie antwortete „Roger“, dass sein Vater und sein jüngerer Bruder tot waren. Zweifellos wollte Castro zunächst nur Geld aus der Geschichte herausschlagen, doch die Nachrichten beflügelten seinen Ehrgeiz. Er besuchte einen pensionierten Diener der Familie, der zufällig in Sydney lebte, und überredete diesen, ihn als Roger Tichborne zu identifizieren.

Danach schickte Henriette sofort Geld und Castro ging mit seiner Familie an Bord eines Schiffes nach England. Er reiste nach Paris, wo Henriette lebte. Sie muss von seiner Erscheinung überrascht gewesen sein, denn der Roger, der 1852 verschwunden war, war dünn und hatte ein langes, trauriges Gesicht. Castro, angeblich 37, war rundlich und schien mittleren Alters zu sein. Dennoch akzeptierte sie ihn als ihren Sohn.

Thomas Castro aus Wagga Wagga, der Anspruch auf den Titel des zwölften Baronets von Tichborne erhob.

Um Geld für die Durchsetzung seines Anspruches auf das Tichborne-Anwesen aufzutreiben, verkaufte Castro Pfandscheine – unter dem Namen „Roger Charles Doughty Tichborne“ – zu je £ 100 Pfund das Stück. Jene, die sie kauften, verloren ihre Investition.

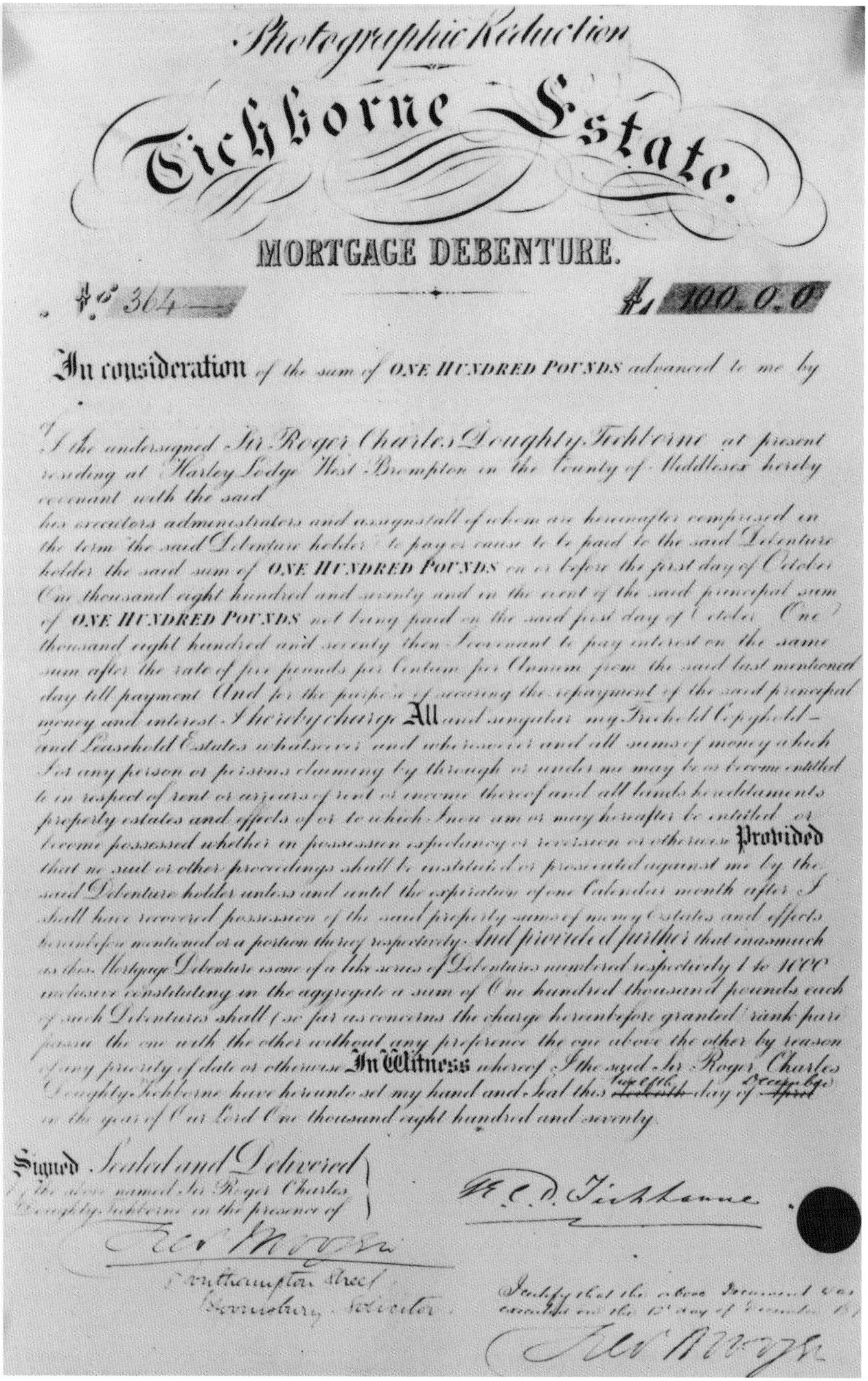

Photographic Reduction

Tichborne Estate.

MORTGAGE DEBENTURE.

No. 364 — £ 100.0.0

In consideration of the sum of ONE HUNDRED POUNDS advanced to me by

I the undersigned Sir Roger Charles Doughty Tichborne at present residing at Harley Lodge West Brompton in the County of Middlesex hereby covenant with the said his executors administrators and assigns (all of whom are hereinafter comprised in the term "the said Debenture holder") to pay or cause to be paid to the said Debenture holder the said sum of ONE HUNDRED POUNDS on or before the first day of October One thousand eight hundred and seventy and in the event of the said principal sum of ONE HUNDRED POUNDS not being paid on the said first day of October One thousand eight hundred and seventy then I covenant to pay interest on the same sum after the rate of five pounds per Centum per Annum from the said last mentioned day till payment And for the purpose of securing the repayment of the said principal money and interest I hereby charge All and singular my Freehold Copyhold and Leasehold Estates whatsoever and wheresoever and all sums of money which I or any person or persons claiming by through or under me may be or become entitled to in respect of rent or arrears of rent or income thereof and all lands hereditaments property estates and effects of or to which I now am or may hereafter be entitled or become possessed whether in possession expectancy or reversion or otherwise Provided that no suit or other proceedings shall be instituted or prosecuted against me by the said Debenture holder unless and until the expiration of one Calendar month after I shall have recovered possession of the said property sums of money Estates and effects hereinbefore mentioned or a portion thereof respectively And provided further that inasmuch as this Mortgage Debenture is one of a like series of Debentures numbered respectively 1 to 1000 inclusive constituting in the aggregate a sum of One hundred thousand pounds each of such Debentures shall (so far as concerns the charge hereinbefore granted) rank pari passu the one with the other without any preference the one above the other by reason of any priority of date or otherwise In Witness whereof I the said Sir Roger Charles Doughty Tichborne have hereunto set my hand and Seal this twelfth day of December in the year of Our Lord One thousand eight hundred and seventy

Signed Sealed and Delivered by the above named Sir Roger Charles Doughty Tichborne in the presence of

[illegible signature]

Southampton Street Bloomsbury Solicitor

R. C. D. Tichborne

I certify that the above document was executed on the 12th day of December 18[illegible]

[illegible signature]

Von seiner „Mutter“ bekam Castro eine jährliche Zahlung von 1.000 Pfund und er ging nach England, um seinen Titel einzufordern. Er lernte alles, was er konnte, über Rogers Familie und brachte mehrere Bekannte dazu, an seine neue Identität zu glauben. Er sagte, er sei von einem Schiff gerettet worden und hätte es aus „Leichtsinn und Nachlässigkeit“ verabsäumt, seine Familie zu benachrichtigen. Er schwärzte auch den Namen von Katherine Doughty an, indem er behauptete, sie sei schwanger gewesen, als er England verließ.

WO IST DIE TÄTOWIERUNG?

Bis zum Prozess vor dem Höchstgericht in London dauerte es noch vier Jahre. In dieser Zeit verdiente Castro Geld, indem er Schuldscheine zu je 100 Pfund auf das Tichborne-Anwesen verkaufte. Beim Prozess bestätigten 90 Zeugen einschließlich der Familiengouvernanten und der ehemaligen Offiziere der Dragonergarde seine Identität als Roger Tichborne. Andere wiederum behaupteten, er sei in Wirklichkeit Arthur Orton, der 1834 in London geboren wurde. Zuletzt sagte ein Zeuge gegen Castro/Orton aus, dass der echte Roger seine Initialen auf dem Arm eintätowiert hatte: etwas, was Castro/Orton fehlte. Nach einem dreimonatigen Prozess wurde sein Anspruch schließlich abgewiesen.

Castro wurde sofort wegen Meineids verhaftet, doch dann gegen Kaution freigelassen.

Ein Jahr später reiste er durch England als „Sir Roger Tichborne“, sprach in der Öffentlichkeit und trieb Geldmittel für seine Verteidigung auf. Er wurde zum Helden: Während seines Prozesses wurden die

Bestehend aus guten, aufrechten Männern, berät die Jury der Chancery Division am Höchstgericht in London. Nach mehr als dreimonatiger Beratung wurde Castros Anspruch zurückgewiesen.

DOSSIER
GEKRITZEL AUS DEM NOTIZBUCH VON CASTRO

Als sein Notizbuch als Beweisstück gegen ihn vorgelegt wurde, konnte Castro nur noch protestieren, es handle sich um eine Fälschung. Sein eigenes Gekritzel trug zu seinem Niedergang bei: „Thomas Castro ... Roger Charles Tichborne eines Tages, so hoffe ich." – „Manche Menschen haben viel Geld und keinen Verstand, manche Menschen haben viel Verstand und kein Geld. Sicherlich wurden Menschen mit viel Geld und keinem Verstand für Menschen mit viel Verstand und keinem Geld erschaffen."

Anklagevertreter auf der Straße ausgebuht und brauchten sogar Polizeischutz.

Der Castro-Prozess war mit insgesamt 188 Tagen eine der längsten Anhörungen in der britischen Rechtsgeschichte. Sein Verteidiger hielt eine 21-tägige Eröffnungsrede, das Schlussplädoyer dauerte 23 Tage. Der Lord Chief Justice brauchte insgesamt 20 Tage. Gegen Castro wurden 210 Zeugen gerufen, er selbst hatte 300, die ihn unterstützten.

Dennoch war das Beweisgewicht gegen Castro eindeutig, besonders als man einigen Zeugen nachweisen konnte, dass sie gelogen hatten. Er wurde für schuldig befunden und besonders wegen des „abscheulichen Eidbruchs" zu 14 Jahren Haft verurteilt.

Arthur Orton wurde 1884 freigelassen. Sein „Geständnis", das er später widerrief, verkaufte er an eine Zeitung. Er trat auf einer Varietébühne auf, um seinen Anspruch aufrechtzuerhalten, doch die Öffentlichkeit hatte das Interesse verloren. Er stürzte immer tiefer und starb 1898 in einer billigen Wohnung im Alter von 64 Jahren. Bis zum Schluss nannte er sich „Sir Roger Tichborne" und dieser Name stand auch auf seinem Sarg.

„ICH LEBTE VIELE LEBEN"

„Stanley Clifford Weyman" (1890–1960) wurde als Stanley Jacob Weinberg in Brooklyn in New York geboren. Seine Eltern hatten nicht genug Geld für eine College-Ausbildung, also war sein erster Job bei einem lokalen Buchhalter. Im Alter von 21 jedoch tauchte er in Manhattan in einer prächtigen purpurfarbenen Uniform auf und gab sich als Gesandter des marokkanischen Konsuls aus. Er verschuldete sich in teuren Restaurants, und als er Geld brauchte, stahl er einen Fotoapparat und saß ein Jahr in einer Besserungsanstalt.

Danach nahm Weyman gleich zwei Rollen an – als serbischer Militärattaché und als Leutnant der US Navy. Bald wurde er aber entlarvt und musste zwei weitere Jahre absitzen. Frei auf Bewährung, war er „Oberleutnant in der rumänische Armee" und der „rumänische Generalkonsul" in New York. Er ließ sich eine auffällige hellblaue Uniform mit Goldborten schneidern und führte 1915 eine offizielle Besichtigung auf dem Schlachtschiff USS *Wyoming* am Hudson River durch.

Nach der Besichtigung lud er die Schiffsoffiziere zu einem Bankett im Hotel Astor ein. Ein New Yorker Detektiv las darüber

Weyman ließ sich eine auffällige hellblaue Uniform mit Goldborten schneidern und führte 1915 eine offizielle Inspektion auf dem Schlachtschiff USS Wyoming durch.

in der Zeitung und zwei Polizisten erschienen im Hotel, um Weyman zurück ins Gefängnis zu bringen, da er gegen die Bewährungsvorschriften verstoßen hatte. Weymans Kommentar: „Sie hätten wenigstens bis zum Dessert warten können."

EINE ANDERE IDENTITÄT

Als die Vereinigten Staaten 1917 in den Ersten Weltkrieg eintraten, tauchte Weyman als „Royal St. Cyr", ein Leutnant des Army Air Corps, auf. Eines Tages kam er zum 47. Waffenregiment in Brooklyn und kündigte eine offizielle Inspektion an. Sein Schneider, der ihm die Unform genäht hatte, hatte aber Verdacht geschöpft und verständigte die Polizei. Während er die Inspektion abhielt, wurde Weyman also neuerlich verhaftet.

1920, wieder auf freiem Fuß und als Buchhalter beschäftigt, las Weyman ein Stellenangebot in Lima in Peru; man suchte einen Arzt, der für eine amerikanische Baufirma die Installation von hygienischen Einrichtungen überwachte. Schnell fälschte er die nötigen Papiere und wurde prompt eingestellt.

In Lima mietete sich „Dr." Stanley Weyman eine palastartige Unterkunft, stellte Hausdiener ein und ließ zwei amerikanische Autos importieren. Er feierte exzessive

In fast allen Teilen der Welt wird ein Reisepass als Indentitätsausweis gerne akzeptiert; mit seiner Hilfe kann man die Spuren von In- und Ausländern verfolgen. Doch nach wie vor ist es möglich, einen Pass unter falschem Namen zu erhalten, wie schon viele Kriminelle gezeigt haben.

Partys und schickte die Rechnungen an die Baufirma. In seiner Rolle als Berater nickte er nur wissend zu den Ratschläge eines lokalen Experten. Das Ausmaß seiner Ausgaben machte der Firma in den USA jedoch Sorgen. Man ließ seine Zeugnisse prüfen und Weyman wurde entlassen.

1921 war er wieder in New York, wo er sich der besuchenden afghanischen Prinzessin Fatima als Staatssekretär Stanley Clifford Weyman vorstellte. Er sagte ihr, dass man sie offiziell empfangen würde, doch es gäbe da noch eine winzige Angelegenheit. Ein kleiner Geldbetrag (er schlug 10.000 Dollar vor) sei für „Geschenke“ notwendig. In einem Privatwaggon nahm er sie dann mit nach Washington, wo er sie – jetzt getarnt in der weißen Navy-Uniform – dem Staatssekretär Charles Evans Hughes vorstellte. Er arrangierte sogar ein Treffen mit Präsident Warren G. Harding.

1922 besuchte Dr. Adolf Lorenz, der berühmte österreichische Chiropraktiker, die Vereinigten Staaten. Als er von Board seines Schiffes stieg, wurde er von „Dr. Clifford Weyman von der New Yorker

Сестрорѣцкій Оружейн. Заводъ

Nach der gescheiterten Revolution rasierte Lenin im Juli 1917 seinen Bart ab und trug eine Perücke, um seine Glatze zu verbergen. Doch die Perücke verrutschte häufig und er war leicht zu erkennen. Auf seiner Flucht verbarg er sich zunächst in einer Scheune bei St. Petersburg entkam dann mit diesem Reisepass nach Finnland.

DOSSIER
EHRLICH VERDIENTES GELD

Es gibt nur einen Zwischenfall in Weymans Karriere, bei dem er als Hochstapler ehrlich Geld verdiente. Die Zeitung *The Evening Graphic* wollte ein Exklusivinterview mit der rumänischen Königin Maria, doch sie sich weigerte sich, Pressevertreter zu empfangen. Weyman präsentierte seine Visitenkarte als „Staatssekretär" und bekam das Interview.

Gesundheitsbehörde" begrüßt. Auch als Lorenz eine Klinik für Gelenkkrankheiten einrichtete, war Weyman im Chirurgenkittel an seiner Seite.

Sein Schwindel flog aber wieder auf, denn er war ganz offenbar kein Chirurg. Auch als Navy-Offizier in Washington ließ er Verdacht schöpfen. Zwei Männer vom Navy-Geheimdienst kamen vorbei und Weyman fand sich für zwei Jahre im Gefängnis wieder: für das Spielen eines Offiziers.

„Ein einziges Leben ist langweilig. Ich habe viele Leben gelebt. Mir ist nie langweilig."

— FRANK WEYMAN

1926, als der Filmstar Rudolf Valentino in einem New Yorker Spital starb, suchte Weyman dessen Geliebte Pola Negri auf und wurde sofort ihr persönlicher Arzt. „Rudy würde wollen, dass ich mich um Sie kümmere", sagte er. Weyman begleitete sie zum Begräbnis und stellte sogar eine Erste-Hilfe-Station vor dem Friedhof auf.

REIN UND RAUS AUS DEM KNAST

Später gab sich Weyman als Anwalt aus und eröffnete ein Büro am Broadway. Alles ging gut, bis ein Ermittler von der Anwaltskammer nach seiner Lizenz fragte. Er landete wieder im Gefängnis. Über seine darauf folgenden Aktionen ist wenig bekannt – bis zum Eintritt der USA in den Zweiten Weltkrieg 1942. Dann eröffnete er ein Beratungsbüro im Zentrum New Yorks, wo er Wehrdienstverweigerer darüber informierte, wie man Beschwerden vortäuschte. Doch es dauerte nicht lange, bis er wieder verhaftet und diesmal zu sieben Jahren Haft verurteilt wurde.

Als er 1948 herauskam, besorgte er sich wieder falsche Zeugnisse und wurde zum Journalisten der neu gegründeten Vereinten Nationen bestellt. Zwei Jahre lang behielt er den Posten, dann machte er einen Fehler. Die thailändische Delegation bot ihm eine Stelle als Pressesprecher an und er schrieb einen Brief an das Außenministerium mit der Frage, ob sich das auf seine amerikanische Staatsbürgerschaft auswirken würde. In deren Akten war er nur zu gut bekannt.

1954 beantragte Weyman einen 8.000-Dollar-Renovierungskredit. Er hatte aber kein Haus und wieder einmal stand er vor Gericht, wo er den Richter nicht von einer Geisteskrankheit überzeugen konnte. Trotz allem starb Weyman als Held. Er wurde im August 1960 erschossen, als er versuchte, einen Raub in dem Hotel zu verhindern, in dem er als Nachtportier arbeitete. Wie er einmal sagte: „Ein einziges Leben ist langweilig. Ich habe viele Leben gelebt. Mir ist nie langweilig."

KAPITEL 6

EINFALLSREICHE TRICKBETRÜGER

Die verwegensten, dreistesten Fälscher und Schwindler sind ohne Zweifel die Trickbetrüger.

Welch geheime Befriedigung sie auch immer aus ihrem Tun erfahren – und ihre Lebensläufe deuten darauf hin, dass sie es genießen –, Trickbetrüger arbeiten ausschließlich für ihren persönlichen Gewinn. Wie die folgenden Beispiele zeigen, ist das Motiv, das sie ausnutzen, die Habgier – weniger ihre eigene als die ihrer Opfer. Sie schlagen ihrer potenziellen Zielgruppe stets einen sicheren Weg zu Geld vor, vielleicht nicht ganz legal, dafür aber zu verlockend, um abzulehnen. Die Betrüger arbeiten hart. Sie wenden Monate und oft beachtliche Mittel auf, um ihre Opfer zu bearbeiten. Sie können komplizierte Organisationen aufbauen, nur um ihre Opfer immer tiefer in das Netz zu treiben, das man für sie ausgelegt hat. Wenn die Zeit reif ist, zieht man die Schlinge zu und das Opfer ist viel ärmer – aber nur wenig weiser.

Gegenüber: Nachdem er seine Opfer 20 Jahre lang schröpfte, wird „Graf" Victor Lustig von drei Agenten mit finsterer Miene ins Gefängnis eskortiert.

Links: Joseph „Yellow Kid" Weil soll geschätzte 8 Millionen US-Dollar mit seinen Betrügereien verdient haben.

WER PRELLTE JAY GOULD?

Die Familie Gordon ist eine der einflussreichsten Schottlands, die über viele Jahrhunderte eine bedeutende Rolle in der Geschichte des Landes spielte. Deshalb waren die Bürger von Minneapolis begeistert, als „Lord Gordon-Gordon“ 1871 in ihrer Stadt eintraf und eine Summe von 40.000 US-Dollar auf einer lokalen Bank deponierte.

Aber wer war er wirklich? Darüber gibt es zwei gegensätzliche Theorien. War er das uneheliche Kind eines Geistlichen und seiner Haushälterin oder war er der wohlerzogene Sohn eines scheinbar respektablen Paares, welches in Wirklichkeit vom Schmuggel auf der Insel Jersey lebte?

Gordons erster Auftritt wurde 1868 registriert, als er unter dem Namen „Lord Glencairn“ bei den Edinburger Juwelenhändlern Marshall & Son einkaufte. Er ließ fallen, dass er der Erbe des Glencairn-Vermögens sei, welches er im März 1870 im Alter von 27 Jahren erben würde. Damit schien es wahrscheinlich, dass Gordon 1843 geboren wurde.

Nachdem er von Marshall & Son einen Kredit für mindestens ein Jahr erhalten hatte, verschwand „Glencairn“. Bei seiner Ankunft in Minneapolis verkündete „Lord Gordon-Gordon“, er wolle einige seiner Pächter mitsamt Familien von Schottland herüberbringen und sie auf einem riesigen Stück Land ansiedeln, das er kaufen wolle. Diese Nachricht erreichte auch Oberst John Loomis, den Liegenschaftsverwalter der Northern Pacific Railroad, die dringend Geld brauchte. Loomis organisierte eine aufwändige Expedition für den Lord, der sich das Land im Westen anschauen und zukünftige Städte markieren sollte.

KONTROLLE ÜBER DIE EISENBAHN

Nach seiner Expedition ging Gordon-Gordon nach New York, mit einem Einführungsschreiben an Horace Greeley in der Tasche, der begeistert war, jemanden ken-

Um 1870 waren die Eisenbahngesellschaften extrem bemüht, Kapital zum Aufbau konkurrierender Bahnlinien durch den amerikanischen Kontinent zu beschaffen. Auf der Karikatur von 1870 fordert „Commodore“ Cornelius Vanderbuilt James Fisk von der Erie-Eisenbahngesellschaft heraus, die Jay Gould leichtsinnig leitete.

Horace Greeley, Herausgeber, Politiker und Gründer der *New York Tribune*, war einer derjenigen, der auf Lord Gordon-Gordon und seine angeblichen Verbindungen zur Aristokratie hereingefallen ist.

nen zu lernen, der seinem Ruf „Auf in den Westen!“ gefolgt war. Im Februar 1872 bekam der Financier Jay Gould Streit mit anderen Aktionären über die Kontrolle der Erie-Eisenbahn. Gordon-Gordon erklärte, dass er 60.000 Erie-Aktien hielte, wodurch er Goulds Präsidentschaft kippen könnte.

Schließlich mussten sich US-Präsident Ulysses S. Grant und der kanadische Premier Sir John A. McDonald einschalten, um das internationale Klima wieder zu beruhigen.

Gould bekam es mit der Angst und ließ sich überreden, Gordon-Gordon für seine Kooperation 20.000 Aktien zu je 35 Dollar und 200.000 Dollar in bar zu übergeben. Er merkte bald, dass diese Aktien verkauft wurden und er dadurch die Kontrolle über Erie verlor. Er verlangte also sein Geld zurück. Greeley beschwor Gordon-Gordon, die Sicherheiten und das Geld wieder herauszugeben, aber Gould fühlte sich um 150.000 Dollar betrogen und erhob Klage.

Bei der Verhandlung im Mai 1872 gab Gordon-Gordon zunächst freimütig Namen und Adressen seiner schottischen Familie und Rechtsanwälte an. Gould telegrafierte umgehend an die Betreffenden und wusste am nächsten Morgen, dass es keinen solchen Lord gab. Gordon-Gordon hatte aber bereits den Mitternachtszug nach Montreal genommen und überließ es seinen Bürgen, die Kaution von 37.000 Dollar zu bezahlen.

ZWISCHENSTOP IN MANITOBA

Von Montreal zog Gordon-Gordon nach dem heutigen Winnipeg, Manitoba, weiter, damals eine Handelsstation der Hudson Bay Company namens Fort Garry. Dort vergnügte er sich unter anderem bei zahlreichen Jagden. Doch die Kunde von einem vornehmen Engländer an dem verlassenen Ort drang im Juni 1873 auch nach Minneapolis. Schon am 2. Juli versuchten sieben Männer aus Minnesota, Gordon-Gordon in die USA zu entführen. Am nächsten Tag wurden sie jedoch 30 m vor der Grenze gefasst und eingesperrt; sie hatten keine Aufenthaltsgenehmigung für Kanada.

DOSSIER
JAY GOULD

Einer der gerissensten Geschäftemacher des 19. Jahrhunderts war Jay Gould (1836–1892), der aus Roxbury, New York, stammte. Nachdem er ein kleines Vermögen mit Holz gemacht hatte, wurde er mit 21 Jahren Hauptaktionär einer Bank aus Pennsylvania. Gould etablierte sich 1859 als Broker in New York, kaufte Eisenbahnaktien und kontrollierte aufgrund cleverer Aktienmanipulationen vier Jahre lang die Erie-Eisenbahngesellschaft (1868–1872). Dann versuchte er, den Goldmarkt zu kippen, was zum „Schwarzen Freitag“, dem Börsencrash im September 1869, führte. Er starb – laut *Chambers Biographical Dictionary* „unbeweint“ – ca. 100 Millionen Dollar schwer.

Den Rest des Sommers über stritten sich Gerichte in Manitoba und Minnesota über den Fall und schließlich mussten sich US-Präsident Ulysses S. Grant und der kanadische Premier Sir John A. McDonald einschalten, um das internationale Klima wieder zu beruhigen. Gordon-Gordon blieb in Fort Garry und verließ sich darauf, dass die bestehenden Auslieferungsabkommen für Vergehen wie Veruntreuung nicht gelten würden.

Die Edinburgher Juweliere erfuhren jedoch von dem Fall und schickten ihren Sekretär, Thomas Smith, nach Fort Garry, um „Glencairn" zu identifizieren. Ein Haftbefehl wurde gegen ihn erlassen und am 1. August 1874 schoss sich Gordon-Gordon im Hause der Dame, die ihn verköstigte, eine Kugel in den Kopf. Seinen richtigen Namen nahm er mit ins Grab.

Jay Gould machte im Aktienhandel viele Millionen Dollar, wurde aber ganz gegen seine Art von „Lord Gordon-Gordon" über den Tisch gezogen.

LA GRANDE THÉRÈSE

Die meisten Trickbetrüger geben sich für jemanden anderen aus, vor allem wenn es um eine Erbschaft geht. Eine berühmte Französin tat das Gegenteil: Sie erfand einen Erbanspruch zu ihren Gunsten.

Sie war unscheinbar und untersetzt und arbeitete als Wäscherin im Haushalt von Gustave Humbert, einem erfolgreichen Anwalt und aufstrebenden Politiker in einer Stadt nicht weit von Toulouse, Südwestfrankreich. Sie hieß Thérèse Aurignac (1860–1917) und gewann mit dem Märchen, das sie erzählte, das Interesse von Humberts Sohn Frédéric. Als Kind hatte sie angeblich die Beachtung eines Fräuleins de Marcotte geweckt. Diese reiche alte und kinderlose Dame hatte Gefallen an Thérèse gefunden und sie in ihrem Testament mit einem Schloss, Grundbesitz und einem riesigen

Oben: „La grande Thérèse“ in all ihrem Putz auf der Höhe ihrer infamen Karriere.

Gegenüber: Auf die Frage, wo sie wohne, antwortete Mme. Humbert vor Gericht: „Im Gefängnis.“

Vermögen bedacht. Fräulein de Marcotte würde bald sterben und dann sei sie reich. Frédéric glaubte jedes Wort.

Gegen den Willen seines Vaters heiratete Frédéric Thérèse, als er sein Jura-Examen abgelegt hatte, und das junge Paar ging nach Paris, das zu dieser Zeit als bunt und verführerisch bekannt war. Die jungen Humberts, die das Leben etwas zu voll genossen, steckten bald in tiefen Schulden. Sie hielten sich ihre Gläubiger mit dem Versprechen vom Leibe, dass die Erbschaft jeden Tag fällig sei. Aber einige Gläubiger forschten nach und fanden heraus, dass „Fräulein de Marcotte“ gar nicht existierte.

EIN AMERIKANISCHER MILLIONÄR WIRD ZUM RETTER

Gustave Humbert war in der Politik rasch emporgekommen und eben zum Justizminister ernannt worden. Als sein Sohn ihm von seinen Problemen erzählte, musste er wohl oder übel die Schulden des jungen Paares begleichen, um einen Skandal zu vermeiden. Thérèse sprach lange mit ihm unter vier Augen und gab zu, dass die Geschichte von Fräulein de Marcotte reine Erfindung war. Sie hätte sie erfunden, weil die Wahrheit so unglaubwürdig wäre. Etwa zwei Jahre zuvor hätte sie in einem Zug bei Nizza das Leben eines älteren Amerikaners gerettet, als dieser einen Herzanfall bekam. Nun hätte sie einen Brief vom Testamentsvollstrecker des verstorbenen Robert Henry Crawford erhalten, des Millionärs, dessen Leben sie zuvor gerettet hatte.

Mr. Crawford hinterließ zwei miteinander verknüpfte Testamente. Sein Vermögen sollte zwischen seinen zwei Neffen und Thérèses jüngerer Schwester Marie aufgeteilt und in Frankreich angelegt werden. Aus den Einkünften sollte Frau Humbert ein jährliches Einkommen von fast 100.000 Dollar erhalten, jedoch sollte das Vermögen nicht vor Maries 21. Geburtstag angetastet werden. Selbst dann sollte das Vermögen erst geteilt werden, nachdem Marie einen der beiden Neffen geheiratet hätte. Alle Wertpapiere und Anleihen sollten den Humberts übergeben und in einem versiegelten Tresor abgelegt werden.

Die Humberts nahmen sich ein großes Haus in Paris. Thérèse installierte den geforderten feuersicheren Tresor im Schlafzimmer, holte einen leichtgläubigen Verwaltungsbeamten aus der Provinz und ließ ihn die Liste der gebündelten Wertpapiere, die sie im Safe deponierte, beglaubigen. Er bestätigte, dass sie einen Wert von 100 Millionen Francs besäßen. Dann versiegelte Thérèse die Safetür mit zwei eindrucksvollen Wachssiegeln.

Mit diesem Schatz unter ihrem Verschluss und den Schlüssel in ihrem Besitz, war es für

Bei Gericht sah Thérèse (rechts im Bild) in ihrem blauen Kostüm und rundem Hut mit weißen Rosen ganz gut aus, wenn auch von ihrem einstigen Reichtum nicht mehr viel zu merken war. Drall und gealtert lispelte sie mit breitem südlichem Akzent. Ein Journalist meinte, sie sähe aus wie „die typische französische Köchin".

Thérèse leicht, große Darlehen von bereitwilligen Bankern zu bekommen. Allein für Hüte und Kleider soll sie jährlich fünfstellige Beträge ausgegeben haben. Man errechnete, dass sie im Laufe ihrer Karriere an die 64 Millionen Francs geliehen hatte. Die Humberts erschienen bei jedem gesellschaftlichen Ereignis und dinierten nur in den besten Restaurants. Thérèse in ihrem Staat war überall als „La grande Thérèse" bekannt. Falls Zweifel an ihrer Zahlungsfähigkeit aufkamen, lud sie den Zweifler in ihr Schlafzimmer ein, verpflichtete ihn zum Schweigen, schob ein heißes Messer unter die Siegel auf dem Safe und zeigte ihm die „Sicherheiten".

EIN MISSTRAUISCHER BANKER

Ein Banker aus Lyon namens Delatte stellte in den USA Nachforschungen über den verstorbenen Mr. Crawford und seine Neffen an. Aber niemand hatte je von ihnen gehört. Zur Ablenkung von den Gerüchten, die nun aufkamen, behauptete Thérèse, dass sich die Neffen über die Ausführung des Testaments stritten. Frédéric stellte ein großes Team von Rechtsanwälten zusammen, um sich für eine lange Verhandlung zu wappnen.

Leider rückte Maries 21. Geburtstag immer näher, sodass sich Thérèse ein anderes Manöver einfallen lassen musste. Ihre Brüder Emile und Romain gründeten eine Firma, die sich auf „rente viagère", eine Art Leibrente, spezialisierte. Sie boten gute Bedingungen und zahlten pünktlich. Niemand außerhalb der Familie ahnte, dass die eingezahlten Beträge nie angelegt wurden.

Schließlich schaute sich ein misstrauischer Beamter der Bank von Frankreich die Geschäfte der Firma etwas genauer an und teilte seine Befunde Premierminister Pierre Waldeck-Rousseau mit. Dieser wusste nur zu gut, welche Folgen Finanzskandale für die französische Politik hatten, und veranlasste, dass sich die Zeitung *Le Matin* um die Details kümmerte. Thérèse war gezwungen, Schritte wegen übler Nachrede anzudrohen. Ihr Rechtsanwalt, Maître du Buit, kündigte an, dass er die Diffamierungen persönlich durch Öffnen des Safes in Anwesenheit des Hauptgläubigers entkräften werde.

FLAMMEN DER GERECHTIGKEIT

Am 8. Mai 1902 brach ein mysteriöses Feuer in Thérèses Schlafzimmer aus. Das sei zu viel, erklärte sie. Sie und Frédéric, ihre zwei Brüder und Marie verschwanden per Zug. Zwei Tage später führte de Buit eine Gruppe Gläubiger in das Schlafzimmer, wo mitten in der Asche der Tresor stand. Die Siegel waren geschmolzen, sonst schien er unberührt. Im Inneren lag nur ein einzelner Ziegelstein.

Sieben Monate später entdeckte die spanische Polizei die Familie in einer Pension in Madrid. Sie wurden ausgeliefert und standen mit Ausnahme von Marie am 8. August 1903 in Paris vor Gericht. Die Anklage belief sich auf 257 Fälle von Fälschungen und Betrug. Zeitungen in aller Welt berichteten über den sensationellen Prozess. Am letzten Tag der Verhandlung erzählte Thérèse ihr letztes Märchen. Demnach enthielt der Safe einst die Banknoten für viele Millionen Francs. Aber sie gehörten seinerzeit dem Marschall Bazaine – einem Militär, der als Verräter verurteilt worden war – und sie habe sie alle „aus Patriotismus" verbrannt. Einer der Richter beugte sich höflich vor und fragte: „Warum dann der Ziegelstein?"

Thérèse und Frédéric wurden zu je fünf Jahren Gefängnis verurteilt, Romain zu drei, Emile zu zwei Jahren. Madame Humbert saß dreieinhalb Jahre ab, bevor sie wegen guter Führung entlassen wurde. Das Letzte, was man von ihr sah, war ein Pressefoto von einer dicken Frau in Schwarz, die einen Zug bestieg, der sie in die Vergessenheit fuhr.

DER MANN, DER DEN EIFFELTURM GLEICH ZWEIMAL VERKAUFTE

Victor Lustig (1890–1947) war der Sohn des angesehenen Bürgermeisters von Hostinne, einer Stadt in Böhmen. Er wurde nach Dres-

den zur Schule geschickt, wo Sprachen das Einzige waren, womit er hervorstach. Er sprach Deutsch, Englisch, Französisch und Italienisch und durfte sein Studium in Paris fortsetzen. Eine Zeit lang glaubte sein Vater, sein Sohn sei Student an der Sorbonne. Aber nachdem der junge Lustig das aufregende Leben der Stadt vor dem Ersten Weltkrieg kennen gelernt hatte, fand er auch Wege, ein luxuriöses Leben zu finanzieren.

CHARMANTER GRAF VON LUSTIG

Er begann zu spielen: Bridge und Poker, vor allem aber Billard, das er sehr gut be-

Längst nicht mehr der elegante, angesehene ausländische Aristokrat, doch immer noch gepflegt: Victor Lustig im Alter von 45 Jahren während seiner Haft.

Eine Zeit lang glaubte Victors Vater, sein Sohn sei Student an der Sorbonne. Aber nachdem der junge Lustig das aufregende Leben in Paris kennen gelernt hatte, fand er auch Wege, ein luxuriöses Leben zu finanzieren.

herrschte. Viele neureiche Amerikaner machten einen Trip nach Europa und wurden leichte Beute für „Kartenhaie", die auf den transatlantischen Luxusdampfern die „Schiffe abarbeiteten". Lustig machte dabei mit, nannte sich Graf von Lustig und setzte seinen angeborenen tschechischen Charme mit großem Erfolg ein.

Nicky Arnstein, ein notorischer Schwindler, entdeckte Lustig und machte ihn zu seinem Partner. Bei Arnstein lernte er die Kunst des Betrugs: wie man ein „Opfer" fand, es an seiner Eitelkeit und Habgier packte, den richtigen Moment zum Zuschlagen erkannte und sich ungeschoren aus der Affäre zog.

WAS MACHT MAN MIT ALL DIESEN ANLEIHEN?

Nach dem Ende des Ersten Weltkrieges gingen Lustig und Arnstein in die USA. Nach einer Reihe gelungener Aktionen war Lustig im Besitz von echten Staatsanleihen im Wert von 25.000 Dollar. Es schien ihm eine Schande, sie nur zu verkaufen. Eines Tages 1924 besuchte ein vornehmer Fremder in gestreiften Hosen, Gamaschen und Monokel einen Bankier namens Green in einer kleinen Stadt in Kansas. Er stellte sich als Graf von Lustig vor, der, durch den Krieg von seinen österreichischen Besitzungen vertrieben, sein Familienerbe von 50.000 Dollar in US-Bundesanleihen nun in Landbesitz in der Gegend investieren wollte. Er legte zwei Packen Anleihen hin, jeder scheinbar 25.000 Dollar wert, von denen der Bankier einen für Landerwerb entgegennahm, den anderen bar ausbezahlte. Natürlich bestand die Hälfte der Anleihen aus sauber geschnittenen leeren Seiten.

1925 kehrte Lustig in Gesellschaft eines als „Dapper Dan" Collins bekannten Partners nach Paris zurück. Sie wohnten in einem vornehmen Hotel und Lustig stellte Collins als seinen Privatsekretär vor. Als sie eines Morgens auf den Champs Elysées Kaffee tranken, starrte Lustig auf den Eiffelturm und meinte: „Es ist für uns an der Zeit, ins Schrottgeschäft einzusteigen!"

LUSTIG GEHT IN DIE REGIERUNG

Lustig wusste, dass die französische Regierung wegen der hohen Reparaturkosten ernsthaft daran dachte, den Eiffelturm abzubauen. Eine Woche später wurden fünf Repräsentanten des Eisenschrotthandels im Namen des stellvertretenden Direktors des Post- und Telegrafenministeriums schriftlich zu einem Treffen eingeladen. Lustig forderte sie auf, verschlossene Angebote für den Abbau des Turms zu unterbreiten. Er und Collins machten bald ihr Opfer aus: André Poisson. Am nächsten Tag teilte Collins Poisson telefonisch mit, dass sein Angebot akzeptabel sei. Der Händler schien aber beunruhigt bei der Nachricht. Vielleicht war er unsicher, meinte Collins, ob die beiden tatsächlich Regierungsbeauftragte waren?

„Ich werde es ihm beweisen", sagte Lustig. Er verabredete ein geheimes Treffen mit Poisson und beklagte sich bitterlich über seine schlechte Bezahlung. Poisson verstand sofort und steckte ihm eine erkleckliche Summe Bargeld zu. Die erste Abschlagszahlung für den Eiffelturm traf einige Tage später ein. Lustig und Collins hatten schon gepackt: Innerhalb von Minuten hatten sie den Scheck bei der Bank von Frankreich eingelöst und verließen Frankreich in Richtung Österreich.

1935 wurde Lustig in Zusammenhang mit einer Flut von gefälschten 100-Dollar-Noten verhört.

Nach der Rückkehr in die USA fand Lustig viele Leichtgläubige als Opfer für seine Aktivitäten, sowohl in Miami als auch in Havanna auf Kuba. Als er eine hübsche 18-jährige Schauspielerin traf, gab er sich als erfolgreicher Produzent vom Broadway aus, der ein neues Musical vorbereitete. Er fand sein Opfer in einem begeisterten Unternehmer aus Rhode Island, der ihm nur zu gern 34.000 Dollar in bar als Anteil an der Produktion aushändigte. Lustig setzte sich natürlich sofort nach Europa ab. In Paris gelang es ihm, den Eiffelturm in exakt der gleichen Weise noch einmal zu verkaufen. Diesmal informierte das Opfer jedoch die Polizei. Der Graf musste sich in aller Eile absetzen.

DER „RUMÄNISCHE KASTEN"

Wieder in den USA, ließ sich Lustig in Palm Beach in Florida nieder und hoffte, die Bekanntschaft reicher Leute zu machen, die hier mit ihren Yachten anlegten. Einer davon war ein bekannter Mann aus der Automobilbranche, Hermann Loller. Durch Nachforschungen fand Lustig heraus, dass Loller geschäftliche Probleme hatte, und beschloss deshalb, den bewährten Trick mit dem „Rumänischen Kasten“ anzuwenden.

Dieser funktionierte so: Lustig erzählte Loller – streng vertraulich –, dass er eine von einem brillanten rumänischen Wissenschaftler erfundene Maschine besäße, die Banknoten kopieren könnte. Es handelte sich um einen hübschen Holzkasten mit Stellrädern und Knöpfen und Schlitzen an zwei Seiten. Lustig steckte eine echte 1.000-Dollar-Note zusammen mit einem leeren Blatt Papier in einen der Schlitze. Er sagte, dass der komplexe fotografische Prozess im Kasten einige Stunden benötige; als er und Loller zurückkamen, spuckte der zweite Schlitz zwei identische Banknoten aus.

Lustig meinte, Loller solle die Scheine prüfen lassen, weil er wusste, dass die Fälschung nicht zu erkennen war. „Aber legen Sie nicht beide Scheine der gleichen Bank vor“, sagte Lustig, „da sie die gleiche Seriennummer haben.“ Natürlich waren beide echt. Lustig hatte zweimal aus einer 3 eine 8 gemacht, sodass sie gleich erschienen.

DOSSIER
UNEHRLICHKEIT EHRLICH ANGEWANDT

In Chicago landete Lustig seinen verwegensten Trickbetrug, wenn er ihm auch nicht viel einbrachte. Wie immer tadellos gekleidet, ließ er sich zu Al Capone bringen. Lustig erzählte ihm, dass er an einem Projekt an der Wallstreet beteiligt sei, welches garantiert 100% Gewinn in zwei Monaten abwerfen würde. Capone händigte ihm 50.000 Dollar aus und knurrte: „Sie kennen mich gut genug um zu wissen, dass ich bei Geschäften keinen Spaß verstehe!“

Lustig fand keine Möglichkeit, weitere 50.000 Dollar aufzutreiben. Als die zwei Monate um waren, kehrte er nach Chicago zurück. Er erzählte Capone, dass das Projekt gescheitert sei und gab ihm die 50 1.000-Dollar-Scheine zurück. Capone meinte, dass Lustig ein ehrlicher Mensch sei: „Sitzen Sie in der Klemme?“ Zerknirscht gab Lustig zu, dass er ein mittelloser Aristokrat sei. „Hier“, sagte Capone und zog ein paar Scheine heraus, „nehmen Sie sich fünf!“

Lustig verlässt den Gerichtssaal, um eine 20-jährige Haftstrafe in Alcatraz anzutreten.

Loller kaufte die Box um 25.000 Dollar und nahm sie mit auf seine Yacht. Dort steckte er anweisungsgemäß eine 1.000-Dollar-Note in den Schlitz. Aber nach sechs Stunden kam nur der Schein heraus, den er hineingesteckt hatte. Wütend versuchte er es immer wieder und brach schließlich den Kasten auf. Im Kasten waren nur ein paar Rollen und einige Seiten leeres Papier. Er war außer sich vor Wut, konnte aber keine Anzeige erstatten, weil er eine Maschine zum Fälschen von Banknoten gekauft hatte.

NIEMAND WILL ZUGEBEN, DASS ER REINGELEGT WURDE

Inzwischen hatte das FBI eine umfangreiche Akte über Lustig. Er war oft verhört worden, aber seine Opfer wollten nie zugeben, dass sie reingelegt worden waren. 1934 entdeckte das US-Schatzamt eine Flut gefälschter 100-Dollar-Scheine, mit denen laut Berechnung 100.000 Dollar pro Monat in Umlauf kamen. Man glaubte, die Scheine kämen von William Watts, einem ehemaligen Apotheker. Watts hatte Etiketten für geschmuggelten Whiskey hergestellt und die Behörden glaubten, Lustig würde ihn kennen.

Nachdem man Lustig einem intensiven Verhör unterzogen hatte, führte er die FBI-Agenten zu einem Schließfach, in dem drei Druckplatten und 50.000 Dollar in Blüten lagen. Er hatte gehofft, im Gegenzug dafür freigelassen zu werden, aber man klagte Lustig der Mitwisserschaft an und hielt ihn im Untersuchungsgefängnis von Manhattan fest.

Einige Tage später reinigte ein Mann in weiten weißen Kleidern die Fenster im oberen Stockwerk des Gefängnisses.

Loller war außer sich vor Wut, konnte aber keine Anzeige erstatten, weil er eine Maschine zum Fälschen von Banknoten gekauft hatte.

Seine Kleidung entpuppte sich als Seil aus Betttüchern, an denen sich Lustig auf den Bürgersteig herunterließ. Er verbeugte sich vor den Passanten und schritt ohne Hast von dannen. Es dauerte drei Monate, bis er in Pittsburgh, wo er als Robert Miller lebte, wieder gefasst wurde.

Lustig und Watts kamen im Dezember 1935 vor Gericht. Watts wurde zu 15, Lustig zu 20 Jahren Haft in Alcatraz verurteilt. Dort fand er etliche alte Bekannte aus seiner Zeit als Trickbetrüger wieder. Einer davon war wegen Steuerhinterziehung verurteilt worden und arbeitete nun in der Wäscherei. Sein Name war Al Capone.

1947 – nur 47 Jahre alt – wurde der Graf krank. Er wurde in die Klinik für Bundessträflinge in Springfield, Missouri, überführt, wo er kurze Zeit später starb.

DAPPER DAN

„Dapper Dan" Collins war schon lange im Geschäft, bevor er Victor Lustig kennen lernte. Er wurde 1885 als Robert Arthur Tourbillon in Frankreich geboren. Seine erste Anstellung hatte er in einem Zirkus; in der Nummer „der Todeskreis" fuhr er mit dem Fahrrad durch eine Gruppe Löwen. Gut aussehend – zumindest in jungen Jahren – geriet er bald auf die schiefe Bahn, wobei er seinen Witz und Charme einsetzte. In Verbrecherkreisen war er unter dem Namen „Rat" bekannt, einem Akronym seines Namens. 1908 wanderte er in die USA aus, wo er erfolgreich bis 1916 weiterarbeitete, als er für vier Jahre hinter Gitter kam. Später erzählte er, er sei wegen „Weißer Sklaverei", eine vornehme Umschreibung für Zuhälterei, eingesessen.

VON REICHEN WITWEN BIS ZU DEN FARMERN NEW JERSEYS

Nach seiner Freilassung nahm Tourbillon den Namen Collins an und kehrte nach Frankreich zurück, wo er sein gutes Aussehen dazu benutzte, das Erbe reicher Witwen zu erschleichen; gleichzeitig gewöhnte er sich einen hedonistischen Lebensstil an. Er wurde von Detektiven identifiziert, die eigentlich einen anderen Mann suchten, und an Bord der *France* an die USA ausgeliefert. Überzeugt davon, hinter Gittern zu landen, veranstaltete Collins an Bord noch wilde Gelage. Als er jedoch unter seinem richtigen Name vor Gericht kam, war er völlig überrascht, als alle Anklagen gegen ihn fallengelassen wurden.

Nicht viel später wurde er wegen eines 30.000-Dollar-Betrugs an einem Farmer aus New Jersey angeklagt. Er wurde zu zwei Jahren Gefängnis verurteilt, wovon er 16 Monate absaß. Danach kündigte er an, nach Frankreich zurückkehren zu wollen; dies war das Letzte, was man von ihm hörte.

DER MANN, DER (BEINAHE) DIE FREIHEITSSTATUE VERKAUFTE

Ein Mann, der Victor Lustig das Wasser reichen konnte, war der Schotte Arthur Furguson. Er war ein kleiner Mitarbeiter eines Reisebüros. Eines Tages, auf dem Trafalgar Square in London, erzählte Furguson einem Touristen, der Nelsons Säule anstarrte, übermutig, dass die Statue auf der Spitze Englands größten Seehelden darstelle; welche Schande, dass sie nun verkauft werden müsse, um Englands nationales Budget auszugleichen. Der Tourist war sichtlich aufgebracht; in der weiteren Unterhaltung stellte sich heraus, dass es sich um einen sehr reichen Mann aus Iowa handelte.

Da hatte Furguson eine brillante Idee. Er erzählte dem Amerikaner, er sei in

Gegenüber: In einem seiner ehrgeizigsten und fast unglaublichen Coups überzeugte Victor Lustig einen Pariser Schrotthändler davon, dass er ihm den Eiffelturm verkaufen könne. Nachdem er die erste Rate kassiert hatte, verschwand Lustig – nur, um den gleichen Coup später noch einmal abzuziehen.

Wirklichkeit vom Bautenministerium beauftragt, den Verkauf zu arrangieren. Natürlich gab es schon eine lange Liste potenzieller Käufer, aber ... Der Mann aus Iowa biss an. Er hätte das Geld; könnte er nicht an die Spitze der Liste rücken? Er würde die Säule in Iowa wieder aufstellen.

Furguson ging, um seine Vorgesetzten anzurufen, und kam nach einigen Minuten zurück, um ihm mitzuteilen, dass das Denkmal ihm gehöre, wenn er sofort einen Scheck über 6.000 Pfund ausstellen würde. Er stellte ihm eine Quittung aus, vermerkte darauf Adresse und Telefonnummer einer Abbruchfirma und verschwand.

Aber nicht für lange. Bald darauf erhielt die Polizei die Beschwerde eines weiteren reichen Amerikaners. Er hatte Geld für den Buckingham-Palast bezahlt, aber die Wachen würden ihn nicht einlassen. Ein drittes Opfer klagte, er habe 1.000 Pfund – ein günstiges Geschäft – für die Turmuhr des Parlaments bezahlt, die allgemein unter dem Namen Big Ben bekannt ist.

Ein schottischer Betrüger namens Arthur Furguson wurde ertappt, als er den Verkauf der Freiheitsstatue an einen ahnungslosen Australier arrangieren wollte.

FREIHEITSSTATUE ZU VERKAUFEN

Furguson war erstaunt, wie leicht er diese reichen Männer hinters Licht führen konnte, und wollte seine Fähigkeiten nun in den USA einsetzen. Hier überredete er einen Viezüchter aus Texas, das Weiße Haus für 99 Jahre um 100.000 Dollar jährlich zu mieten; die erste Pacht sei im Voraus zu bezahlen.

In Manhattan lernte der Schotte einen Besucher aus Sydney, Australien, kennen. Er erzählte ihm, dass die Hudsoneinfahrt vertieft werden sollte; leider müsste dabei die Freiheitsstatue weichen. „Würde sie nicht wunderbar in der Hafeneinfahrt von Sydney aussehen?" Als Beauftragter der Stadt könne er sie ihm für 100.000 Dollar anbieten. Dann führte er den begeisterten Australier durch die Statue, wo dieser einen anderen Besucher bat, ein Bild von ihm unter dem Denkmal aufzunehmen.

Zum seinem Pech war Furguson mit auf dem Bild. Als der Australier wegen der Finanzierung die New Yorker Filiale seiner Bank anrief, kam sofort Verdacht auf. Man empfahl ihm, die Polizei zu kontaktieren. Dieser zeigte er die Aufnahme und der „Stadtbeauftragte" Furguson musste bald einen 5-jährigen Knastaufenthalt absitzen. Nach seiner Entlassung ging er nach Los Angeles, wo er sich von seinen ergaunerten Einkünften eine Luxusvilla kaufte. Furgu-

DOSSIER

„YELLOW KID“ UND DER „TELEGRAF“

Joseph Weil (er starb 1976) wurde in Chicago geboren und kam wegen seiner Schwäche für die Comicfigur „Yellow Kid“, die erstmals 1896 in der *New York World* auftauchte, zu seinem Spitznamen. Weil ist berühmt für einträgliche Trickbetrügereien. „Dieser Yellow Kid würde sich selbst reinlegen, wenn er könnte“, sagte einer seiner Partner. Er könnte durchaus der Erfinder des „Telegrafentricks“ sein, der die Vorlage für den Film *Der Clou* (1973) abgab.

„Yellow Kid“ Weil erzählte seine Geschichte 1947 W. T. Brannon.

Zu Beginn des 20. Jahrhunderts war Buchmacherei in den USA legal; sie fand meist in Spielsalons statt und die Ergebnisse der Pferderennen wurden telegrafisch von der Zentrale der Western Union durchgegeben. Weil redete seinem Opfer ein, er habe den Mann bei Western Union in der Hand, sodass er die Ergebnisse einige Minuten verspätet durchgeben und in dieser Zeit eine verschlüsselte Nachricht mit dem Namen des Gewinners übermitteln würde. So habe das Opfer Zeit, eine sichere Wette abzugeben.

Weil organisierte alles bis ins kleinste Detail. Er mietete die Bankettsuite eines Hotels in Chicago und stattete sie komplett als Wettbüro aus. Er heuerte nicht nur eine Anzahl von Bekannten als „Stichwortgeber“ an, sondern zusätzlich ca. 100 Akteure, denen man erzählte, sie würden als Statisten für ein neues Theaterstück dienen. Alles lief wie geplant, die verschlüsselte Nachricht traf ein und das Opfer rannte los, um seine Wette abzugeben, wurde aber durch eine inszenierte Schlägerei, die vor dem Wettschalter ausbrach, davon abgehalten.

Nun musste aber der Mann bei Western Union bezahlt werden, ebenso der Mann in New York, den er angeblich bestochen hatte. Weil verlangte auch eine Entschädigung dafür, dass das Opfer seine Wette nicht platziert hatte. Das Opfer musste meist dreimal so viel zahlen, wie es hätte setzen wollen, fragte aber für gewöhnlich: „Können wir's nicht noch mal versuchen?“

son konnte noch einige weniger spektakuläre Trickbetrügereien durchziehen, ohne die Aufmerksamkeit der kalifonischen Polizei zu erregen. Er starb hier 1938.

VERKAUF DES EIFFELTURMS – NEUAUFLAGE

Zwanzig Jahre nach Lustigs berühmtem Coup war die Geschichte vom Verkauf des Eiffelturms bei den meisten Leuten in Vergessenheit geraten. Ein reicher Texaner kannte sie sicherlich nicht, als er den Engländer Stanley Lowe kurz nach dem Zweiten Weltkrieg in Paris kennen lernte. Lowe erzählte ihm, dass der Eiffelturm durch den Krieg erheblich gelitten habe und abgerissen werden müsse. Sein Schrottpreis sollte 40.000 Dollar betragen. Zum Glück für den Texaner wurde der Betrug früh genug aufgedeckt und Lowe wanderte für neun Monate ins Gefängnis.

Dies war nur eine von Lowes Trickbetrügereien. Im perfekten Priesterornat überredete er einmal einen japanischen Touristen, 100.000 Dollar für einen Fond zum Wiederaufbau der durch den Krieg tatsächlich arg mitgenommenen St.-Pauls-Kathedrale zu spenden. Als Hollywood-Regisseur und Oscar-Preisträger „Mark Sheridan“ fand Lowe schnell Investoren für einen neuen Film. Als „Staffelkapitän Rivers Bogle Bland“, ein früherer RAF-

DOSSIER
DAS (ENGLISCHE) VOKABULAR DER TRICKBETRÜGER

BIG CON: „Großer Betrug“, bei dem es um viel Geld geht, inklusive Gewinn, Ausstattung und Telefon.
BIG STORE: „Großer Laden“, der für den großen Betrug hergerichtet ist – ein Billardzimmer oder ein Wettbüro.
BLOW OFF: „Abdampfen“; das Opfer nach dem Ausnehmen loswerden.
GRIFTER: „Gauner“; jemand, der sich mit seinem Verstand durchschlägt.
MARK: „Markierung“; das auserkorene Opfer.
THE PAYOFF: „Abrechnung“; ein großer Trickbetrug, bei welchem dem Opfer eingeredet wird, dass es an einer Aktion mitwirken darf, bei der ein großes Wettsyndikat ausgenommen wird.
THE RAG: „Unfug“; ein Trickbetrug ähnlich dem Big Con, wobei es aber um Aktien statt um Rennen geht wird in einem gestellten Broker-Büro inszeniert.
ROPER: „Schlepper“, der das Opfer in das vorbereitete Szenario bringt.
SHILL: „Lockvogel“; Komplize, der ein getürktes Spiel macht, sodass das Opfer ihn gewinnen sieht.
STING: „Clou“; ein erfolgreicher Trickbetrug.
SHORT CON: „Kurzer Betrug“; ein kleinerer Trickbetrug, bei dem das Opfer nur das verliert, was es bei sich hat.
THE WIRE: „Der Telegraf“; großer Trickbetrug, in dem ein angeblicher Beamter des Western-Union-Telegrafenamtes Meldungen über Pferderennen verzögert durchgibt, so dass das Opfer eine sichere Wette platzieren kann.

Pilot, der jetzt an einem streng geheimen Projekt der britischen Regierung arbeitete, heckte er Pläne aus, wie er seine Opfer um ihr Geld erleichteren konnte.

Lowes letzter großer Coup war es, sich als Diener im Malborough-House in London einstellen zu lassen, der Residenz der Königinwitwe Mary. Er wollte sich mit möglichst vielen Juwelen und kleinen Kunstwerken aus dem Staub machen, verriet sich aber selbst, als er in einem frisch gestohlenen Jaguar zur Arbeit kam. Die Polizei wurde alarmiert und Lowe war bald wieder im Knast. Nach seiner Entlassung war's mit seiner Verwegenheit vorbei; er beendete sein Leben in einem kleinen, billigen Zimmer.

Nach seiner Entlassung aus dem Gefängnis kehrte Stanley Lowe mit einem Blumenstrauß zurück. Damit wollte er sich beim Direktor bedanken, der ihm geholfen habe, den Pfad der Tugend zu beschreiten.

Bank of England
to pay the Bearer
Sum of Twenty
FORGED
Twenty
London 20 Aug.
FORGED
For the Gov. and
of the Bank of Englan
Chief Cashier

KAPITEL 7

ZWECKFÄLSCHUNG

Nicht alle Fälschungen werden aus Profitgier oder Spaß begangen. Mit manchen sollen gezielt bestimmte Anschauungen unterstützt werden.

In bestimmten Fällen, wie zum Beispiel der Propaganda gegen einen Feind im Krieg, kann man Fälschungen als legitim oder sogar als lobenswert ansehen. Während der beiden Weltkriege produzierten beide Seiten gefälschte Dokumente aller Art, einige zum Schutz von verdeckten, im Feindesland operierenden Agenten, andere zur Untergrabung der feindlichen Kampfmoral. Viele religiöse oder mystische Bewegungen hatten ebenfalls ihren Anteil an den Fälschungen. Menschen, die gern etwas glauben wollen, akzeptieren bereitwillig etwas, das normalerweise leicht als Fälschung erkannt wird. So würden die „Splitter vom echten Kreuz" in aller Welt, wenn man sie zusammentragen würde, genug Holz für etliche Kreuze liefern.

Gegenüber: Einige der britischen Banknoten, die der SS-Major Bernhard Krüger während des Zweiten Weltkrieges gefälscht hatte. Sie wurden 1959 aus dem Toplitzsee in Österreich geborgen.

Links: Die junge Frances Griffiths mit ihren Elfen, aufgenommen von ihrer Kusine Elsie Wright.

DOSSIER
DIE GIFTIGEN PROTOKOLLE

Eine der übelsten politischen Fälschungen des 20. Jahrhunderts waren die so genannten „Protokolle der Weisen von Zion". Sie erschienen erstmals in der russischen Zeitung *Znamia* 1903, danach in einem Buch von Sergei Nilus 1905. Nilus behauptete, die Protokolle entstammten den Protokollen eines in Frankreich stattgefundenen Treffens zum ersten Zionistenkongress 1897. Tatsächlich hatte der Kongress in Basel in der Schweiz in deutscher Sprache stattgefunden. Der Text ist massiv aufhetzend, indem er angebliche Pläne der Juden beschreibt, zusammen mit den Freimaurern die christliche Zivilisation zu untergraben und die Weltherrschaft zu errichten.

In Russland herrschte Anfang des 20. Jahrhunderts ein starker Antisemitismus und die Protokolle wurden in den Moskauer Kirchen vorgelesen. Sie wurden auf Deutsch, Englisch, Französisch und in andere Sprachen übersetzt und wurden zur meistgelesenen antisemitischen Literatur aller Zeiten.

Philip Graves, ein Korrespondent der Londoner *Times* enthüllte, dass die Protokolle Fälschungen waren. Er zeigte die große Ähnlichkeit zu einer Satire auf, die der französische Anwalt Maurice Joly 1864 geschrieben hatte. Diese basiert auf einem Dialog in der Hölle zwischen dem französischen Politphilosophen des 18. Jahrhunderts Montesquieu und dem zynischen italienischen Schriftsteller Niccolò Macchiavelli. Montesquieu vertrat den Liberalismus, während Macchiavelli eine kaum verhüllte Anspielung auf den französischen Kaiser Napoleon III. verkörperte.

Als Quelle der Protokolle stellte sich schließlich Pjotr Rutschkowski, heraus, der damalige Chef des Außenressorts des russischen Geheimdienstes. Ein Komitee amerikanischer Historiker beurteilte 1942 das Dokument und erklärte entschieden, dass die Protokolle keinerlei Authentizität besäßen.

The Jewish Peril

PROTOCOLS

OF THE

Learned Elders

of Zion.

SECOND EDITION.

Published by "THE BRITONS," 62 Oxford Street, London, W.
1920.

Price, 3/- Net.

Die Titelseite der zweiten Auflage der Protokolle, die unter dem Titel „Die jüdische Gefahr" 1920 in London erschien.

AMTLICHE FÄLSCHUNGEN IM KRIEG

Keine Regierung wird je zugeben, offiziell Fälschungen vorgenommen zu haben. Aus verständlichen Gründen bezieht sich dies in erster Linie auf die Fälschung von Material wie Banknoten und Briefmarken. Dennoch hat sich inzwischen herausgestellt, dass während der beiden Weltkriege und möglicherweise auch zu anderen Zeiten viele im Krieg befindliche Nationen im Namen der Propaganda Fälschungen begangen haben. Während des Ersten Weltkriegs fälschten die Briten ebenso wie die Deutschen Briefmarken, aber erst im Zweiten Weltkrieg wurde das Fälschen zum wichtigen Propagandamittel.

DAS SCHWARZE SPIEL

Richard Crossman (1907–1974) gehörte von 1964 bis 1970 der britischen Regierung als Minister an und war während des Zweiten Weltkrieges drei Jahre lang in der psychologischen Kriegsführung im British Political Warefare Executive tätig, ehe er für die US-Streitkräfte arbeitete.

Anlässlich des Watergate-Skandals schrieb er an die *Times*: „Der innere Regierungskreis ist natürlich eine notwendige Einrichtung des Kalten Krieges. Die attraktivste und am besten bezahlte Abteilung ist die der verdeckten Operationen, bei denen wir Briten uns immer hervortaten … subversive Operationen und schwarze Propaganda waren die einzigen Aspekte des Krieges, in denen wir echt überlegen waren. Wir trainierten eine kleine Armee begabter Amateure in den schmutzigsten Tricks, vom Lügen, Abhören, Fälschen und Veruntreuen bis hin zum Morden – alles natürlich zur Erhaltung der Demokratie. Die Amerikaner bewunderten die Arbeit im Untergrund, waren aber zu schwerfällig und lernten nie von uns, das alles als Spiel zu spielen …“

Die Briten betrachteten den „Psychokrieg“ tatsächlich als Spiel. Ein Insider sagte einmal, dass nur eine Nation, die die Regeln des Cricket beherrsche und auch kryptische Kreuzworträtsel der wichtigsten Zeitungen lösen könne, zu subversiver Tätigkeit fähig wäre, wie sie im Krieg stattgefunden hätte. In der Tat mussten potenzielle Mitarbeiter am Enigma-Programm, welches die verschlüsselten Nachrichten der deutschen Truppen entschlüsselte, als Qualifikationsnachweis ein Kreuzworträtsel des *Daily Telegraph* lösen.

Die offizielle Propaganda des Zweiten Weltkrieges basierte weitgehend auf BBC-Sendungen, Broschüren, die von Flugzeugen abgeworfen wurden, und der Verbreitung

Die *Lusitania* der Cunard-Linie wurde am 7. Mai 1915 von einem deutschen U-Boot versenkt. Kurz danach wurde diese Medaille in Deutschland geprägt. Obwohl sie die Versenkung zu verherrlichen schien, wollte ihr Schöpfer die Cunard-Linie dafür anprangern, Zivilisten auf Schiffen mit Kriegsmaterial zu befördern. Britische Propagandisten ließen 25.000 Medaillen nachmachen, die weltweit zum Aufheizen der Stimmung gegen Deutschland verteilt wurden.

Zwei Versionen von *Krankheit rettet (Das Drückeberger-Buch)*, eine Broschüre, die man über Deutschland abwarf und die die deutsche Moral und Kampfbereitschaft schwächen sollte. Sie enthielt Angaben, wie ein Soldat verschiedene Krankheiten simulieren konnte, die ihm ein paar Tage Ruhe, Krankenhausaufenthalt oder sogar Untauglichkeit einbringen sollten.

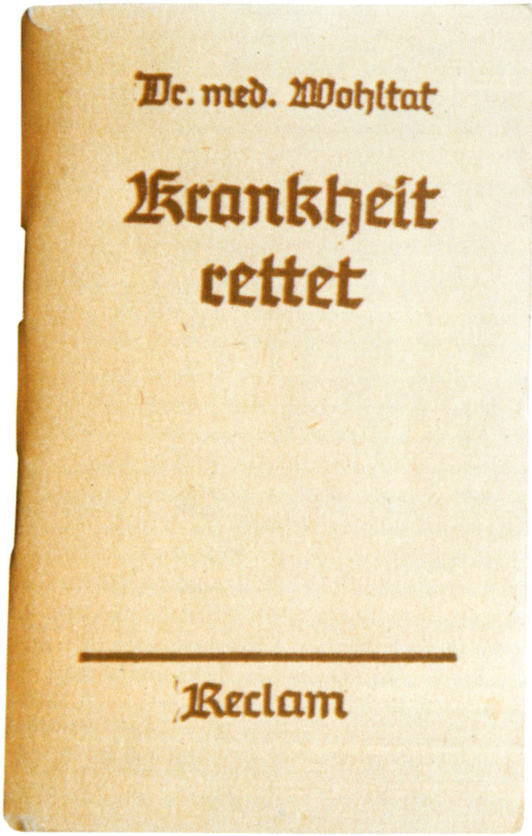

von Meldungen im neutralen Ausland. Dies galt als „weiße" Propaganda. „Schwarze" Propaganda, die niemals offiziell zugegeben wurde, blieb laut Crossman „einer kleinen Gruppe begabter Amateure" überlassen.

FALSCHE NACHRICHTENSENDER

Die „schwarze" Propaganda hatte zwei Hauptmethoden. Unter der Leitung des früheren Zeitungsverlegers Sefton Delmer (1904–1979) strahlten kleine, geheime Rundfunksender unter dem Namen „Kurzwellensender Atlantik" oder „Soldatensender Calais" Nachrichten und Unterhaltungssendungen auf Deutsch aus. Eine andere Gruppe unter Ellic Howe (1910–1991) befasste sich mit der Produktion von gefälschten Dokumenten aller Art.

Howe, der 1930 die Universität Oxford verließ, verbrachte drei Jahre in Europa, wo er fließend Deutsch, Französisch und Italienisch lernte. 1934 entschloss er sich, in die Druckindustrie zu gehen, wo er alle Arten des Druckens lernte und eine große Sammlung von Druckproben aus Frankreich, Deutschland, Belgien und Holland zusammenstellte.

1938, ein Jahr vor dem Ausbruch des Zweiten Weltkrieges, musterte Howe in einer Flugabwehreinheit an und wurde 1941 Feldwebel. Im September des gleichen Jahres besuchte er im Urlaub die Buchdruckerei Monotype Corporation in Surrey in Südostengland. Dort stieß er auf Unterlagen der Firma über Druckköpfe in Deutscher Fraktur, welche die Firma hergestellt hatte, aber niemals an einen britischen Drucker ausgeliefert hatte und die somit auch niemals nach Großbritannien zurückverfolgt werden konnten.

Er war sofort von der Möglichkeit angetan, diese zum Drucken von falschen Dokumenten einzusetzen, die man in Deutschland in Umlauf bringen konnte.

DIE MACHT DES WORTES

Howe schrieb einen Artikel mit dem Titel „Politische Kriegsführung und das gedruckte Wort: eine psychologische Studie", die er an seinen Kommandeur schickte. Nach kurzer Zeit war er wieder Zivilist und gehörte zum PWE.

Sein erster wichtiger Auftrag bestand darin, deutsche Personalausweise zu fälschen, die das „Special Operations Executive" (SOE, „Sondereinsatzkommando") für seine Agenten brauchte. Jetzt erwiesen sich seine Kontakte zur Druckindustrie als überaus wertvoll. Die Monotype Corporation bot ihm jede gewünschte Fraktur-Matrix (die Gussformen für die Typen) als Leihgabe an und Papiermühlen produzierten geeignetes Papier mit gefälschten Wasserzeichen. In einem Fall brauchte man dringend einen gefälschten Briefkopf der Reichsbank – ein Angestellter einer Papierfabrik fand rasch heraus, dass das Papier des Etiketts einer berühmten Biermarke genau das richtige war.

Nun machte man sich an das Fälschen französischer Briefmarken. Diese Aufgabe übernahm Waterlow & Sons (siehe S. 31–32), seit 50 Jahren im Briefmarkendruck tätig. Im Juli 1942 meldete ein geheimer Bericht an das britische Außenministerium, dass eine schwarze Broschüre zur Verteilung in Vichy-Frankreich angefertigt worden sei. 2.000 Kopien lägen fertig zum Versand in gefälschten Umschlägen mit gefälschten Briefmarken, die mittels Kurierkette über die Pyrenäen geschmuggelt werden sollten.

HERZ UND VERSTAND DER NEUTRALEN GEWINNEN

Dies war nur eines von den dutzenden Dokumenten, die Howe druckte. Die für Deutschland vorgesehenen wurden von Delmer getextet. Unter den Ersten war die Schrift *Europa in Gefahr*, eine kleine Broschüre, die angeblich auf einem Bericht eines Nazi-Vertreters in Schanghai beruhte, Grausamkeiten der Japaner in Hongkong beschrieb und unterstellte, dass die Japaner die Welt erobern wollten. Ein „Handbuch für SS-Kandidaten" enthielt erfundene Informationen über die Privilegien der SS, darunter Details einer grausamen Vergewaltigung, die mit offensichtlichem Vergnügen von betrunkenen SS-Leuten begangen worden wäre. Diese Schriften zirkulierten im neutralen Ausland, wurden ins besetzte Europa geschmuggelt und von Flugzeugen über Deutschland abgeworfen.

Mit zunehmender Erfahrung wurden die Fälschungen einfallsreicher. Es erschien

1917 gehörte dem Pressebaron Lord Northcliffe unter anderem die Zeitung *Daily Mail* und er saß im Regierungskomite, das die Amerikaner im Ersten Weltkrieg zur Hilfe ermutigte. Deutschland produzierte diese grobe Fälschung, den *Großen Anti-Northcliffe-Brief*, um die „Northcliffe-Presse aus ihrer Rolle im Kriege zu drängen".

"THE GREAT ANTI" No. 2 will appear May/June 1917.

SEND "THE GREAT ANTI" to all your business and private friends ALL THE WORLD OVER.

KEEP "THE GREAT ANTI" AND READ IT AGAIN AND AGAIN TILL YOU GRASPED ITS GREAT AIM

The Great Anti-Northcliffe Mail

No. 1 – March/April 1917

ANOTHER FORGERY OF "LE MIROIR" (THE MIRROR)

N° 65 OF FEBRUARY 1915.

YELLOW PRESS "KULTUR"!

IT WAS: "TRUTH WILL OUT!"

LORD NORTHCLIFFE MUST GO!

THIS WORLD WILL ONLY BE A "HEALTHY" PLACE TO LIVE IN WITHOUT HIS JOURNALISTIC INTERFERENCE.

THE "IDEAL" NEWSPAPER DURING THE WAR.

AN OLD PROVERB SAYS: "ALL IS FAIR IN LOVE AND WAR"

"THINKING" SPACE FOR "CARMELITE" WORSHIPPERS!

THE REMEDY IS RIDICULOUSLY SIMPLE!

"YOU MAY NOT BE ABLE

OUR SUGGESTION TO NORTHCLIFFE!

NOW ... "PATRIOTISM," MOST "NOBLE" ONE!

"THINKING" SPACE FOR "GREAT ANTI" READERS!

WHO IS LORD NORTHCLIFFE?

TO PROPRIETORS OF BRITISH AMERICAN FRENCH GERMAN SPANISH ITALIAN RUSSIAN AUSTRO-HUNGARIAN SOUTH-AMERICAN DUTCH, DANISH, NORWEGIAN, SWISS, SWEDISH, JAPANESE, & NEWSPAPERS

The Great Anti

SAVING:

DONT WORRY THEM!

unter anderem eine „wissenschaftliche Abhandlung“ darüber, dass die gängige deutsche Methode, Mehl zu mahlen, nachweislich schwere Gesundheitsschäden – inklusive männliche Impotenz – verursachen würde. Eine falsche Briefmarke zeigte statt Hitler Heinrich Himmler als Anspielung darauf, dass der SS-Führer an die Macht wollte. Eine kleine Fibel (siehe S. 218) beschrieb, wie man als Soldat Krankheit und Wunden vortäuschen konnte, um damit dem Einsatz zu entgehen. Diese war mit einem Umschlag versehen, laut dem es sich um eine Sammlung französischer Redewendungen handelte.

NOSTRADAMUS WIRD BEMÜHT

Zwei Produktionen von „Mr. Howes Einheit“, wie man sie inzwischen nannte, waren besonders einfallsreich. Eine war das 124 Seiten starke Werk *Nostradamus sagt den Verlauf des Krieges voraus*, das einige 100 ins Deutsche übersetzte Verse des französischen Astrologen aus dem 16. Jahrhundert enthielt, mit begleitenden Kommentaren, die den baldigen Tod Hitlers suggerierten. Die zweite war *Der Zenit*, ein angeblich astrologisches Magazin mit echt wirkenden Annoncen, welches u. a. empfahl, dass U-Boote nicht an „ungünstigen Tagen“ auslaufen sollten.

Nach der Invasion im Juni 1944 trugen die Aktivitäten von „Mr. Howes Einheit“ und Delmers geheimen Radiosendern nicht unwesentlich zur Untergrabung der Moral der deutschen Truppen bei.

OFFIZIELLE DEMENTIS

Es muss betont werden, dass die britische Regierung diese Fälschungen nie zugegeben hat; die meisten Unterlagen wurden 1945 vernichtet. Delmers Memoiren *Der schwarze Bumerang* wurden erst 20 Jahre nach dem Krieg veröffentlicht und Howe konnte erst nach fast 40 Jahren genügend Material für sein Buch *Das schwarze Spiel* zusammentragen. Andere große Nationen im Zweiten Weltkrieg wie die Sowjetunion und die USA haben die Produktion von gefälschten Dokumenten stets bestritten.

„Wenn etwas gedruckt ist, ist es wahr, und wenn es eine plausible Erklärung gibt, warum sich ein echter oder gefälschter Stempel auf dem Dokument befindet, muss es doppelt echt sein.“

—ELLIC HOWE

Trotzdem berichtete die Ausgabe der *Sowjetischen Kriegsnachrichten* vom 7. Januar 1942, dass russische Flugzeuge Millionen Pakete hinter den deutschen Linien abgeworfen hätten, in denen sich zum Einwurf bereite, frankierte Postkarten befanden. Eine Karte zeigte ein Bild von einem Feld voller Holzkreuze und einen verlorenen Stahlhelm; darunter stand *Lebensraum im Osten* – Hitlers Rechtfertigung für die Invasion in der Sowjetunion.

Briefmarkensammlern ist vertraut, dass auch die USA während des Zweiten Weltkriegs zu Propagandazwecken Briefmarken gedruckt haben. Wie bei den britischen Himmler-Marken handelt es sich dabei nicht eigentlich um Fälschungen, weil nicht deutsche Marken kopiert wurden; sie waren ihnen aber ähnlich genug, um beim Sortieren im Postamt nicht aufzufallen. Die wohl effektivste Marke wurde im Rahmen der „Operation Cornflakes“ hergestellt und sollte deutschen Familien das Frühstück verderben. Sie trug das Bild Hitlers, das sich in einen Totenkopf verwandelte.

Die CIA streitet immer noch die Existenz dieser Marken ab. Aber die Vorgängerorganisation der CIA, das „Office of Strategic Services“ (OSS), gab 1945 zu, 1,138.500 „Hitlerköpfe“ produziert zu haben;

Die Deutschen versuchten im Zweiten Weltkrieg, mit Millionen gefälschter Pfundnoten die britische Wirtschaft zu runieren. Ein Großteil davon wurde bei Kriegsende in einem entlegenen österreichischen See versenkt. 1959 wurden so viele davon geborgen, dass man sie mit dem Schubkarren abtransportieren musste.

darunter waren 726.550 Briefmarken, 70.000 Sex-Karten und Umschläge und 6.500 nummerierte Briefmarken. Trotz der offiziellen Dementis gibt es hinter verschlossenen Türen des CIA einen Schaukasten mit diesen Marken und sogar einer gefälschten Zeitung, *Das Neue Deutschland*, einem Produkt der OSS.

OPERATION BERNHARD

Schon früh im Zweiten Weltkrieg versuchten die Nazis, die britische Wirtschaft durch den Druck von Millionen gefälschter Pfundnoten der Bank von England zu ruinieren, die per Flugzeug abgeworfen werden sollten. Das Projekt wurde mehrmals durch die sprichwörtliche deutsche Gründlichkeit verzögert. Zum Beispiel bot man Scheine aus den frühen Produktionen zum Test fremden Banken und sogar der Bank von England an. Als aber sechs Scheine als Blüten erkannt wurden und der Anbieter im Gefängnis landete, wurde die Operation zeitweilig gestoppt.

Der Leiter des Projektes, das auch nach ihm benannt wurde, war SS-Major Bernhard Krüger (geboren 1904), der eine Werkstatt zur Produktion gefälschter Ausweise für deutsche Auslandsagenten unterhielt. Zunächst musste Papier auf Flachsbasis hergestellt werden. Deutscher Flachs war unbrauchbar, der türkische zwar besser, aber noch nicht optimal. Erst als jemand vorschlug, die Leinenlappen, aus welchen das Papier hergestellt wurde, zuerst zu waschen, erhielt man ein brauchbares Produkt. Die SS requirierte eine Papiermühle und im Mai 1943 lief die „Operation Bernhard“ auf vollen Touren.

Ein Team von 30 Fälschern produzierte im KZ Sachsenhausen die Fälschungen. Sie lebten in einem gesonderten Block, bekamen besonderes Essen und andere Vergünstigungen. Der Hauptgraveur war ein verurteilter bulgarischer Fälscher jüdischer Abstammung namens Solly Smolianov, der aus seinem Gefängnis nach Sachsenhausen überstellt worden war. Die Gruppe produzierte alle Nennwerte von 1 bis 1.000 Pfund; als aber die Bank von England die Ausgabe hoher Werte einstellte, war etwa die Hälfte der von nun an produzierten Scheine 5-Pfund-Noten.

Eine deutsche Fälschung einer britischen 2-Penny-Marke von den Bahamas. Der Aufdruck verkündete den Untergang des britischen Empire, wie er nach der Niederlage der Alliierten zu erwarten wäre – ein Versuch, die britische Kampfmoral zu untergraben.

SO FUNKTIONIERT BRIEFMARKENPROPAGANDA

Damals unterbreitete SS-Chef Heinrich Himmler ein neues Propagandaprojekt: Briefmarken, wie sie ihm vorschwebten, sollten nach dem Krieg gesuchte Sammlermarken werden. Dazu sollten Kopien echter britischer Marken mit subversiven Änderungen versehen werden. Die Kugel auf der Krone über dem Kopf König Georges VI. wurde gegen den Davidstern, das „D“ für Pennies gegen das russische Hammer-und-Sichel-Symbol ausgetauscht. In der Krönungsausgabe 1937 erschien anstelle des üblichen „Postage ... Revenue“ „SSSR ... Britannia“, der Davidstern ersetzte andere Symbole und der Kopf von Joseph Stalin erschien statt dem von Queen Mary. Das Datum der Krönung ersetzte man durch „28.11.1943“,

Britische Marken, die im KZ Sachenhausen gefälscht wurden. Der Davidstern auf der Krone über dem Kopf von König George VI. und der Austausch des „D“ gegen Hammer und Sichel (links außen) sind typisch. Stalins Kopf anstelle des Hauptes von Königin Mary (oben rechts) sollte verdeutlichen, dass die Allianz Englands mit den Sowjets einen Schritt zu dessen Einverleibung in die UdSSR darstelle. Ein merkwürdiger Fehler unterlief den Fälschern bei der Herstellung der Jubiläumsmarke von 1935 (unten) mit dem Text „Dies ist ein jüdscher Krieg“.

das Datum der Teheran-Konferenz, auf der Stalin, Roosevelt und Churchill den Fortschritt der Befreiung Europas berieten.

Ähnliche Abwandlungen erfuhr die Marke von 1935, die anlässlich des Silberjubiläums von König George V. erschienen war: Stalins Kopf ersetzte den des Königs. Aber Himmler, der angeblich immer noch auf Frieden mit den Briten hoffte, gab den Befehl aus, dass das Bild Georges VI. auf den anderen Marken nicht verändert werden sollte. Leider kam es zu einem merkwürdigen Fehler bei der Herstellung der Jubiläumsmarke: Anstelle von „Silver Jubilee“ und „Halfpenny“ stand da: „This war is a Jewsh war“ (das „i“ fehlt; „Dieser Krieg ist ein jüdscher Krieg“). Vielleicht handelte es sich hierbei um absichtliche Sabotage, aber Krüger erklärte viele Jahre nach dem Krieg, dass es ein echtes Versehen war.

Im späteren Verlauf des Krieges fälschte man im Rahmen der „Operation Bernhard“ auch Dollar-Noten, aber die Produktion englischer Banknoten blieb das Hauptanliegen. Berechnungen zufolge wurden 9 Millionen Noten mit einem Nominalwert von 134 Millionen Pfund gedruckt, von denen ungefähr 12 Millionen Pfund in den Umlauf kamen.

In den letzten Tagen des Krieges wurden ganze Wagenladungen von Blüten und Druckplatten in den Flüssen und Seen Österreichs versenkt. Auch die Druckerei selbst wurde zerstört. Eine Ladung Kisten erreichte eine geheime Forschungsstätte der Kriegsmarine am Toplitzsee und wurde 78 m tief versenkt. Teams von britischen und amerikanischen Tauchern versuchten, sie zu finden, aber ohne Erfolg. So blieb der Schatz im See 14 Jahre lang bloß Legende.

Im Juli 1959 beschloss die Zeitschrift *Der Stern*, eine Tauchexpedition zu starten. Sie war mit einer Fernsehkamera, starken Suchscheinwerfern und einem Greifer ausgestattet und brachte am 27. Juli die ersten 5-Pfund-Noten an die Oberfläche. Nach und nach wurde vor Pressefotografen und Fernsehkameras eine Kiste nach der anderen geborgen. Neben Millionen Blüten fand man auch die akribisch geführten Rechnungsbücher der „Operation Bernhard".

DIE FEEN VON COTTINGLEY

Wenn jemand fest an etwas glauben will, kann man ihn leicht durch gefälschte Beweise täuschen. Sir Arthur Conan Doyle (1859–1930) war der Schöpfer von Sherlock Holmes, diesem brillanten Detektiv, der sich nie in seiner Suche nach der Wahrheit ablenken ließ. Conan Doyle jedoch glaubte fest an die Existenz von Feen.

Es begann damit, dass die 10-jährige Frances Griffith 1918 einen Brief an einen Freund schickte. Darin hieß es: „Ich lege zwei Fotos bei, ... eines davon von mir ... mit einigen Elfen am Bach." Frances lebte bei der Familie ihrer Cousine, der 15-jährigen Elsie Wright, in Cottingley, an der Grenze von Bradford in Yorkshire, Nordengland. Elsie hatte sich von ihrem Vater Monate vorher eine Plattenkamera ausgeliehen und Frances damit fotografiert.

Mr. Wright entwickelte die Platte und war von dem, was er sah, nicht weiter beeindruckt: Frances Kopf mit ein paar undefinierbaren weißer Gestalten vor ihr. Die beiden Mädchen behaupteten fest, dass sie am Bach mit Feen spielten, und bewiesen dies durch ein weiteres Foto, wobei diesmal Frances Elsie mit einem „Gnom" aufnahm. Die Aufnahme war unterbelichtet und unscharf und Frances' Eltern glaubten weiterhin, dass die Mädchen ihnen einen Streich spielten.

1919 besuchte jedoch Frau Wright eine Veranstaltung der Theosophischen Gesellschaft in Bradford, bei der man über das Leben von Feen sprach und wo sie die Fotos erwähnte. Anfang 1920 bekam der Chef-Theosoph Edward Gardner zwei Rohabzüge in die Hand, die er zu einem kommerziellen Fotografen mit der Bitte brachte, davon neuere Negative herzustellen und diese zu „schärfen". Die neuen Abzüge zeigten deutlich geflügelte Feen in wallenden Gewändern, die vor Elsie tanzten, und Frances hinter einem hässlichen Gnom. Gardner war von der Echtheit der Aufnahmen überzeugt.

Conan Doyle war nach dem Tode seines Sohnes ein fanatischer Spiritist geworden; auch er hielt die Aufnahmen für echt. Er zeigte sie einigen Experten, die zwar skeptisch blieben, aber nicht sagen konnten, wie die Fotos gefälscht worden waren. Somit veröffentlichte sie Conan Doyle in einem Artikel, den er im Dezember 1920 für das Magazin *Strand* schrieb. Inzwischen hatte Gardner die Mädchen ermuntert, weitere

Sir Arthur Conan Doyle war der Schöpfer von Sherlock Holmes, dem brillanten Detektiv, der sich nie von seiner Suche nach der Wahrheit ablenken ließ. Conan Doyle jedoch glaubte fest an die Existenz von Feen.

Fotos zu produzieren, die im März 1921 im *Strand* publiziert wurden. 1922 erschienen sie auch in Conan Doyles Buch mit dem Titel *The Coming of the Fairies (Die Feen kommen).*

GIBT ES FEEN GANZ HINTEN IN IHREM GARTEN?

Die Presse griff die Sache auf und die jungen Fotografinnen wurden so sehr zum Gegenstand öffentlicher Neugier, dass Elsie 1926 in die USA auswanderte. Hier musste

Gegenüber: Ein Sporttaucher taucht vom Grunde des Toplitzsees auf, als 1959 die ersten Blüten geborgen werden, nachdem sie 14 Jahre zuvor, in den letzten Tagen des Zweiten Weltkriegs, hier versenkt worden waren.

sie feststellen, dass ihr der Ruhm vorausgeeilt war. Über 50 Jahre lang wurde die Geschichte von den „Cottingley-Feen" immer wieder in Zeitungen und Büchern aufgewärmt, wobei die Geschichte wahlweise geglaubt oder die Frage aufgeworfen wurde, wie die Fotos gefälscht werden konnten.

Nachforschungen ergaben, dass Elsie kurze Zeit bei einem örtlichen Fotografen gearbeitet hatte und auch künstlerisches Talent besaß. Tatsächlich hatte sie ein Gemälde „Feen am Bach" geschaffen. 1978 wies ein amerikanischer Illusionist, „Amazing Randi", auf die Ähnlichkeit zwischen den Figuren auf der ersten Aufnahme und denen hin, die 1914 in *Princess Mary's Gift Book* publiziert worden waren. Sie ähnelten ferner stark den Feen in einer zeitgenössischen Werbung für „Prices Nachtlichter". Der *New Scientist* untersuchte die Fotos am Computer und behauptete, man hätte an einigen Feen Fäden entdeckt.

Die gealterte Elsie hatte sich jahrelang jede Publicity vom Hals gehalten, ließ sich aber 1971 zu einem Fernsehinterview überreden. Mit gehörigem Sinn für Humor weigerte sie sich, zu sagen, ob die Fotos Fälschungen waren oder nicht. Fünf Jahre später wurden beide Damen im Fernsehen interviewt. Wieder leugneten beide jegliche Komplizenschaft. „Erzählen Sie uns, wie sie es getan haben könnte", verlangte Frances. Die Sendung endete mit einer Aufnahme des Interviewers, der hinter tanzenden Feen saß. „Einfache Pappausschnitte, an einem Drahtrahmen befestigt!", erklärte er.

Oben: Die 68-jährige Elsie Wright mit einem Foto, das von Frances aufgenommen worden war. Noch 1971 weigerte sie sich, zu sagen, ob die Aufnahmen Trickfotos waren.

Gegenüber: Frances Griffiths, von ihrer Cousine Elsie aufgenommen. Den Mädchen zufolge „tanzte" die Fee. Sie sprang dabei so hoch, dass Frances ihren Kopf zurückwerfen musste.

DOSSIER
DIE FOX-SCHWESTERN

Die moderne Spiritisten-Bewegung hatte angeblich ihren Ausgangspunkt um 1848 in den USA, kurz nachdem die Fox-Familie in ihr neues Haus in Hydesville, New York, eingezogen war. Die Familie hatte zwei Töchter, Margareta (Maggie, 14) und Catherine (Katie, 11). Bald störten nächtliche Klopfzeichen die Nachtruhe der Familie.

Maggie und Katie fanden heraus, dass, wenn sie in die Hände klatschten, gleich viele Klopfzeichen ertönten und sogar Fragen mit „Ja" oder „Nein" beantwortet wurden. Als die offensichtlichen Kräfte der Mädchen lokal Furore machten, brachte Mrs. Fox ihre beiden Töchter zu ihrer verheirateten Tochter Leah im nahe gelegenen Rochester. Leah sah die Möglichkeiten, die sich boten, nahm sich der beiden an und ließ sie erstmalig 1849 in Rochester öffentlich auftreten. Nach einer Tournee durch die Oststaaten lud der Zirkus Barnum die Schwestern nach New York ein, wo sie viele wichtige Bürger beeindruckten, obwohl drei Professoren der Universität von Buffalo meinten, die Töne würden durch einfaches Bewegen der Kniegelenke erzeugt.

„Geister-Klopfen" wurde zur großen Manie in den USA und eine Frau Hayden aus Boston brachte den neuen „Spiritismus" nach England. Die Fox-Schwestern aber wurden bald Opfer ihres eigenen Ruhms. Ab 1855 waren beide Alkoholikerinnen. Maggie konvertierte zum katholischen Glauben, während Katie noch gelegentlich auftrat. Schließlich traten beide 1888 vor die Öffentlichkeit, wobei sich Maggie vom Spiritismus als Schwindel distanzierte. Sie zeigte, wie sie die Klopfzeichen mit ihren Zehen produzierte und wie Leah ihnen die notwendigen Stichworte bei ihren Auftritten durch Körpersprache übermittelt hatte.

DIE BRUDERSCHAFT VON SION

2003/2004 wurde Dan Browns Thriller *Das Sakrileg* zu einem der größten Bestseller aller Zeiten. Auf der ersten Seite heißt es untem dem Titel „Fakten": „Die Bruderschaft von Sion, eine europäische Geheimgesellschaft, wurde 1099 gegründet und ist eine reale Organisation. Die 1975 in der Nationalbibliothek in Paris aufgefundenen Pergamente, die *Dossiers Secrets*, zählen zahlreiche Mitglieder der Bruderschaft auf."

Die Pergamente der Bibliothek sind eine lose Sammlung von neuen Zeitungsausschnitten, maschingeschriebenen Blättern, Genealogien und gedruckten Pamphleten, die alle in einem Ordner gebündelt sind. Der Inhalt des Ordners hat sich im Laufe der Zeit verändert; jemand hat offenbar den Ordner ausgeliehen und Änderungen eingefügt. Als „Autor" der meisten Dokumente ist ein Henry Lobineau benannt – ein Pseudonym. Andere Dokumente in der Sammlung sind privat gedruckte Broschüren, meist mit der Maschine geschrieben und auf einem Bürokopierer abgezogen. Die Existenz dieser Sammlung ist seit 1960 bekannt. Alle Dokumente befassen sich mehr oder minder mit dem „Wunder von Rennes-le-Château".

In den ersten Jahren des 20. Jahrhunderts wurde der Priester dieses Ortes in Südfrankreich schuldig gesprochen, Messen zu verkaufen. Gegen Geld von Menschen aus ganz Europa las er Messen für die verstorbenen Angehörigen der Spender. Sein unerklärlicher Reichtum nährte den Klatsch in der Gemeinde, laut welchem er einen „Schatz" in der Kirche gefunden habe.

EINE DORFGESCHICHTE ODER SALOMONS SCHATZ?

1955 eröffnete Noël Corbu ein Hotel-Restaurant im ehemaligen Haus des Priesters. Das Geschäft lief schlecht; so nahm er die Schatzgeschichte auf Band auf und hoffte, damit Gäste anzulocken. Eine Lokalzeitung griff die Geschichte auf und Gerard de Sède, ein Journalist von *Ici Paris*, baute sie in das 1967 erschienene Buch *L'Or de Rennes (Das Gold von Rennes)* ein. De Sède meinte, der Schatz wäre die verlorene Menora aus Salomons Tempel in Jerusalem. Er hatte Informationen für ein früheres Buch von einem gewissen Pierre Plantard erhalten; ob Plantard auch am *Gold von Rennes* beteiligt war, ist nicht bekannt, jedenfalls walzte er die Legende gründlich aus. Auch ist sehr wahrscheinlich, dass Plantard die meisten der „Henry Lobineau" zugeschriebenen Dokumente verfasst hat.

Die vermeintliche Bedeutung von Rennes-le-Château für die christliche Frühgeschichte nahm zu. 1969 las der englische Texter Henry Lincoln de Sèdes Buch und gestaltete in Kooperation mit dem Autor eine BBC-Dokumentation über den „Verlorenen Schatz von Jerusalem". Er wurde auch mit Plantard bekannt gemacht, der ihm von der immer noch existierenden „Bruderschaft von Sion" erzählte. Er meinte sogar, dass er, Plantard, selbst ein Nachkomme der alten Merowinger-Dynastie sei, die drei Jahrhunderte in Südfrankreich geherrscht hatte und ihrerseits von einem Kind Jesu mit Maria Magdalena abstammen würde.

DER NICHT-EXISTENTE GRABSTEIN

Lincoln packte all dies in seinen Bestseller *The Holy Blood and the Holy Grail (Das Heilige Blut und der Heilige Gral)* (1982), den er mit Michael Baigent und Richard Leigh schrieb. Dieses Buch löste eine Welle neuer Interpretationen aus. Viele Nachforschungen basierten auf der Reproduktion einer Inschrift auf einem angeblich auf dem Friedhof von Rennes-le-Château befindlichen Grabstein sowie zwei Pergamenten, die der Priester entdeckt haben soll. Der Grabstein wurde nie gefunden und die Reproduktion als Fälschung entlarvt. Plantard hatte einen Mitarbeiter, den zügellosen Marquis Philippe de Cherisey, der früher Gitarre in diversen Londoner Clubs gespielt hatte. Die Reproduktion eines Pergaments trägt einen Vermerk in Plantards Handschrift: „Dies ist

Illustration zur Geschichte des jungen englischen Dichters Alfred Noyes *Im Banne einer Fee*, erschienen in *Princess Mary's Gift Book* (1914). In der Geschichte ging es darum, wie man Feen sichtbar machen kann. Die abgebildeten Feen sind denen auf den Cottingley-Fotos sehr ähnlich.

das von Philippe de Cherisey gefälschte Originaldokument, das von Gerard de Sède in seinem Buch wiedergegeben wurde …"

Ob die Bruderschaft im 11. oder 12. Jahrhundert je existiert hat, bleibt fraglich. Plantard ließ die *Prieuré de Sion* 1956 als „Ritterschaft der katholischen Grundsätze und Institutionen der unabhängigen und traditionalistischen Union" registrieren und wurde selbst Generalsekretär. Dies war eine rechtsextreme Nachfolgeorganisation der „Alpha Galantes", die Plantard während des Zweiten Weltkrieges gegründet hatte, mit dem Ziel, „Frankreich durch die Regeln der Ritterschaft zu erneuern".

Die „Rennes-le-Château-Industrie" florierte unbekümmert weiter. Immer wieder mal wird die Genehmigung zum Graben

Ob die Bruderschaft von Sion im 11. oder 12. Jahrhundert je existiert hat, bleibt fraglich.

nach dem Schatz erteilt, immer wieder findet man nichts. Mystische Bewegungen entstanden und zwei britische Schriftsteller bezeichneten in *The Tomb of God (Die Gruft Gottes)* sogar einen Hügel auf der anderen Seite des Tals als den Grabhügel Christi. Ein anderer behauptet, die ganze Landschaft, die man vom Ort aus sehen kann, sei ein riesiger ägyptischer Tempel. Alles basiert auf Plantards Wort und auf den von Cherisey gefälschten Dokumenten.

DAS LEICHENTUCH VON TURIN

Wenige christliche Reliquien haben so viel Interesse und Kontroversen ausgelöst wie das Turiner Leichentuch. Einige Details aus seiner Frühgeschichte sind aufschlussreich:

- April 1349: Geoffrey de Charny baut eine Kirche in Lirey bei Troyes, um ein Leichentuch zu beherbergen, das er angeblich aus Konstantinopel mitgebracht hat.
- 1355: Das Leichentuch wird erstmals in Lirey ausgestellt; viele Pilger kommen.
- 1389: Frankreichs König Karl VI. befiehlt dem Statthalter von Troyes, das Tuch zu beschlagnahmen; man lässt es aber in den Händen von Geoffrey de Charny.
- Der Bischof von Troyes schreibt in einem Brief an Papst Clemens VII., das Tuch trage den doppelten Abdruck eines gekreuzigten Mannes. Er anerkennt es als das Leichentuch, in das der Körper Jesu gehüllt war.
- Mai 1398: Geoffrey de Charny stirbt; seine Witwe heiratet Humbert de la Roche (1418).
- 1438: Humbert stirbt; in den folgenden zwölf Jahren bis zu ihrem Tode stellt Margaret das Leichentuch an verschiedenen Orten in Nordfrankreich aus.
- 1464: Das Leichentuch soll sich im Besitz Herzog Ludwigs von Savoyen befinden, der eine Kapelle in Chambéry errichtet.
- 6. Juni 1483: Die Priester von Cambéry schreiben, das Tuch liege, eingeschlagen in rote Seide, in einem Kasten, der mit purpurnem Samt ausgeschlagen, mit Silbernägeln verziert und mit einem goldenen Schlüssel verschlossen ist.
- 14. April 1503: Ein Savoyer Höfling berichtet, man habe die Echtheit des Tuches mit Feuer, kochendem Öl und vielen Waschungen nachgewiesen. Abdruck und Bild konnten nicht getilgt werden. Zeichen des Feuertests seien auf einem Gemälde aus 1516 zu sehen.
- 1509: Ein Silberschrein wird gefertigt.
- 4. Dezember 1532: Ein Feuer bricht in der Kapelle aus und der Silberschrein schmilzt. Das Tuch wird angesengt und an etlichen Stellen entstehen Löcher.
- April 1534: Nonnen füttern die Rückseite des Tuches und nähen Flicken über die größeren Brandlöcher.
- 1536: François Rabelais erklärt in seiner Erzählung *Gargantua*, dass das heilige

Ein Negativbild von der Vorderseite der Figur auf dem Leichentuch von Turin, sehr ähnlich den Christus-Darstellungen auf mittelalterlichen Gemälden. Altersschäden am Tuch und einige der 1534 von Nonnen aufgebrachten Flicken sind klar zu erkennen.

Leichentuch von Chambéry verbrannte und kein einziger Faden gerettet wurde.

- 14. September 1578: Nach zahlreichen Expositionen kommt das Leichentuch von Chambéry schließlich nach Turin.

DAS TUCH IN NEUERER ZEIT

Von da an blieb das Leichentuch in Turin; im Zweiten Weltkrieg wurde es kurze Zeit aus Sicherheitsgründen in einer Abtei außerhalb von Neapel aufbewahrt. In Turin wurde es von Zeit zu Zeit größeren Gruppen von Pilgern gezeigt. 1898 machte ein italienischer Amateurfotograf die erste Aufnahme des Tuches. Weitere wurden 1931 angefertigt.

Das Gesicht der Figur, wie es auf dem Leichentuch von Turin erscheint.

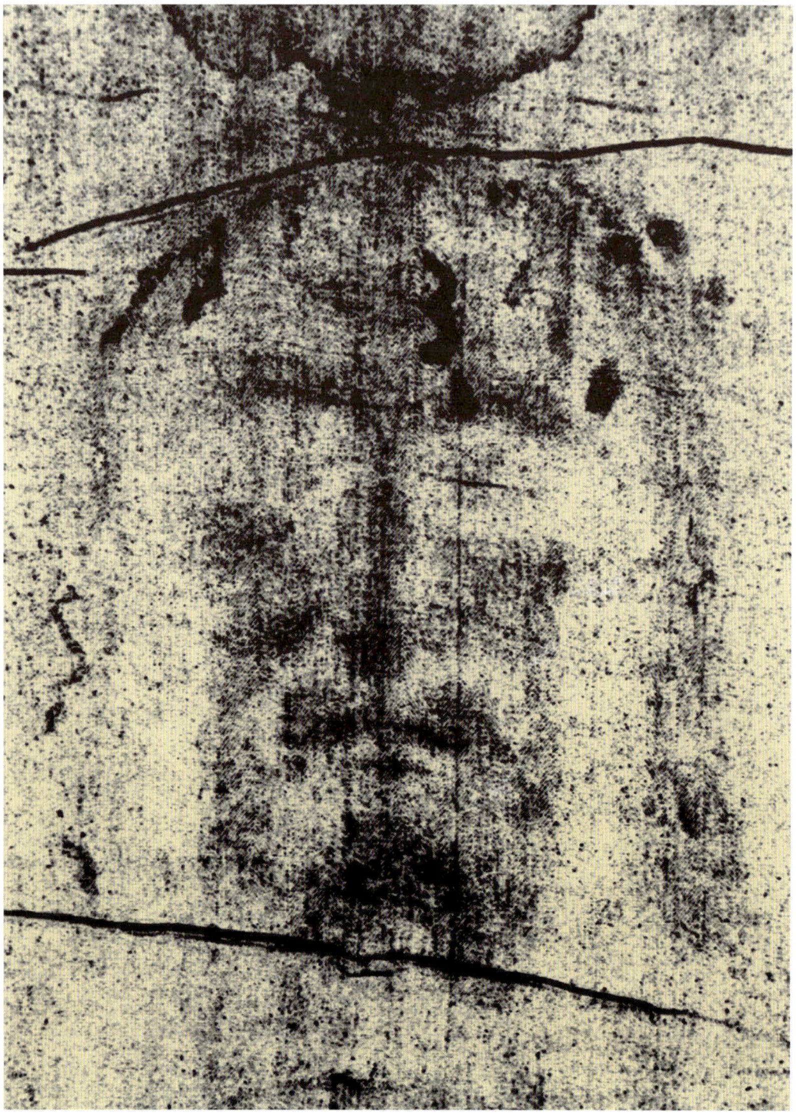

Was außerhalb jeder Diskussion steht, ist, dass das 4,1 m lange und 1,4 m breite Tuch das gespenstische Abbild eines langhaarigen, bärtigen Mannes in Vorder- und Rückenansicht zeigt. Die Hände sind auf der Vorderseite gefaltet, auf dem rechten Handrücken ist eine Wunde angedeutet. Das Bild ist verblichen, aber ein Negativ davon zeigt den gekreuzigten Christus, ähnlich wie auf Bildern des Mittelalters.

Die Echtheit des Leichentuches wurde mehrfach in Frage gestellt, aber erst im 20. Jahrhundert fingen Wissenschaftler an, sich für die Sache zu interessieren. 1931 berichtete Dr. Pierre Barbet von der französischen Akademie: „Ich sah, dass die Abbildungen der Wunden ganz andere Farbe enthielten als die des restlichen Körpers und dass diese von Blut herrührte, das in den Stoff eingezogen war … Da ich kein Maler bin, ist es schwierig,, die Farben zu bestimmen, aber der Grundton ist rot, mehr oder minder stark verdünnt, je nach Wunden."

WISSENSCHAFTLICHE PRÜFUNG

Die Kirche ließ natürlich ungern mehr als eine oberflächliche Untersuchung der Reliquie zu. Doch im November 1973 wurde das Leichentuch erstmalig im Fernsehen farbig gezeigt. Zu dieser Zeit wurden auch kleine Proben des Tuches entnommen, dazu zwei Querfäden. Ein Schweizer forensischer Analytiker durfte darüber hinaus mit Klebeband zwölf Staubproben entnehmen, und zwar vom obersten Ende des Tuches.

Im Oktober 1978 wurden während einer Ausstellung Fäden aus den „Blutflecken" auf der Rückseite entnommen, darüber hinaus 32 weitere Klebebandproben vom ganzen Tuch. Diese wurden Dr. Walter McCrone, einem amerikanischen Experten für Mikroskopie und Mikrochemie, übergeben. 1979 veröffentlichte er, dass die forensische Analyse keine Anzeichen von Blut ergeben hatte und dass das Bild zwei Pigmente enthielt, roten Ocker und Zinnober.

Er meinte: „Jeder, der emotional im Leichentuch eingehüllt ist, sollte anfangen, die Möglichkeit in Betracht zu ziehen, lieber seine Emotionen zu bremsen."

DURCH STRAHLUNG EINGEBRANNT?

Nach jahrelangen Debatten und Verzögerungen unterzogen 1988 endlich drei Labors in Arizona, Oxford und Zürich Proben des Tuches der Radiokarbonmethode zur Altersbestimmung. Im Oktober des Jahres gab die römisch-katholische Kirche offiziell die Ergebnisse bekannt. Das Tuch stamme höchstwahrscheinlich aus dem Jahr 1325, auf jeden Fall aber aus der Zeit 1260–1390. Es gibt kaum Zweifel, dass sich auf dem Tuch die Reste eines mittelalterlichen Gemäldes befinden, das in jener Zeit entstand, als das Tuch erstmals in den Besitz von Geoffrey de Charny gelangte.

Im Januar 2005 widersprach der pensionierte Chemiker Raymond Rogers vom Los Alamos National Laboratory, New Mexico, diesen Daten; das Leichentuch wäre viel älter. Er behauptete, die Karbon-Altersbestimmung wäre nur an Stücken durchgeführt worden, die 1534 zum Flicken verwendet wurden. Laut chemischer Analyse wäre das Hauptgewebe 1.300–3.000 Jahre alt.

Eines ist jedenfalls sicher. Wenn der Körper Christi in dieses Tuch gewickelt gewesen wäre, hätte er nie dieses Abbild produzieren können. Frontal betrachtet beträgt die Gesichtsbreite im Durchschnitt 15–16 cm. Der Oberflächenabstand von Ohr zu Ohr beträgt jedoch 26 cm oder mehr. Der britische Künstler Robert Hunt demonstrierte dies, indem er Gesicht und Körper seiner jungen Tochter mit Posterfarbe bestrich und sie in ein Bettlaken hüllte. Der resultierende Abdruck von einem extrem fettleibigen Mädchen war, wie er sagte, „absolut nicht wiederzuerkennen". Und dabei ist das schemenhafte Bild auf dem Leichentuch von Turin noch schmaler als der Durchschnitt.

Als Antwort schlugen einige Enthusiasten vor, dass das Leichentuch gar nicht um den Körper Christi geschlungen war, sondern horizontal oberhalb und unterhalb des Körpers gespannt gewesen sei, als ein plötzlicher, intensiver Strahlungsblitz das Bild eingebrannt habe. Dies würde jedoch nicht erklären, warum der Kopf auf der Voderseite den Kopf auf der Rückseite fast berührt.

Als das Leichentuch im September 1978 öffentlich ausgestellt wurde, defilierten 140.000 Menschen durch die Kathedrale San Giovanni in Turin. Damals wurden Fäden und andere Proben für wissenschaftliche Analysen entnommen. Man kann sehen, dass sich Front- und Rückenansicht am Kopf fast berühren, was nicht möglich wäre, wenn die Bilder entstanden wären, während das Leichentuch den Körper umhüllte.

KAPITEL 8
DUBIOSE FORSCHUNG

Viele Jahrhunderte lang lebten Scharlatane am Rande der Medizinerzunft sehr gut vom Verkauf teurer „Wundermittel“ für die verschiedensten gängigen Krankheiten.

Fast jeder ist um seinen Gesundheitszustand besorgt und viele Leute lassen sich von einem Arzt im weißen Kittel mit sanfter Stimme einwickeln. Viele Pseudo-Ärzte, vom Schlangenölverkäufer auf dem Jahrmarkt bis zum scheinbar angesehenen Arzt, haben von der Leichtgläubigkeit ihrer Opfer profitiert. Mit der Entwicklung der seriösen Wissenschaft haben sie sich häufig eine oberflächliche Kenntnis von Fachausdrücken angeeignet, mit der sie den Mann auf der Straße verunsichern und dann schließlich zum Akzeptieren maßloser Kosten überreden. Noch schlimmer ist allerdings, wenn ein qualifizierter Wissenschaftler die Ergebnisse seiner Experimente um seines Ansehens oder seines Geldbeutels willen fälscht.

Gegenüber: Eine männliche Geburtshelferkröte. Sie trägt die befruchteten Eier zwischen den Hinterbeinen.

Links: Paul Kammerer beging Selbstmord, als herauskam, dass er die Resultate seiner Experimente mit der Kröte gefälscht hatte.

Dr. Franz Anton Mesmer, dessen Konzept des animalischen Magnetismus von einer Untersuchungskommission verworfen wurde, zu der auch Benjamin Franklin gehörte.

MAGNETE UND MESMER

Elektrizität und Magnetismus faszinierten die Menschen Ende des 18. Jahrhunderts bis zur Besessenheit. Franz Anton Mesmer (1733–1815) war einer der Ersten, die dieses Wissen auf die Medizin übertrugen. Die Theorien, die er zur Untermauerung seiner Behandlungen aufstellte, hielten genaueren Untersuchungen nicht stand, sodass Mesmer schon zu Lebzeiten von der Ärztezunft als Schwindler betrachtet wurde. Magnetismus hat jedoch kürzlich unter alternativen Heilpraktikern neue Anhänger gefunden. Fast zufällig wurde Mesmer mit seinem Mesmerismus auch für das verantwortlich, was man heute als Hypnotik bezeichnet.

Er stammte aus Süddeutschland und promovierte 1766 in Wien, wo er eine Praxis eröffnete. Durch seine Ehe mit einer reichen Witwe hatte er Zeit für seine Experimente. Er behandelte Patienten mit physischen Problemen mit zwei großen Magneten, einem über und einem unter der Problemzone des Körpers. Seine ursprüngliche Theorie besagte, dass ein magnetisches Feld den natürlichen Fluss des Körpers irgendwie „harmonisieren“ könne.

BIZARRE METHODEN

Mesmer verwendete bei seinen Experimenten alle möglichen Objekte, denen er magnetische Eigenschaften zutraute, selbst Kleider und Betten. Er erfand das *Baquet*, eine Wanne mit Eisenspänen und gemahlenem Glas. Eisenstäbe, die aus dem Deckel ragten, waren gebogen, sodass mehrere Patienten den Stab an ihre Schmerzzone legen konnten, während sie sich an den Händen hielten, um den Fluss der „magnetischen Flüssigkeit“ zu schließen.

Mesmer merkte, das magnetisierte Objekte unnötig waren. Er erzielte die gleichen Effekte, wenn er Patienten entlang der Nervenbahnen streichelte. Er nannte dies „animalischen Magnetismus“ und schrieb: „Dies ist keine geheime Heilkunst; ich würde die Mediziner gern damit vertraut machen.“

Doch Mesmer wurde vom medizinischen Establishment Wiens ausgelacht – u. a. von Franz Joseph Gall (1758–1828), der die Schädellehre aufgestellt hatte – und ging nach Paris. Hier waren die traditionellen Mediziner ebenfalls gegen ihn, aber Mesmer gewann allgemeine Popularität. Leider überwog sein Sinn für Dramatik seine Vernunft und er begann, Heilsitzungen im weiten, fließenden Magiergewand abzuhalten. Die Regierung beschloss, eine Kommission einzusetzen, um seine Behauptungen zu überprüfen. Ihr gehörten Benjamin Franklin (ein führender Kopf der Elektrizitätslehre), Antoine Lavoisier (Frankreichs führender Chemiker) und Dr. Joseph Guillotin, nach dem die Guillotine benannt ist, an. Sie erklärten, dass Mesmer zweifellos viele Heilungen erreicht hatte, verwarfen aber sein Konzept des animalischen Magnetismus.

Natürlich verlor Mesmer dadurch seine einträgliche Praxis. Als die Französische Revolution ausbrach, verließ er Frankreich und ging in die Schweiz. 1814 zog er in einen Ort nahe seinem Geburtsort und verstarb hier im folgenden Jahr.

Die Hypnose wie wir sie heute kennen wurde von einem von Mesmers Jüngern, Marquis de Puysgur, entdeckt. Er streichelte den Kopf eines Jungen, als er versuchte, ihn mit animalischem Magnetismus zu behandeln, und war überrascht, als der Junge in Trance fiel – wobei er immer noch Befehle ausführte. Diese Technik erwies sich als sehr wertvoll in der modernen Psychotherapie.

ELEKTROMEDIZIN

Kinderlose Paare sind leichte Beute für Quacksalber, die ihnen garantierte Heilung ihrer Unfruchtbarkeit versprechen. Sie lassen sich vermutlich noch leichter überreden, wenn man ihnen versichert, die Kinder würden „klug, stärker, mental und körperlich viel schöner als die schwächlichen, lahmen und dummen derzeitigen Menschen“.

Dies behauptete James Graham (1745–1794), der sich mit seiner elektrischen Medizin einige Jahre lang an Ruhm und Reichtum erfreuen konnte. Er wurde in Edinburgh in Schottland geboren, wo er auch eine medizinische Ausbildung genoss. Ob er promovierte, ist nicht festzustellen; er nannte sich aber sein Leben lang „Doktor“.

In den frühen 1770er-Jahren ging Graham nach Amerika, wo er Benjamin Franklin traf und dessen Experimente mit der Elektrizität kennen lernte. 1774 kehrte er nach England zurück, ließ sich im Westen nieder und begann, für seine Wunderkuren zu werben. Er zog bald eine reiche Klientel

Mesmers *Baquet* (Wanne), das als Heilmethode für diverse Leiden im späten 18. Jahrhundert in Wien groß in Mode war. Ein Mann hält, auf eine Krücke gestützt, sein Bein an einen der hervorstehenden Eisenstäbe.

an und ging 1779 nach London, wo er einen gut ausgestatteten „Gesundheitstempel“ eröffnete. Hier installierte Graham seinen „magnetischen Thron“ und die „elektrische Badewanne“ und verteilte seine „berühmte ätherische und balsamische Medizin“.

Für zwei Guineen Eintritt durften potenzielle Kunden oder Müßiggänger durch zehn reich ausgestattete Salons schlendern, Grahams elektrische Apparate bewundern oder seinen Vorträgen lauschen. Unter Musikberieselung posierten knapp bekleidete junge Frauen zwischen klassischen Skulpturen. Eine von ihnen soll Emma Lyon gewesen sein, die berühmte Ehefrau von Sir William Hamilton und Geliebte von Admiral Nelson.

DAS HIMMLISCHE BETT

Eine Extratür führte zu einem Raum, der wie ein türkischer Harem ausgestattet war und in dem Grahams himmlisches Bett stand. Es war 3,60 m lang und 2,70 m breit und lag auf 40 Säulen aus buntem Glas. Graham gab an, dass Paare, die dort für 50 Pfund die Nacht verbrachten, mit Nachwuchs gesegnet würden. Die Luft war parfümgetränkt, mechanische Orchester spielten und große Spiegel über dem Bett zeigten, was sich unter ihnen tat.

Für zwei Guineen Eintritt durften potenzielle Kunden oder Müßiggänger durch zehn reich ausgestattete Salons schlendern, Grahams elektrische Apparate bewundern oder seinen Vorträgen lauschen.

Die Matratze war stets „mit süßem Weizen- oder Haferstroh gefüllt, durchmischt mit Balsam, Rosenblättern und Lavendelblüten“ oder wahlweise „mit den stärksten, elastischsten und teuersten Schweifhaaren britischer Zuchthengste“. Das Bett war mit 750 kg schweren Magneten verbunden und trug am Kopfende die Botschaft: „Seid fruchtbar, mehret euch und füllt die Erde!“

UNSCHICKLICHE REDEN

Eine Zeit lang war der Gesundheitstempel ein echter Erfolg. Dann verringerten sich möglicherweise die Einkünfte, jedenfalls eröffnete Graham in der nahe gelegenen Pall Mall den „Temple of Hymen“, wo alles günstiger war. 1782 war er jedoch hoch verschuldet und ging im Jahr darauf nach Edinburgh zurück. Seine freimütigen Vorträge „Über die Möglichkeiten, die vernünftigen, maßvollen und ernsten Vergnügungen des Ehelebens aufregender und dauerhafter zu gestalten“ verursachten einen Skandal und der Magistrat belegte ihn mit einer Geldstrafe wegen unschicklicher Reden.

Graham verwarf all seine elektrischen Theorien und erklärte, dass die Menschen alle benötigten Nährstoffe in „Erdbädern“ aufnehmen könnten, mit denen sie 150 Jahre alt werden könnten. Er predigte auch die Fleisch- und Alkoholabstinenz, pries die Vorteile kalter Bäder und offener Fenster und weigerte sich, wollene Kleider zu tragen. Schließlich kam Graham zur Religion, gründete die „Neue Kirche von Jerusalem“ – deren einziges Mitglied er war – und unterzeichnete seine Briefe mit „Diener des Herrn O.W.L.“ (Oh, wunderbare Liebe). Er starb 1794 an einem geplatzten Blutgefäß.

DIE KRAFT DES ÄTHERS

In der zweiten Hälfte des 19. Jahrhunderts akzeptierten die Physiker, dass Licht eine Wellenbewegung ist, glaubten jedoch, dass diese – genau wie Wellen im Wasser oder Schallwellen – durch ein Medium übertragen würden. Dieses bezeichnete man als den „Licht tragenden Äther“; zahlreiche Experimente zum Nachweis seiner Existenz wurden durchgeführt. Erst zu Beginn des 20. Jahr-

hunderts – speziell nach der Veröffentlichung von Einsteins Relativitätstheorie – akzeptierte man schließlich, dass der Äther nicht existierte und für die Ausbreitung der Lichtwellen nicht erforderlich war.

Als John Worell Keely (1837–1896) deshalb 1872 verkündete, er habe einen Weg gefunden, die „ätherische Energie“ nutzbar zu machen, gab es viele, die ihm glaubten. Als Zimmermann und Mechaniker aus Philadelphia gründete er in New York die Keely Motor Company und erhielt bald von reichen Financiers 1 Million Dollar Kapital. Keely demonstrierte seinen „ätherischen Generator“ einer erstaunten Hörerschaft in Philadelphia. Er füllte fast 20 Liter Wasser in seine Maschine und bald zeigte ein Manometer eine große Druckerhöhung an. Das Wasser hatte sich laut Keely in Äther umgewandelt und dabei Energie erzeugt, die alle anderen Formen überflüssig machen würde. Ein Liter könne einen Dampfzug von Philadelphia nach San Francisco und zurück bewegen; eine Gallone würde reichen, ein Dampfschiff von hier nach Liverpool und zurück zu schicken. „Mit einem Eimer Wasser könnte man genug Kraft erzeugen, um die Erde aus ihrer Bahn zu bringen.“

Ein Zuschauer berichtete: „Dicke Taue wurden zerrissen, Eisenstäbe wurden zerbrochen oder restlos verbogen, Kugeln wurden durch 12 Zoll dicke Bohlen geschossen, all dies durch eine unbestimmte Kraft.“

SYMPATHETISCHES EQUILIBRIUM

Keely meinte, dass man musikalische Frequenzen mit Atomen oder dem Äther zur Resonanz bringen könnte. Seine „hydropneumatische, pulsierende Vakuummaschine“ war mit einen „Liberator“ aus Messingdrähten, Röhren und Stimmgabeln verbunden. Oft setzte er sein Gerät mit einem Musikinstrument – Violine, Harmonika, Zither – in Gang. Er sprach von „sympathetischem

Nach der Rückkehr in seine Heimatstadt Edinburgh 1783 führte James Graham (zweiter von links) die „Erdbäder“ zur Heilung und Verjüngung ein.

John Worell Keely (sitzend) mit dem einzigen Teil seines „ätherischen Generators", den das Publikum sehen durfte. Erst nach seinem Tode brachte eine Untersuchung die wahre Quelle seiner Kraft ans Tageslicht.

Gleichgewicht", „quadrupolen negativen Harmonien" und „ätherischem Zerfall".

Keely schrieb: „Mit unserem derzeitigen Wissen können wir die latente Kraft, die trotz anziehender und abstoßender Eigenschaften frei von Magnetismus ist, nicht definieren. Wenn es eine Art von Elektrizität ist, ohne die üblichen elektrischen Phänomene, oder eine magnetische Kraft ohne die Merkmale des Magnetismus, so komme ich nur noch zu dem Schluss, dass es sich um die Seele der Materie handelt."

Als Keely seinen Apparat ständig verbesserte und verfeinerte, verloren die meisten Investoren das Interesse. Er war fast bankrott, als ihm die reiche Witwe eines Papierherstellers aus Philadelphia, Clara Bloomfield-Moore, Hilfe anbot. Keely gestattete widerwillig, dass Experten seinen Demonstrationen beiwohnten, bei welchen seine Maschine große Gewichte hob oder die Dampfkanone abfeuerte, verbot ihnen aber eine eingehende Überprüfung.

Im März 1884 kündigte Keely den Abschluss der Entwicklung seines Motors an, doch er blieb unvollendet. Als Keely 1898 starb, war der Motor schon von Leuten zerlegt worden, die hofften, das Rätsel zu ergründen, aber keiner brachte ihn zum Laufen. Schließlich nahm man das Haus, in dem er stand, auseinander. In Zwischendecken und doppelten Wänden fanden die Prüfer Transmissionsbänder zu einem leisen Motor im Keller, der durch pneumatische Schalter im Boden gesteuert wurde. In falschen Balken fand man ein Rohrsystem und im Keller eine drei Tonnen schwere Kugel als Behälter für komprimierte Luft. Dies war offenbar die Quelle von Keelys „ätherischer Kraft". Damit war sein Schwindel aufgedeckt.

Erstaunlicherweise glauben manche Leute immer noch, Keely hätte eine bahnbrechende Entdeckung gemacht. Es gibt eine Website zur Verbreitung seiner Theorien und auf vielen Sites wird seine „Sympathetische Schwingungsphysik" diskutiert.

MAGISCHE SCHWARZE KÄSTEN

Mit der Entdeckung der Wellennatur des Lichts – bald gefolgt von Funkwellen, Röntgenstrahlen und den ersten Theorien über das Atom – begannen viele Leute, ebenso wie Keely zu glauben, dass aller Materie eine natürliche Schwingung zu eigen wäre, zu der man in Resonanz kommen könnte. Dr. Albert Abrams (1863-1924) nutzte das aus und verdiente ein Vermögen.

Abrams stammte aus San Francisco, erhielt seinen ersten akademischen Grad 1882 an der Universität Heidelberg und studierte danach in Berlin, Wien, London und Paris. Nach seiner Rückkehr in die USA wurde er

Dr. Albert Adams mit einem Teil der Ausrüstung, die er im Laufe der Entwicklung der „elektronischen Reaktion nach Abrams" ansammelte. Im Vordergrund steht ein „Dynamisator"; das Metronom ist offenbar erforderlich, um den Oszilloklasten einzustellen.

DOSSIER
„... UND EINIGE BETRÜGER“

Sir Peter Medawar (1917–1987) erhielt 1960 den Nobelpreis für seine Arbeiten über Immuntoleranz bei Haut- und Organtransplantationen. Er schrieb: „Unter den Wissenschaftlern gibt es Sammler, Sortierer und Ordnungsfanatiker; viele sind Detektive, viele sind Forscher. Es gibt Poeten-Wissenschaftler, Philosophen-Wissenschaftler, sogar einige Mystiker.“ Später merkte er an, dass er einen Zusatz vergessen habe: „... und einige Betrüger.“

zum Chef der medizinischen Klinik in seiner Heimatstadt ernannt, wo er über 20 Jahre lang als hoch angesehener Arzt lebte.

1910 erfand Dr. Abrams eine neue Therapiemethode, die „Spondylotherapie“. Sie bestand darin, das Rückenmark zu punktieren und war de facto bloß eine Kombination zwischen Chiropraxis und Osteopathie; trotzdem reiste Abrams durch das Land und gab Einführungskurse für 200 Dollar pro Nase. Darüber hinaus publizierte er ein einträgliches Buch über die Methode.

OBERKÖRPER FREIMACHEN UND NACH WESTEN SCHAUEN

Durch seinen Erfolg ermutigt kündigte Abrams die Entwicklung eines neuen Apparates an, des „Dynamisierers“, mit dem er Leiden von Patienten auf der ganzen Welt diagnostizieren könnte, ohne sein Arbeitszimmer in Kalifornien zu verlassen. Er benötige bloß einen Tropfen Blut des Patienten auf Löschpapier. Abrams erklärte dies damit, dass jede Krankheit ihre charakteristische Schwingungsfrequenz habe, die seine Apparate erkennen würden.

Die Diagnose erforderte einen gesunden Freiwilligen, der sich mit freiem Oberkörper bei gedämpftem Licht nach Westen wandte. Ein Draht führte von Abrams Apparat zu einer Metallplatte auf der Stirn des Freiwilligen. Nach Einführen der Blutprobe in die Maschine klopfte der Arzt dessen Bauch ab, wobei er nach „Bereichen der Schwäche“ suchte, welche die Krankheit indizierten, an der der Patient litt. Später erklärte Abrams, dass sogar die Blutprobe überflüssig sei; die Unterschrift des Patienten reiche aus.

Um 1920 verkündete er die Entdeckung der ERA, der „elektronischen Reaktion nach Abrams“. Krankheit würde auf Disharmonie in der elektronischen Oszillation beruhen; Heilmittel müssten die gleiche Schwingungsfrequenz haben wie die Krankheit, gegen die sie wirken sollen, dann würden sie heilen. Er hatte eine Maschine erfunden, welche die richtige Frequenz für jede Krankheit herstelle und somit Heilmittel überflüssig mache. Er nannte sie den „Oszilloklasten“.

ABRAMS ELEKTRONISCHE BAUGRUPPE

Etliche angesehene Ärzte investierten in Abrams elektronische Baugruppe. Sie war nicht käuflich, sondern konnte nur für 250 Dollar im Jahr gemietet werden. Die entscheidenden Elemente waren in einem versiegelten Gehäuse untergebracht und der Mieter musste sich schriftlich verpflichten, es niemals zu öffnen. Bis 1923 hatte Abrams rund 3.500 Dynamisierer und Oszilloklasten vermietet. Der Mieter konnte bis zu 2.000 Dollar pro Woche einnehmen; Abrams Vermögen wuchs auf geschätzte 2 Millionen Dollar an.

Eine Zeit lang schaute sich die Amerikanische Medizinische Gesellschaft (AMA) diese Entwicklung mit Sorge an. Eines Tages erhielt Dr. Abrams eine Blutprobe von einem Arzt aus Chesaning, Michigan, mit der Bitte um Diagnose. Er berichtete, der Patient leide an Diabetes, Malaria, Krebs und an zwei Zivilisationskrankheiten. Der Arzt schickte diese Diagnose zur AMA und gab an, der Patient sei ein gesunder junger Hahn aus Plymouth. Ein anderer Skeptiker schickte separat zwei Blutproben von einem männlichen Meerschweinchen: „Miss Bell" hatte angeblich Krebs und eine Nebenhöhleninfektion, während Mrs. Jones an einem Hautleiden und Magenverstimmung leide.

Dr. Abrams bei der Arbeit mit seinem Dynamisierer. Er behauptete, die Krankheiten eines anderen Patienten diagnostizieren zu können, indem er den Bauch eines Freiwilligen abklopfte.

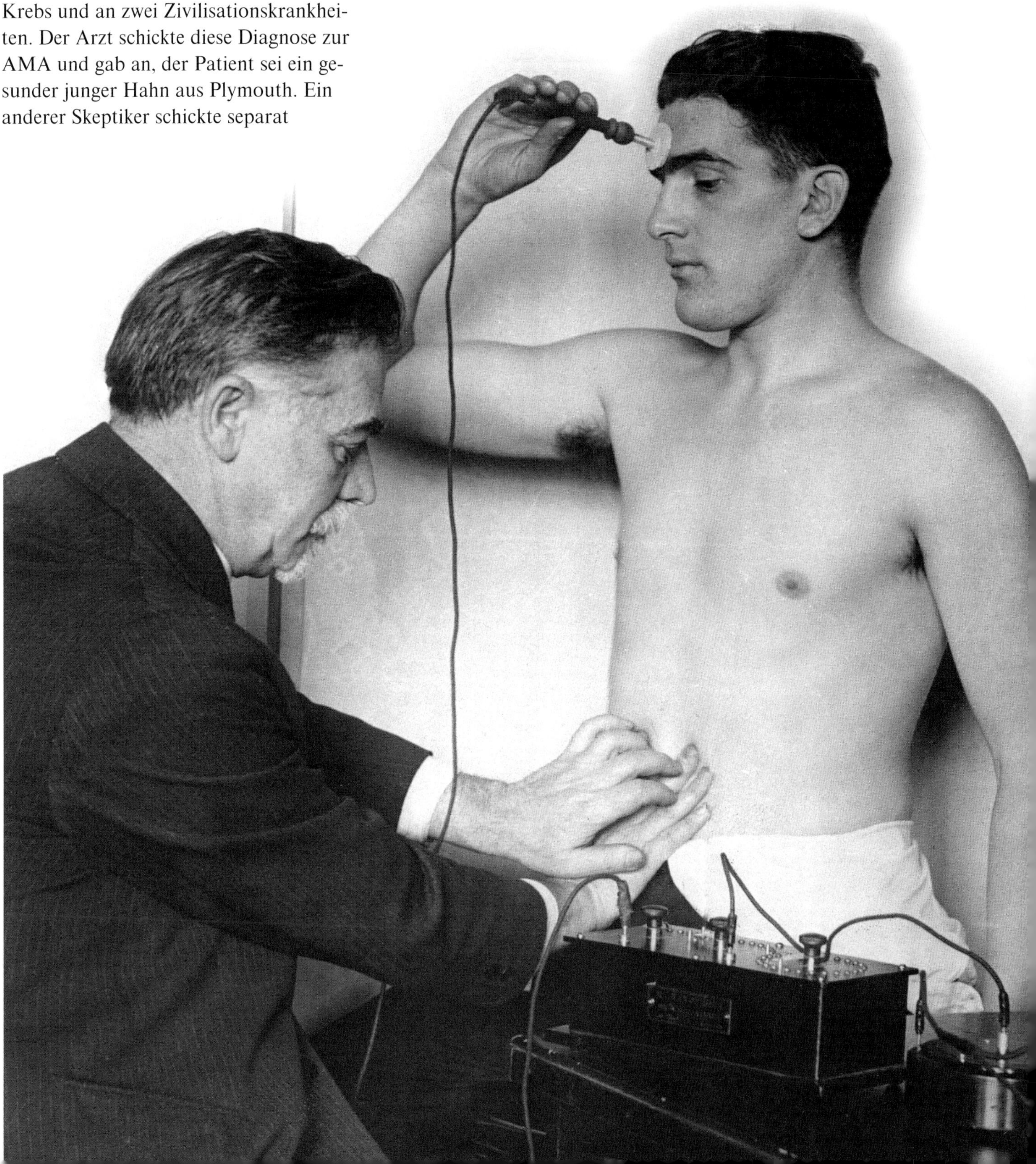

William Reichs Orgon-Akkumulator. Der Holzkasten absorbierte „Orgon“ aus der Luft und die Metallauskleidung strahlte es auf die im Kasten sitzende Person ab.

Im Herbst 1923 ließ die Zeitschrift *Scientific American* einen Oszilloklasten durch ein Expertenkomitee öffnen. Er enthielt einen Kondensator, einen Rheostaten, ein Ohmmeter und einen magnetischen Unterbrecher, alles sauber verlötet, aber ohne ersichtliche Funktion. Das Komitee entschied: „Alles ist entweder einen große Illusion oder ein gigantischer Betrug!“

Nur einige Monate später bekam Dr. Abrams eine Lungenentzündung. Sein Oszilloklast konnte ihm nicht helfen und er starb.

40107? SIE LEIDEN AN UNERWIDERTER LIEBE!

Etwa 20 Jahre später griff der Bauingenieur George de la Warr (1905–1969) die Idee von Abrams Elektronischer Baugruppe wieder auf und modifizierte sie. Sein schwarzer Kasten war mit künstlichem Leder überzogen und mit Chromleisten verziert. Auf der Vorderseite waren Drehknöpfe und zwei Vertiefungen für Blut- oder Haarproben des Patienten angebracht. Er unterschied sich vom Dynamisierer darin, dass das Bauchabklopfen fehlte. Stattdessen strich der Bediener mit dem Finger über eine Gummimembran, bis er irgendwo stoppte. Im Kasten war nur ein Draht, der die Knöpfe und die Vertiefungen miteinander verband.

„Dies (Abrams Oszilloklast) ist bestenfalls eine große Illusion, schlimmstenfalls aber ein gigantischer Betrug.“

—*SCIENTIFIC AMERICAN*, 1923

Mit Hilfe der Knöpfe konnte man die Länge des Drahtes verändern. Der Anwender drehte sie und registrierte jeweils die Einstellung, bei der der Finger haften blieb. Ein *Leitfaden für die klinische Anwendung* wurde jedem Kasten beigefügt, sodass man eine Diagnose erstellen konnte. Die Zahlenfolge 907 zeigte einen Bruch an, 80799 einen Bluterguss, 700457 eine Vergiftung, 97964 einen Virus und 60682587 eine „präkardiale Effusion“. Auch psychische Zustände konnten ermittelt werden: Eitelkeit zeigte sich mit 50413, Nachdenklichkeit mit 40421 und unerwiderte Liebe mit 40107 an.

De la Warr ergänzte sein Diagnosegerät mit einem etwas kleineren Behandlungsgerät, das ähnlich aussah und über keine sichtbare Energiequelle verfügte. Nach dem Erstellen der Diagnose stellte der Anwender die

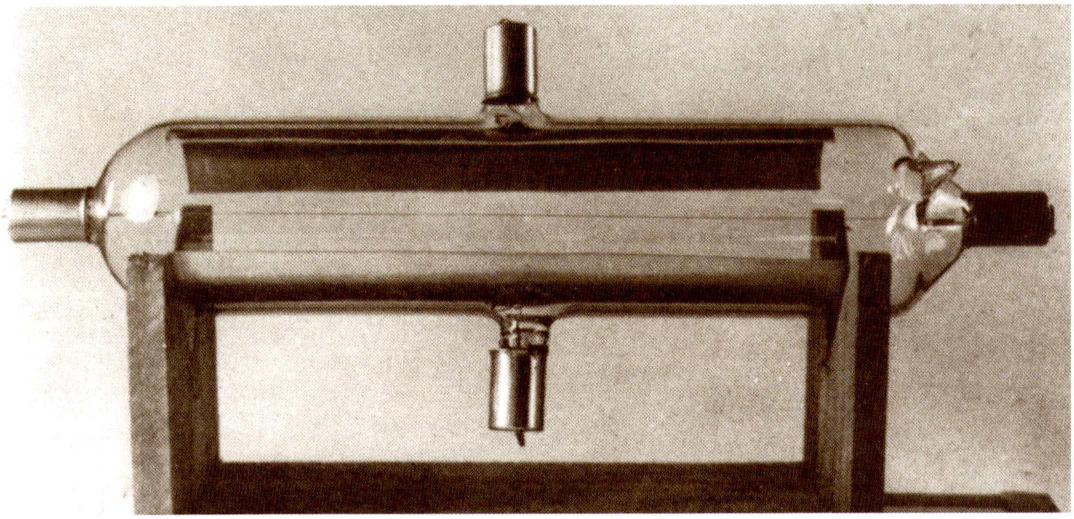

Eine weitere von Reichs Erfindungen, eine Orgon-Energieröhre. Seine Behauptungen wurden vom US-Lebensmittelministerium geprüft und als ohne wissenschaftliche Grundlage beschieden.

„Behandlungsstrahlung" ein und das war alles. Man brauchte dem Patienten nicht einmal mitzuteilen, dass er durch diese Behandlung geheilt würde.

In den 1950er-Jahren wurden in der ganzen Welt hunderte „radionische" Kästen für je 100 Pfund verkauft. Außerdem unterhielten De la Warr und seine Frau eine lukrative private Diagnostikstation. Im Juni 1960 wurde vor dem obersten Zivilgericht in London gegen ihn verhandelt.

ANKLAGEN GEGEN DE LA WARR

Der Zivilkläger warf George de la Warr vor, „Vertreter und Betreiber der Pseudowissenschaft Radionik" zu sein und dass er 1956 in Täuschungsabsicht behauptet habe, dass es „assoziierte Substanzen, distinkte Wellen, Schwingungen und Strahlen gäbe, die einen Apparat des Angeklagten, das Delawarr Diagnostic Instrument, antreiben würden."

Am Ende stellte der Richter fest, dass kein Zeuge der Verteidigung versucht habe, zu behaupten, er wüsste, wie der Kasten arbeite, nur dass er manchmal funktioniere. Er gab sich zufrieden damit, dass De la Warr ehrlich an seine Erfindung glaubte und keine betrügerische Absicht gehegt habe. Er entschied zu Gunsten des Angeklagten.

De la Warr hatte aber die Gerichtskosten zu tragen. In einem weiteren Kommentar stellte der Richter fest, dass er starke Zweifel am Funktionieren von De la Warrs Maschine habe, was Investoren davon abhielt, weitere Entwicklungen zu finanzieren. All dies traf die De la Warrs sehr schwer; zum Zeitpunkt von Georges Tod wurden kaum noch Maschinen hergestellt.

DER ORGON-AKKUMULATOR

Nach seiner Promotion 1922 in Wien galt der Österreicher Wilhelm Reich (1897–1957) als einer der brillantesten Schüler des Psychoanalytikers Sigmund Freud (1856–1939). Reich war von der Wichtigkeit hoher sexueller Aktivität überzeugt. Seine Bücher *Die Funktion des Orgasmus* (1927) und *Die Massenpsychologie des Faschismus* (1933) weckten das Interesse an der Verbindung zwischen sexueller Befreiung und Politik.

Als Reich 1939 vor den Nazis in die USA floh, erklärte er, er habe eine elektrochemische Substanz von hoher Bedeutung für die sexuelle Energie entdeckt, die er Orgon nannte. Sie käme ursprünglich von der Sonne, sei überall präsent, in der Luft, im Wasser und in allen organischen Substanzen. Orgon sei blau, was erkläre, warum man sich so wohl fühle, wenn man unter blauem Himmel in der Sonne sitze.

Reich meinte aber, dies sei eine sehr langsame Methode, das Orgon aufzunehmen,

DOSSIER
REICH'S MANIFEST

Was immer ihr mir angetan habt oder mir in Zukunft noch antun werdet, ob ihr mich als Genie glorifiziert oder in die Irrenanstalt steckt, ob ihr mich als Erlöser anbetet oder mich als Spion aufhängt, früher oder später werdet ihr gezwungen sein, einzusehen, dass ich die Gesetze des Lebes entdeckt habe." – Wilhelm Reich, *Little Man* (1949)

und erfand deshalb seinen Orgon-Akkumulator. Dieser bestand aus einem Kasten von ca. 90 x 90 cm, außen aus Holz mit einer inneren Metallverkleidung. Das organische Material, d. h. das Holz, sollte das Orgon aus der Luft absorbieren, das dann durch „Strahlung" von der Metallauskleidung auf die im Kasten sitzende Person übertragen werde. Reichs Institut für Orgonomie entwickelte auch eine Orgon-Bettdecke aus alternierenden Lagen aus Wolle und Stahl für Bettlägerige und „shooters" genannte Miniatureinheiten, die man auf schmerzende Körperstellen auflegen konnte.

Der gealterte Wilhelm Reich, der 1957 im Gefängnis starb.

DIE FDA WIRD AUFMERKSAM

Während der Orgon-Akkumulator hergestellt und verkauft wurde, entdeckte Reich die „Bionen", mikroskopische „Lebensessenzpartikel" von der Größe von Bakterien, die leider nur er und seine Nachfolger finden konnten. Dieser Anspruch erregte die Aufmerksamkeit der Lebensmittelbehörde FDA, die 1954 eine Untersuchung anstrengte. Das Ergebnis besagte, dass Orgon nicht existiere und die Akkumulatoren zum Behandeln von Krankheiten nutzlos seien.

Eine gerichtliche Verfügung verbot ihm, seine Kästen oder Bücher über Staatsgrenzen hinweg zu transportieren. In seiner kämpferischen Art setzte er sich natürlich über die Verfügung hinweg; im Mai 1956 stand er in Portland, Maine, vor Gericht. Er erhielt eine 2-jährige Haftstrafe und eine Geldstrafe von 10.000 Dollar. Reich legte Berufung ein, kam auf Kaution frei und ging sofort daran, einen Orgon-Regenmacher und einen Orgon-Motor zu bauen.

Seine Berufung wurde abgelehnt und er musste ins Bundesgefängnis von Lewisburg, Pennsyvania, wo er nach weniger als einem Jahr verstarb.

ERGEBNISSE WERDEN GEFÄLSCHT

Viele der „wissenschaftlichen“ Erfindungen auf dem Markt erscheinen lachhaft, wenn sie von Experten geprüft werden. Wenn jedoch ein qualifizierter Wissenschaftler die Ergebnisse seiner Experimente vorsätzlich fälscht, wird's Ernst.

DIE GEGENSÄTZLICHEN THEORIEN VON LAMARCK UND DARWIN

Wieso gibt es eine so große Vielfalt unter den Lebewesen? Der französische Naturforscher Jean Baptiste Lamarck (1744–1829) stellte eine Theorie auf, die dies erklären sollte. Vor vielen Generationen hatte z.B. die Giraffe einen kurzen Hals, wie andere Tiere auch. Um die höheren Blätter an den Bäumen zu erreichen, reckte sie ihren Hals und ihre Nachkommen erbten diese Eigenschaft. Somit wurde ihr Hals von Generation zu Generation länger. Diese attraktive Theorie galt ein Jahrhundert lang.

Die Konsequenzen sind etwas beunruhigend. Wenn Sie etwa ein Gewichtsheber sind, müssten Ihre Kinder gut entwickelte Muskeln haben. Somit wäre es Lamarck zufolge möglich, eine Rasse von Übermenschen zu züchten.

Charles Darwin (1809–1882) stellte mit seiner Evolutionstheorie etwas Gegensätzliches auf, was offenbar das Ende des Lamarckismus bedeutete. Laut Darwin bilden sich neue Spezies ausschließlich als Folge von genetischen Ereignissen. Wenn sich ein genetisches Merkmal als vorteilhaft herausstellt, bleibt es in den Folgegenerationen wegen des „Überlebensvorteils des Stärkeren“ erhalten. Aus Gründen besserer Anschaulichkeit nannte Darwin diesen Prozess die „natürliche Selektion“. Experimentelle Untersuchungen und Verfeinerungen der Darwin'schen Theorie haben die Vorstellungen von Lamarck begraben.

Der österreichische Wissenschaftler Dr. Paul Kammerer. Er führte Experimente durch, die die Gültigkeit von Lamarcks Theorien beweisen sollten.

DIE GEBURTSHELFERKRÖTE

Paul Kammerer wurde 1880 in Wien geboren und wollte eigentlich Musiker werden, promovierte aber stattdessen 1904 in Biologie. Er erlangte traurige Berühmtheit, weil er die Resultate seiner Experimente an der Geburtshelferkröte fälschte.

Kammerer experimente zunächst mit zwei Salamanderarten. Der schwarze Salamander aus den Alpen bringt an Land zwei völlig ausgebildete Junge zur Welt. Der gefleckte Salamander aus dem feuchten Flachland legt im Wasser bis zu 50 Kaulquappen, die sich später zu Salamandern entwickeln.

Kammerer ließ sich nun den schwarzen Salamander in warmer, feuchter Umgebung vermehren und den gefleckten unter kalten,

Der gefleckte Salamander, eine der Spezies, mit denen Kammerer seine ersten Experimente durchführte. Er lebt in Feuchtgebieten und bringt bis zu 50 Kaulquappen auf einmal zur Welt.

trockenen Bedingungen. Nach einigen Fehlgeburten produzierten die schwarzen Salamander Kaulquappen und die gefleckten jeweils zwei voll ausgebildete Junge. Kammerer züchtete diese Linie weiter und zeigte, dass die Nachkommen von den Eltern die Fähigkeit geerbt hatten, voll entwickelte Junge zur Welt zu bringen.

Dann arbeitet er mit Geburtshelferkröten (siehe Kasten). Er hielt sie in einem Wassertank, wodurch er sie zwang, sich im Nassen zu vermehren. Nach einigen Generationen hatten sie angeblich raue, pigmentierte Schwielen an ihren Vorderbeinen entwickelt, wie sie für andere Frösche charakteristisch sind. Bei Wissenschaftlern in aller Welt lösten seine Experimente Kontroversen aus. Einer seiner Laborassistenten räumte ein, dass sein Protokoll unvollständig sei. Alma Mahler (Gustav Mahlers Witwe), die nach dem Tod ihres Mannes 1911 für Kammerer arbeitete, erklärte, dass „er weniger sorgfältige Protokolle mit positiven Resultaten lieber gehabt hätte, als die, welche sie anfertigte".

„ERFOLG, WO DARWIN SCHEITERTE!"

Während des Ersten Weltkrieges musste Kammerer seine Laborarbeit einstellen. Er ging auf Vortragsreisen, wobei er nur ein totes Geburtshelferkrötenmännchen mit sich führte. In Amerika pries ihn die Presse als Genie: „Ein Wissenschaftler hat Erfolg, wo Darwin scheiterte!" Im August 1926 veröffentlichte jedoch Dr. G. Kingsley Noble, Kurator für Reptilien im Amerikanischen Museum für Naturgeschichte, einen Artikel in der britischen Zeitschrift *Nature*. Seine Untersuchung der „Brunftschwiele" von Kammerers Kröte ergaben, dass sie schwarze Tusche enthielt. Sie fühlte sich auch nicht natürlich rau an, sondern schien künstlich verändert – möglicherweise sogar durch eine Hauttransplantation.

DOSSIER
WARUM WAR KAMMERERS KRÖTE SO UNGEWÖHNLICH?

Die Geburtshelferkröten gehört in Wahrheiten zur Ordnung der Froschlurche, doch verhalten sie sich anders als ihre Verwandten. Die Paarung erfolgt auf dem Land, wobei das Männchen das Weibchen mit den Vorderfüßen festhält. Es wickelt die befruchteten Eischnüre um seine Hinterbeine und brütet sie so aus. Wenn sie bereit zum Schlüpfen sind, geht es ins Wasser und bleibt dort, bis alle Kaulquappen geschlüpft sind. Andere Froschlurche vermehren sich im Wasser und haben raue, dunkle Brunftschwielen an den Händen, womit sie das schlüpfrige Weibchen festhalten. Die Hände der männlichen Geburtshelferkröte sind dagegen glatt.

Kammerer protestierte, dass er so etwas nicht getan habe, aber sein Ruf war ruiniert. Am 26. September 1926 schrieb er, er hoffe, „genügend Mut und Stärke zu finden, um seinem zerstörten Leben ein Ende zu setzen". Am nächsten Morgen erschoss er sich auf einem Hügel außerhalb von Wien.

MARXISTISCHER MYTHOS

Kurz vor seinem Tod war Kammerer eine Stelle als Leiter der Abteilung Biologie an der Universität Moskau angeboten worden. Die Lehren von Lamarck passten gut zur marxistischen Philosophie, vor allem zu dem Glauben, die Verbesserung des sozialen Umfeldes würde auch die menschliche Rasse verbessern. Trofim Denisowitsch Lysenko (1898–1976) verfolgte Kammerers Ideen mit ausdrücklicher Billigung Stalins. Russische Landwirte hatten bereits mit der „Vernalisation" experimentiert: Saatkörner des Winterweizens wurden befeuchtet und dann gekühlt, sodass man sie im Frühling statt im Herbst aussäen konnte, um eine höhere Ernte zu erzielen. Lysenko übertrug das Verfahren auf andere Getreidearten und wurde bald zum Leiter des Moskauer Institutes für Genetik.

Ironischerweise leugnete er die Existenz der Gene. Er sprach von der Einheit eines Organismus mit seinem Umfeld und behauptete später, dass aus Weizen, wenn er unter richtigen Bedingungen gezogen würde, Roggen entstünde. Alle, die dagegen opponierten, saßen bald im Gefängnis. 30 Jahre lang war Lysenko ein Diktator auf seinem Gebiet.

EINE BULLENARBEIT

Nach Stalins Tod 1953 setzte Nikita Chruschtschow, sein Nachfolger, die offizielle Unterstützung Lysenkos fort. 1964 wurde Chruschtschow abgesetzt und 1965 überprüfte eine offizielle Untersuchungskommission die jüngsten Behauptungen von Lysenko. Auf einem Versuchshof hatte man große einheimische Kühe mit Jersey-Bullen gekreuzt, was laut Lysenko zu einem drastischen Anstieg des Butterfetts in der Milch der Nachkommen geführt hatte. Die Prüfer fanden heraus, dass die Resultate bewusst gefälscht waren. Die Kühe waren ausgewählt und erhielten spezielles Futter. Ihre Milch war zwar sehr fettreich, sie

Der russische Getreide- und Tierzüchter Trofim Denisowitsch Lysenko, dessen Theorien à la Lamarck vollen Rückhalt bei Diktator Stalin hatten und erst 1965 widerlegt wurden.

gaben aber weniger Milch als gewöhnliche Kühe. Orthodoxe Genetiker in aller Welt begrüßten den Bericht und Lysenko verlor seine Glaubwürdigkeit.

Nach zwei Jahren in der Brandwundenklinik der US-Armee forschte Dr. William Summerlin in der Dermatologie an der Stanford University in Kalifornien. Hier sehen Kollegen zu, wie ein Stück Haut zur Transplantation aus der Nährlösung genommen wird.

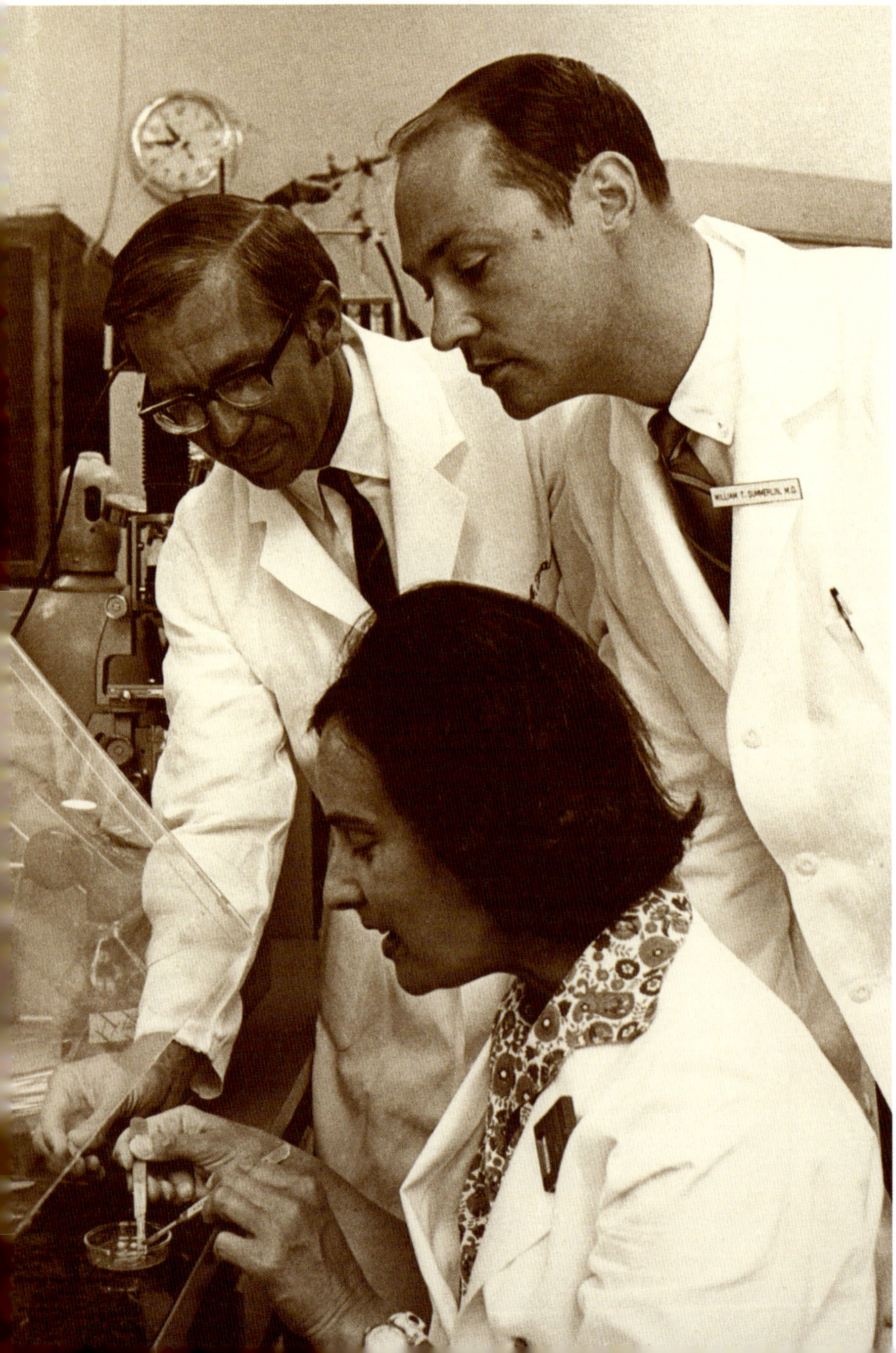

VOM MÄUSEN UND MENSCHEN

In den Jahren nach dem Zweiten Weltkrieg befassten sich viele Forscher damit, Haut und Organe zu transplantieren. Da das Immunsystem die Funktion hat, körperfremde Zellen aufzuspüren und zu vernichten, wird Gewebe abgestoßen, solange es nicht vom eigenen Körper oder einem nah verwandten Spender stammt. 1970 glaubte Dr. William T. Summerlin (geboren 1938), einen Ausweg gefunden zu haben. Seine Geschichte ähnelt der von Paul Kammerer.

Nach Promotion und Klinikzeit verbrachte Summerlin zwei Jahre in der Abteilung für Brandwunden im Brooke Medical Center der US-Armee bei San Antonio, Texas. Danach forschte er an der Stanford University in Palo Alto, Kalifornien, in der Dermatologie. 1969 entdeckte er, dass Haut, die er einige Wochen vor der Transplantation in Nährlösung gehalten hatte, weniger häufig abgestoßen wurde. Es hieß sogar, es sei ihm gelungen, die Haut eines weißen Patienten auf einen schwarzen zu übertragen.

Kollegen begannen, die Ergebnisse von Summerlins Experimenten in Frage zu stellen, weil niemand sie reproduzieren konnte.

Berichte über seine Erfolge machten Summerlin über Nacht zur Berühmtheit auf seinem Gebiet. 1973 lud ihn der große Pathologe Dr. Robert Good zur Mitarbeit im Sloan-Kettering Institute in New York ein, dessen Direktor er eben geworden war. Summerlins Forschungen waren enorm wichtig, nicht nur hinsichtlich der Gewebeabstoßung, sondern auch in der Krebsforschung.

Bald nach Summerlins Einzug ins Institut fingen Kollegen an, einige seiner Ergebnisse in Frage zu stellen, weil niemand sie reproduzieren konnte. Er behauptete, Nebennierendrüsen transplantiert und auf Kaninchen menschliche Hornhaut aufgepflanzt zu haben. Er behauptete, Kaninchen mit trüber Hornhaut zeigten Anzeichen der Abstoßung, während klare Hornhaut eine gelungene Transplantation anzeigte. Langsam begannen seine Kollegen jedoch daran zu zweifeln, dass die klaren Augen jemals eine Hornhauttransplantation erfahren hatten.

UND WIEDER SCHWARZE TINTE

Summerlins Forschung befasste sich zum Teil mit der Transplantation der Haut schwarzer Mäuse auf weiße. Am 26. März 1974 hatte er ein Treffen mit Dr. Good, um über den Fortgang der Arbeiten zu sprechen. Er nahm einige Mäuse mit und stellte im Fahrstuhl fest, dass die schwarzen Flecken auf seinen weißen Mäusen ausgebleicht waren. Vorsichtig färbte er sie mit seinem Filzstift nach – und zerstörte so seine Karriere.

Dr. Wood schaute die Mäuse kaum an. Nach dem Treffen brachte sie Summerlin zurück in sein Labor und übergab sie seinem Assistenten. Dieser bemerkte sofort, dass die Transplantate nachgefärbt worden waren, und wies dies gleich mit einem Alkoholtupfer nach. Die Kunde verbreitete sich rasch und erreichte auch Dr. Good noch am gleichen Morgen. Summerlin wurde fristlos entlassen. Er zog sich zurück und machte in Louisiana und Arkansas Arztpraxen auf.

Durch diese Affäre trat noch etwas zu Tage. Summerlin hatte die einzige Maus, die nach einer Hauttransplantation länger als sechs Monate überlebt hatte, mit ins Sloan-Kettering Institut gebracht, wo sie als „Old Man“ bekannt war. Es stellte sich heraus, dass „Old Man“ genetisch mit der Maus verwandt war, von der das Transplantat stammte – wodurch die Wahrscheinlichkeit einer Abstoßung sehr stark verringert wurde. Damit wurde Summerlins Arbeit weitgehend – wenn nicht sogar vollständig – entwertet.

Dr. Robert A. Good war Summerlins Vorgesetzter am Sloan-Kettering Institute in New York. Als er erfuhr, dass Summerlin Hauttransplantate auf Labormäuse gemalt hatte, entließ er ihn fristlos.

REGISTER

Bildtexte sind durch *kursive* Seitenangaben gekennzeichnet.

FOTO- UND BILDNACHWEIS

Bridgeman Art Library (www.bridgeman.co.uk): 41 (Büste von Girolamo Benivieni (Wachs), Bastianini, Giovanni (1830–68) Kirche S. Marco, Florenz, Italien); 43 (Der Farneser Diadumenos (Marmor), Röm. Kopie, 1. Jahrh. n. Chr. einer griech. Statue aus 440 v. Chr., British Museum, London, UK); 48 (Büste des Girolamo Savonarola (1452–1498) von Giovanni Bastianini (1830–68); 1863 (Terrakotta) Victoria & Albert Museum, London, UK); 51 (*Madonna mit Kind* (Terrakotta), Dossena, Alceo (1878–1937) Victoria & Albert Museum, London, UK); 53 (*A Young Negro Woman* (Öl auf Leinwand), Géricault, Theodore (1791–1824) Musée Bonnat, Bayonne, Frankreich); 57 (*David*, 1501–04 (Marmor), Buonarroti, Michelangelo (1475–1564) Galleria dell' Accademia, Florenz, Italien, Ken Welsh); 60 (Selbstporträt in seinem Studio (Pastell), Schuffenecker, Claude Emile (1851–1943) Musée d'Orsay, Paris, Frankreich, Peter Willi); 65 (Porträt von Papst Julius II. (1443–1513) ca. 1512 (Öl auf Holz), Raphael (Raffaello Sanzio aus Urbino) (1483–1520) Galleria degli Uffizi, Florenz, Italien, Alinari); 71 (Moderne Fälschung einer Statuette der Königin Tetisheri (Kalkstein) British Museum, London, UK); 87 (Selbstporträt, 1921 (Öl auf Leinwand), Giacometti, Alberto (1901–1966) Kunsthaus, Zürich, Schweiz, Lauros/Giraudon/© ADAGP, Paris und DACS, London 2005)

British Museum: 10, 32b, 37 (alle)

Chard/www.goldsovereigns.co.uk: 33 (beide)

Corbis: 9; 14 (© Bettmann/CORBIS); 16 (© Bettmann/CORBIS); 30 (© Hulton-Deutsch Collection/CORBIS); 44 (© Stefano Bianchetti), 88 (Michael Waine); 115 (© Austrian Archives); 116 (© Myron Jay Dorf); 119 (© Najlah Feanny); 120 (© Corbis Sygma); 121 (© Bettmann/CORBIS); 123 (© Bettmann/CORBIS); 125 (© Bettmann/CORBIS); 126 (© Hulton-Deutsch Collection/CORBIS); 127 (© Fernando Baptista); 138 (© Hanan Isachar/CORBIS); 154 (© LWA-Sharie Kennedy/CORBIS); 181 (© Alan Schein Photography/CORBIS); 191 (© Peter Beck/CORBIS); 192 (© Hulton-Deutsch Collection/CORBIS); 196 (© Bettmann/CORBIS); 199 (© Bettmann/CORBIS); 204 (© Bettmann/CORBIS); 207 (© Bettmann/CORBIS); 208 (© William Manning/CORBIS); 210 (© William Manning/CORBIS); 211 (© Bettmann/CORBIS); 233 (© Bettmann/CORBIS); 234 (© B. Borrell Casals/ CORBIS); 240; 241(© Bettmann/CORBIS); 243 (© Bettmann/CORBIS); 246 (© Bettmann/CORBIS); 247 (© Bettmann/CORBIS); 248 (© Joe McDonald/CORBIS); 249 (© Bettmann/CORBIS); 250 (© Bettmann/CORBIS)

Mary Evans Picture Library: 89, 90, 95, 96, 97, 99, 103, 146, 147, 148, 159, 168, 173, 201, 216

Getty Images: 17, 27, 32 oben, 55, 56, 63, 68, 69, 70, 76, 77, 80, 81, 83, 93, 94, 98, 113, 132, 134, 136, 137, 139, 151, 152, 158, 171, 174, 186, 187, 188, 189, 197, 200, 203, 213, 251

Governor and Company of the Bank of England: 15, 25

Hodder & Stoughton: 36

Katz Pictures: 8, 21 (David Levenson), 22 (Patrick Aventurier), 24 (Patrick Aventurier), 39 (David Levenson)

National Gallery: 47

Photos12.com: 165

Popperfoto: 217

REX Features: 11 (Roger-Viollet), 18 (Liverani), 23 (SIPA Press), 26 (SIPA Press), 29, 34, 40 (John Dee), 72 (Brendan Beirne), 73 (Nils Jorgensen), 74 (John Dee), 112 (Andrew Murrey), 141 (Nils Jorgensen), 142 (Nils Jorgensen)

Science & Society Picture Library: 54

Süddeutscher Verlag: 183, 184

Topham Picturepoint: 13 (© British Museum/HIP); 28 (© British Library/HIP); 45 (Topfoto/Dan Tuffs); 46; 50 (Novosti); 52, 58, 62 (AP), 67, 75, 79 (AP), 84 (Sian Frances), 85, 86, 91, 106 (Woodmansterne), 108b, 111, 122, 127, 128, 129, 131 (UPP), 133, 143 (© British Museum/HIP), 145, 149, 150, 155 (© Charles Walker), 156, 157, 160 (AP), 161(AP), 163 (AP), 164 (PA), 167, 170, 177, 178, 185, 194, 195, 206, 214, 215 (Fortean), 217, 221 (AP), 222, 223, 224 (AP), 226 (Fortean), 227 (Fortean), 229 (© Charles Walker), 231 (Fortean), 232 (Fortean), 235, 236, 237, 239, 244, 245

Woodstock Museum, Ontario, Canada: 179

Es wurde alles unternommen, die Copyright-Inhaber aller in diesem Buch verwendeten Fotografien und Illustrationen ausfindig zu machen. Wenn Sie meinen, Copyright-Inhaber, aber nicht kontaktiert worden zu sein, so setzen Sie sich bitte mit Amber Books in Verbindung.